专学
著术 深圳职业技术学院学术著作出版基金资助出版

抗日战争时期
中国共产党文化领导权构建研究

杜 芳◎著

时事出版社
北京

图书在版编目（CIP）数据

抗日战争时期中国共产党文化领导权构建研究/杜芳著．—北京：时事出版社，2018.11
ISBN 978-7-5195-0216-4

Ⅰ.①抗…　Ⅱ.①杜…　Ⅲ.①中国共产党—文化工作—领导权—研究—1931-1945　Ⅳ.①G129

中国版本图书馆CIP数据核字（2018）第072969号

出 版 发 行：时事出版社
地　　　　址：北京市海淀区万寿寺甲2号
邮　　　　编：100081
发 行 热 线：（010）88547590　88547591
读者服务部：（010）88547595
传　　　　真：（010）88547592
电 子 邮 箱：shishichubanshe@sina.com
网　　　　址：www.shishishe.com
印　　　　刷：北京朝阳印刷厂有限责任公司

开本：787×1092　1/16　印张：15.5　字数：268千字
2018年11月第1版　2018年11月第1次印刷
定价：95.00元

（如有印装质量问题，请与本社发行部联系调换）

目 录

绪 论 (1)
一、选题背景与意义 (1)
二、研究动态与文献综述 (5)
三、研究内容与思路 (19)
四、研究方法与创新 (21)

第一章 文化领导权的基础理论溯源与实践探索 (23)
第一节 领导权和文化领导权 (23)
一、领导权概念考辨 (24)
二、文化领导权概念界定 (26)
第二节 马克思主义文化领导权理论 (32)
一、马克思的文化领导权思想 (32)
二、列宁的文化领导权理论 (37)
第三节 抗战前中国共产党文化领导权的探索 (42)
一、大革命时期中国共产党文化领导权的探索 (43)
二、土地革命战争时期中国共产党文化领导权的探索 (44)

第二章 抗日战争时期中国共产党文化领导权构建的动因 (50)
第一节 抗战建国的需要 (50)
一、中国共产党建国构想脉络图 (51)
二、抗战精神保障需要文化领导权构建 (55)
三、中国共产党未来执政合法性需要文化领导权构建 (57)

1

第二节　抗日根据地文化发展的需要 …………………………（59）
　　一、抗日根据地文化发展的状况 ………………………（59）
　　二、抗日根据地文化状况的影响 ………………………（61）
　　三、抗日根据地文化建设需要文化领导权构建 ………（63）
第三节　中国共产党形象塑造的需要 …………………………（65）
　　一、文化是政党形象的基础 ……………………………（65）
　　二、面对国民党的诋毁需要文化领导权构建 …………（67）
　　三、和国民党进行形象较量需要文化领导权构建 ……（70）
第四节　来自苏联的指示和帮助 ………………………………（74）
　　一、来自苏联的指示和建议 ……………………………（74）
　　二、来自苏联的支持和帮助 ……………………………（79）

第三章　中国共产党在抗日根据地文化领导权的构建 ………（88）
第一节　领袖宣讲 ………………………………………………（88）
　　一、领袖宣讲的优势 ……………………………………（89）
　　二、领袖宣讲的场合与内容 ……………………………（93）
　　三、领袖宣讲与中国共产党文化领导权构建 …………（100）
第二节　知识分子思想改造 ……………………………………（104）
　　一、知识分子汇聚延安 …………………………………（104）
　　二、知识分子和延安的冲突 ……………………………（109）
　　三、延安知识分子改造路径 ……………………………（114）
第三节　媒体利用和改造 ………………………………………（122）
　　一、抗战初期根据地的媒体 ……………………………（122）
　　二、延安《解放日报》的改版 …………………………（126）
　　三、改版后的媒体与中国共产党文化领导权构建 ……（131）
第四节　多种形式的民众教育 …………………………………（136）
　　一、中国共产党对抗日根据地民众教育的重视 ………（137）
　　二、民众教育的形式 ……………………………………（138）
　　三、民众教育与中国共产党文化领导权构建 …………（142）
第五节　与国民党进行思想论战 ………………………………（147）
　　一、国共之间思想论战背景 ……………………………（147）

二、双方论战的主要内容 ……………………………… (152)
三、思想论战与中国共产党文化领导权构建 …………… (156)

第四章　中国共产党在国统区文化领导权的构建 …………… (160)
第一节　建立文化统一战线，积极争取文化人 ……………… (160)
一、国统区建立文化统一战线 …………………………… (161)
二、积极争取文化人 ……………………………………… (164)
三、国统区文化人与中国共产党文化领导权构建 ……… (168)

第二节　搭建多种理论宣传平台 ……………………………… (171)
一、《新华日报》和《群众》周刊 ………………………… (172)
二、生活书店、读书生活出版社、新知书店 …………… (178)

第三节　借助国统区和抗日根据地的文化交流 ……………… (183)
一、国统区人员前往延安和抗日根据地的文化交流 …… (184)
二、抗日根据地人员到国统区的文化交流 ……………… (187)
三、文化交流与中国共产党文化领导权构建 …………… (190)

第四节　改变话语方式 ………………………………………… (193)
一、淡化马克思主义的意识形态色彩 …………………… (194)
二、淡化中国共产党和国民党的党派之争 ……………… (197)
三、淡化阶级矛盾 ………………………………………… (200)

第五章　抗日战争时期中国共产党文化领导权构建的评价 ……… (204)
第一节　抗战时期中国共产党文化领导权构建的作用 ……… (204)
一、保障了中国共产党的抗战动员 ……………………… (204)
二、促进了抗日根据地文化的发展 ……………………… (206)
三、重塑和提升了中国共产党形象 ……………………… (207)
四、为中国共产党未来执政合法性奠定了基础 ………… (208)

第二节　抗战时期中国共产党文化领导权构建的经验教训 … (209)
一、造就无产阶级化知识分子必须稳妥进行 …………… (209)
二、构建内容须有文化属性 ……………………………… (212)
三、构建实践切忌形式主义 ……………………………… (215)

第三节　抗战时期中国共产党文化领导权构建的启示 ……………（216）

结　语　从抗日战争时期中国共产党文化领导权构建看新时代文化领导权巩固 ………………………………………（223）
　一、重视新式媒介 ……………………………………………（224）
　二、融入民众生活 ……………………………………………（225）
　三、转换话语方式 ……………………………………………（226）

参考文献 …………………………………………………………（227）

绪　论

一、选题背景与意义

（一）选题背景

一个政党的领导权不仅包括经济领导权、政治领导权和军事领导权，还包括文化领导权。文化领导权是一个阶级、一个政党通过各种手段对民众进行思想教育和引导，赢得民众广泛精神认同和支持，带领民众实现自身政治目标的能力或力量。这一理论对抗日战争时期[①]力量暂时处于劣势的无产阶级革命政党有重要的价值。马克思、列宁在领导无产阶级革命的进程中，非常重视无产阶级文化领导权的构建，重视无产阶级文化力量的蓄积。

中国共产党从成立之初，就开始进行文化领导权的探索。在大革命时期和土地革命战争时期，中国共产党非常重视文化工作，积累了丰富的文化建设经验。抗日战争前夕，在中共中央苏区代表会议上，毛泽东结合中国共产党实际，提出通过不流血的转变，即提高无产阶级、农民和小资产阶级的思想觉悟以实现中国共产党力量聚集的重要思想。毛泽东虽然没有提出"文化领导权"这一概念，但通过不流血的转变获得领导权这一思考实质上已经暗含了中国共产党欲构建文化领导权的战略思想。这一思想也深深影响了抗战时期中国共产党的革命策略。

中国共产党对文化领导权的理论探索和实践探索有三个时期较为重要：抗日战争时期、中华人民共和国成立初期、改革开放新时期。相比较而言，抗战时期最为重要。这一时期，中国共产党在抗日根据地和国统区

[①] 本书的抗日战争时期指"七七事变"（即卢沟桥事变）开始的全面抗战，具体从1937年7月7日到1945年8月15日日本宣布无条件投降。

采取不同的举措，成功构建了自己的文化领导权。中国共产党文化领导权的构建不仅推动了抗日战争的进展，加速了中国共产党领导的新民主主义革命的胜利，还深刻影响了新中国成立后三十年乃至现代中国人的精神格局。1935年10月，中国共产党初到陕北，拥有的党员不过三四万人，掌握的军事力量仅四五万，然而经过短短的十年，至抗战结束，"中国共产党已成为有一百二十多万党员的大党，抗日根据地的面积达到近一百万平方公里，人口近一亿人，人民军队发展到一百二十余万人，民兵发展到二百二十万人。"[1] 正是因为这样的基础，中国共产党在解放战争中才以出人意料的速度推翻了南京政府。中国共产党成功的原因，可以归结于中国共产党在不同时期实行的土地政策，可以归结于中国共产党的战略远见，也可以归结于国民党的腐败统治等。无论如何，都不能忽略中国共产党自身道德感召和精神的力量对中国共产党成功的影响。这一影响，也可以说是中国共产党成功的关键。擅长进行宣传鼓动工作的中国共产党人，"与其在国民党白色恐怖下真枪真刀地与国民党抢夺地盘，不如在和平统一和民族战争的环境下与国民党争夺民心来得容易。"[2] 这一争取民心的过程，就是中国共产党建构文化领导权的过程。中国共产党构建文化领导权，是一项系统而复杂的技术工程。中国共产党构建文化领导权的动因是什么？中国共产党在抗日根据地和国统区是如何构建文化领导权的？中国共产党构建文化领导权留下了怎样的教训和启示？国内学术界虽然对新中国成立前中国共产党文化领导权进行过一些研究，但相对而言，集中对抗战时期中国共产党文化领导权构建进行具体研究的并不多。

从现实看，当前中国共产党的文化领导权巩固面临国际和国内双重挑战。国际上，西方发达资本主义国家在经济全球化背景下，凭借自身拥有的强势媒体和文化输出的技术优势，利用各种文化产品载体，不断将其倡导的西方价值观传播到中国，希望对中国实现"不战而屈人之兵"。苏联解体、东欧剧变使社会主义国家数目锐减，社会主义运动遭到了前所未有的挫折。这也使得马克思主义在中国遭遇了合法性危机。马克思主义在中国是否还有存在的必要？马克思主义是否已经过时？福山的"历史终结

---

[1] 胡绳：《中国共产党的七十年》，中共党史出版社1991年版，第182页。
[2] 杨奎松：《革命》第1册，广西师范大学出版社2012年版，第390页。

论"是否得到了验证？这些质疑不断削弱着主流意识形态的影响力。从国内看，社会主义市场经济体制改革的推进在丰富人们物质生活的同时，也在影响着人们的价值观。以市场经济为导向的体制改革给中国经济发展带来了前所未有的活力，推动了当代中国的发展和进步，但是，"市场经济的趋利性使人们更多地关注个人利益的实现，冲击着马克思主义的人生观和价值观。"① 多元文化的存在已经成为不争的事实，多元文化在丰富和活跃民众精神生活的同时，也严重冲击着主流意识形态。从社会主义核心价值体系提出至今，许多党员干部、学者依然不明了当今中国倡导的核心价值观是什么，言必称西方的"民主、自由、平等、博爱"。一些共产党员说起自己的马克思主义信仰，没有一点底气和自信。网络的信息化、普及化也使得各种信息铺天盖地而来，许多人对一些西方思潮没有辨别能力，在迷信西方"普世价值"中丧失了对社会主义的信念。种种迹象表明，新时代中国共产党文化领导权面临前所未有的挑战，中国共产党需要从历史中总结经验，寻找前行的力量。抗战时期中国共产党构建文化领导权的成功经验成为新时代中国共产党巩固文化领导权可资借鉴的重要资源。

（二）选题意义

探讨抗战时期中国共产党文化领导权的构建，具有重要的意义。

第一，通过对抗战时期中国共产党文化领导权构建的动因分析，以及对中国共产党在抗日根据地和国统区构建文化领导权具体举措的分析，可以梳理出中国共产党在抗战时期蓄积文化力量的思路与逻辑。同时，本选题在研究过程中将运用实践哲学、政治学、文化学、文学、历史学等相关理论，揭示抗战时期中国共产党构建文化领导权的系统工程，这有助于党史研究视野的拓宽。

第二，开展本选题研究有助于更新中国共产党自身建设的视角。传统的中国共产党建设，一般包括思想、政治、组织、作风和制度等方面。通过对抗战时期中国共产党文化领导权构建的研究，可以发现，文化建设应是政党建设的必然内容，尤其在越来越强调"软实力"和政党形象的今

---

① 张士海、施秀莉：《中国共产党"文化领导权"面临的挑战》，载于《理论探讨》2012年第2期。

天。政党文化就是政党的形象、政党的旗帜。中国共产党构建文化领导权的过程，也是中国共产党向民众传播以意识形态、价值观等为主要内容的政党文化，展示中国共产党形象的过程。中国共产党欲构建文化领导权，必须要把来自西方文化背景下的马克思主义、列宁主义和中国革命实际、中国传统文化相结合，创造出能整合社会、凝聚民众的先进文化。这种先进文化内在的价值观就构成了政党文化的重要内容。毛泽东《新民主主义论》的发表，是中国共产党政党文化形成过程中的标志性事件。它代表着中国共产党已经提出了新的结合国情实际的社会理想——新民主主义社会；它也显示了中国共产党的文化自觉和自信。但它的意义绝不仅仅在此一点，它的提出，"实际上吹响了抗战中的中国共产党开始公开与国民党争夺领导权、排斥资产阶级的影响和作用、全力引导中国迈向社会主义前途的重要号角。"[1] 这里的领导权，既有政治领导权，当然也包含文化领导权。所以，对抗战时期中国共产党文化领导权构建的研究也必将推动更多的学者关注中国共产党政党文化，将政党文化作为中国共产党自身建设的重要方面。

第三，开展本选题研究可为当代中国培育和践行社会主义核心价值观提供有益的启示。中国共产党构建文化领导权的过程，实质就是将中国共产党的意识形态和政治理念传达给民众，使民众对中国共产党产生认同，进而支持中国共产党领导的新民主主义革命的过程。中国共产党能在解放战争中迅速夺取政权，这和中国共产党在抗战时期积极构建文化领导权、蓄积文化力量有重要关系。中国共产党在抗战时期构建文化领导权无疑是成功的。当今，培育和践行社会主义核心价值观，就是将社会主义核心价值观传达给民众，使民众产生认同并自觉践行。全球化的国际背景、市场改革的国内环境，使培育和践行社会主义核心价值观的难度越来越大。梳理抗战时期中国共产党构建文化领导权的脉络，寻找中国共产党采取的有效举措，必将为当今培育和践行社会主义核心价值观提供重要启示。

第四，开展本选题研究可为全球化背景下维护我国文化安全提供有益经验。全球化不仅使国与国之间的经济联系日益加强，也使得国与国之间

---

[1] 杨奎松：《革命》第1册，广西师范大学出版社2012年版，第448页。

的政治和文化交流越来越广泛和深入。在全球化进程中，西方国家借助强大的经济优势和科技实力，通过互联网、文化产品出口、跨国投资，向其他国家强势兜售其价值观。这对发展中国家，尤其对和西方国家意识形态迥然不同的中国构成了很大的挑战，切实维护国家文化安全成为一项紧迫的战略任务。维护国家文化安全，既要敢于和当今西方资本主义各种思潮进行斗争，又需要站稳根基，守住阵脚。当中国民众的思想根基牢固立足于中国大地时，西方价值观再强势、传播手段再先进，它都没有用武之地。让民众思想根基站稳中华大地需要对中华优秀传统文化、中国共产党倡导的社会主义核心价值观有高度的文化自觉和自信。抗战时期，中国共产党将中国化的马克思主义灌输给民众，使民众的精神状态得到了前所未有的提升，居于领导地位的国民党即便拥有再先进的传播手段，都无法撼动普通民众对中国共产党的认同。抗战时期中国共产党构建文化领导权的经验成为当今维护我国文化安全的宝贵资源。

二、研究动态与文献综述

中国共产党成立后，就致力于文化领导权的探索。在中国共产党的纲领、决议和一般文件中，"宣传""鼓动""教育""文化""阶级觉悟"等词构成与中国共产党文化领导权构建实践相关的重要话语。在中国共产党的领导下，出现了几次规模较大的大罢工和轰轰烈烈的农民运动。这是此时期中国共产党文化领导权探索取得的重要成果。土地革命战争时期，中国共产党虽然忙于土地革命和军事斗争，但在苏区和国统区还是进行了富有成效的文化建设实践。抗战初期，中国共产党的民主政治和开明的文化政策吸引了四万多知识分子奔赴延安，中国共产党及时调整知识分子政策，成功造就了无产阶级化知识分子。正是中国共产党文化力量的积累和对文化领导权的重视，中国共产党才能在抗战时期成为中流砥柱，才能加速解放战争的进展。所以，研究抗战时期中国共产党文化领导权的构建有重要意义。

国内探讨文化领导权的著作和论文比较多。关注文化领导权源于两个契机：一是因为中国在十一届三中全会后启动的改革开放。改革开放后，国内兴起了西方马克思主义研究热潮。这一热潮以徐崇温教授的著作《西方马克思主义》为标志，俞吾金、陈学明等众多学者都有不同的研究成果。他们在介绍西方马克思主义流派时，必然要介绍西方马克思主义的奠基人葛兰西及其文化领导权理论。二是随着经济全球化的深入发展，各国越来越重视文化的作用和本国文化安全的维护。当今世界，文化和经济、政治相互交融，文化软实力在国与国竞争与较量中的地位越来越突出。中共十六大后，国内加快了文化体制的改革，文化事业和文化产业成绩突出。伴随国内社会主义文化建设的新成就，中国的市场化经济体制改革、全球化、信息化所引发的文化安全问题也促使国内更多的学者关注如何在新形势下建设好、维护好中国共产党的文化领导权。这样的契机使得国内学者对文化领导权理论的研究愈来愈重视，也使得文化领导权相关方面的研究成果越来越多。

（一）关于文化领导权的基础理论研究

1. 关于对马克思、列宁文化领导权思想的研究

纵观马克思和列宁的理论创作和无产阶级革命实践，马克思、恩格斯、列宁并没有明确提出过"文化领导权"这一概念，但概念的缺席并不意味着经典作家们不关注文化领导权思想。马克思、列宁关于无产阶级革命的斗争实践包含着丰富的文化领导权思想。在马克思的著作中，文化领导权思想更多的是借助"意识形态"这一词语来进行阐释。国内研究马克思主义意识形态的著作不少，这些著作在介绍马克思意识形态概念和理论时，也涉猎了马克思文化领导权思想。侯惠勤的《马克思的意识形态批判与当代中国》是国内研究马克思意识形态较有学术分量和社会影响力的著作，这一著作对当今中国确立马克思主义在意识形态领域的指导地位有重要价值。侯惠勤指出：从某种意义上来说，"近代以来的政治革命，实质上就是'意识形态的革命'，是通过把握未来的共同理想，凝聚人心，动员群众，实行以创建新社会制度为追求的社会变革。"[①] 所以，无产阶级要领导革命，必须重视"主义"问题。马克思主义意识形态实质上就是阶级意识问题。张秀琴在《马克思意识形态理论的当代阐释》一书中，概括了马克思关于意识形态思想的基本观点：在意识形态的存在问题上，意识形

[①] 侯惠勤：《马克思的意识形态批判与当代中国》，中国社会科学出版社2010年版，第5页。

态没有历史,在阶级社会中,意识形态作为一种观念的上层建筑而存在;在功能上,意识形态扮演的是阶级社会维护意识,在全部人类历史中承担着人类文化发展的载体的角色。李萍的《马克思主义意识形态论》按照发展脉络与逻辑层次相结合的研究思路,运用文本解读法追溯了马克思意识形态理论的思想渊源,揭示了该理论的内在逻辑和基本特色。国内也出现了大量关于马克思意识形态领导权、文化领导权的论文。谷少杰在《试论无产阶级文化领导权理论及其当代启示》一文中指出,"无产阶级和劳动群众为了实现自身的彻底解放,不仅要在经济上和政治上进行斗争,而且还要进行反对资产阶级思想统治的斗争,以摧毁资产阶级的文化奴役。"[①]所以,无产阶级必须要重视向群众宣传理论的工作。张士海在《列宁关于无产阶级政党文化领导权思想及其启示》一文中指出,"在领导苏联革命和建设的伟大实践中,列宁对构建无产阶级政党文化领导权进行了科学阐述、积极倡导和全面推行,使得苏联共产党赢得了夺取政权和执政的合法性,极大地推动了苏联革命和建设事业的蓬勃发展。"[②] 张士海分析了列宁文化领导权思想的基本内容:构建文化领导权是无产阶级政党的一项重要使命,推进马克思主义本国化、时代化、大众化是无产阶级政党文化领导权建设的主要目标,教育与自觉相结合是构建无产阶级政党文化领导权的基本路径。潘西华、赵军的《从"政治领导权"到"文化领导权"——列宁与葛兰西无产阶级领导权思想的比较》一文在比较列宁和葛兰西领导权思想的基础上指出,"在无产阶级领导权问题上,列宁和葛兰西根据东西方社会不同的历史条件及所处的国际背景提出了侧重点不同的领导权思想,从'政治领导权'到'文化领导权',既一脉相承又各具特色。只是较列宁而言,葛兰西更注重政治领导权获取前后意识形态领域内无产阶级文化领导权的夺取与巩固,更注重无产阶级自身无产阶级'自觉'的培育。"[③]

[①] 谷少杰:《试论无产阶级文化领导权理论及其当代启示》,载于《天府新论》2012年第2期。

[②] 张士海:《列宁关于无产阶级政党文化领导权思想及其启示》,载于《科学社会主义》2014年第2期。

[③] 潘西华、赵军:《从"政治领导权"到"文化领导权"——列宁与葛兰西无产阶级领导权思想的比较》,载于《科学社会主义》2009年第6期。

2. 对葛兰西文化领导权思想的研究

在马克思主义发展史上，葛兰西第一次提出了"文化领导权"这一概念。随着对葛兰西文化领导权理论价值认识的深入，国内出现了越来越多研究葛兰西文化领导权理论的学者。一是出现了一系列介绍和研究葛兰西文化领导权思想的著作。俞吾金、陈学明、徐崇温等学者在研究西方马克思主义的著作中，探讨了葛兰西的文化领导权理论。俞吾金、陈学明在《国外马克思主义哲学流派》一书中指出，葛兰西关于市民社会的理论见解隐含着他对西方社会上层建筑结构的独特理解。在西方资本主义国家中，"上层建筑中的市民社会（即意识形态—文化方面）起着比政治社会更重要的作用。资产阶级的统治不光是靠军队和暴力来维持的，而在相当程度上是靠他们广为宣传，从而被人民大众普遍吸收的世界观来维持的。"① 这就把整个市民社会，把意识形态—文化问题凸显出来了。徐崇温在《西方马克思主义》一书中指出了葛兰西对无产阶级革命的新认识，"无产阶级革命并不是一个夺取政权的单纯技术问题，也不仅是一个政治机会问题，它也是一个文化和技术条件的问题，只有社会发展达到一定的水平，工人群众在精神上的解放，才能使社会主义得到实现。"② 为此，无产阶级必须努力创造出一种新文化，把群众从消极接受资本主义社会—经济客观性的状态，带入到具有革命意识的状态。胡爱玲的《意识形态，领导权与知识分子：葛兰西实践哲学研究》一书在梳理西方实践哲学的历史脉络中，指出："文化领导权就是阐发和传播具有聚合力的那样一种思想的能力，实际上就是比自己历史性的阶级敌人更广、更好地传播自己思想的能力。"③ 潘西华著的《文化领导权思想研究》一书以文化领导权与无产阶级政权合法性的关系为切入点，系统考察了文化领导权及其相关的哲学思想、政治思想，同时从哲学、政治学、伦理学、文学、人类学等多重视域下对这一思想进行了重新审视和阐释。国内也有一些学者从文学角度来

---

① 俞吾金、陈学明：《国外马克思主义哲学流派》，复旦大学出版社1999年版，第105页。
② 徐崇温：《西方马克思主义》，中国社会科学出版社2007年版，第136页。
③ 胡爱玲：《意识形态、领导权与知识分子：葛兰西实践哲学研究》，河南人民出版社2009年版，第95页。

关注葛兰西文化领导权理论，比如，陆扬、王毅合著的《大众文化与传媒》、朱立元的《当代西方文艺理论》、陶水平的《现代性视域中的文艺美学》等著作，就从文学、文化的角度研究了葛兰西的文化领导权思想。陶水平在《现代性视域中的文艺美学》一书中指出，"葛兰西的文化霸权概念描述的是某一社会集团争取其他社会集团的广泛赞同、自觉服从并自愿融入该社会集团权力结构中来的一种控制方式。这里的'霸权'不是带有强制镇压的霸权，而是指一种同意式的霸权。"[1] 除了以上代表性的著作以外，国内还出现了一系列关于葛兰西及其文化领导权理论的学位论文和期刊文章。国内专门研究葛兰西及其文化领导权的博士学位论文有多篇：梁涛所写的《葛兰西文化领导权思想研究》、潘西华所写的《"文化领导权"：无产阶级政权合法性的基石》、和磊的《葛兰西的领导权与文化研究》等。潘西华在博士学位论文《"文化领导权"：无产阶级政权合法性的基石——葛兰西文化领导权思想研究》中指出，"在葛兰西那里，文化领导权的获取过程实际就是一种通过吸引力、感召力和同化力而不是强力重新塑造民众文化价值观的过程。因此，能否塑造无产阶级意识形态指导下的、以'健全的常识'为基础的'集体意志'就成为无产阶级能否获取与巩固政权合法性的关键。"[2]

（二）关于中国共产党文化领导权建设的理论研究

1. 新中国成立前中国共产党文化领导权建设研究

相对于对葛兰西及其文化领导权基础理论研究的重视，国内学者对新中国成立前中国共产党文化领导权构建的研究极为薄弱。目前可以看到的著作有张士海的《中国共产党文化领导权建设研究》、郑淑芬的《从自觉到自信：新民主主义革命时期中国共产党夺取文化领导权的历史考察》等。张士海在《中国共产党文化领导权建设研究》一书中回顾了中国共产党文化领导权建设的历程，分析了当今中国共产党文化领导权建设面临的新话题，提出了当今文化领导权建设的系统论视野。郑淑芬在《从自觉到

---

[1] 陶水平：《现代性视域中的文艺美学》，江西高校出版社2008年版，第311页。
[2] 潘西华：《"文化领导权"：无产阶级政权合法性的基石》，中国人民大学2008年博士学位论文，第164页。

自信：新民主主义革命时期中国共产党夺取文化领导权的历史考察》一书中指出，抗战时期，中国共产党"是否能夺得宣传阵地的先机、是否能在文化领域站稳脚跟关系到中国共产党能否得到广大民众的衷心拥护和支持。必须在强化武装力量的同时大力构建文化领导权，抵制日本侵略者和国民党反动派的文化渗透，扩大先进文化的影响力"[①]。关于新中国成立前中国共产党文化领导权构建的研究也有一些论文，其中张士海的研究成果较多。张士海在《中国共产党"文化领导权"建设：历史进程、基本经验与时代要求》一文中对中国共产党的文化领导权建设进行了历史考察，指出了对当前的启示意义，即推进马克思主义理论创新是文化领导权建设的理论前提，推进马克思主义大众化是文化领导权建设的实践中介，教育与自觉相结合是文化领导权实现的基本路径。另外，张士海《论延安整风运动与中国共产党"文化领导权"建设》一文在考察延安整风运动对中国共产党文化领导权建设影响的基础上，指出了进一步巩固文化领导权的时代要求。张士海指出，"目前中国共产党积极发扬延安整风运动精神，运用教育与自觉相结合路径积极推动当代中国马克思主义大众化、获取最广泛精神'认同'的进程中，还需要进一步增强中国共产党'文化自觉'，这是目前巩固与发展中国共产党文化领导权的时代要求。"[②] 傅才武、陈庚在《国家文化体制的历史来源——中国共产党文化领导权模式的结构化和制度化（1927—1949）》一文中指出，"从1927年开始，中国共产党面对苏区、解放区和国统区两种政权性质、两种势力范围，制定和实行了两种不同的文化工作策略：在苏区、解放区，实行马克思主义意识形态一体化策略；在国统区，实行文化领导权的渗透策略。"[③]

2. 毛泽东的文化领导权思想

邓力群主编的《文化巨人毛泽东》，陈晋的《毛泽东的文人性格》

---

① 郑淑芬：《从自觉到自信：新民主主义革命时期中国共产党夺取文化领导权的历史考察》，人民日报出版社2014年版，第158页。

② 张士海：《论延安整风运动与中国共产党"文化领导权"建设》，载于《西北大学学报（哲学社会科学版）》2012年第6期。

③ 傅才武、陈庚：《国家文化体制的历史来源——中国共产党文化领导权模式的结构化和制度化（1927—1949）》，载于《福建论坛（人文社会科学版）》2011年第6期。

《文人毛泽东》论述了毛泽东毕生进行的文化探索,探讨了毛泽东的文化观、文艺思想和知识分子理论。在《文化巨人毛泽东》一书中,戴知贤在《毛泽东的文化思想》一文中探讨了毛泽东毕生的文化实践,对毛泽东提出的新民主主义文化纲领、毛泽东文艺思想、毛泽东关于知识分子的政策也进行了深入剖析。戴知贤指出,为了确立中国共产党文化领导权,毛泽东从抗战和解放区的实际出发,既注重干部教育,又重视民众的文化教育。陈晋的《毛泽东的文人性格》一书全面评述了毛泽东文化性格的形成、发展及其深厚内涵和重大影响,探讨了毛泽东在人格道德、社会理念、政治革命与文化变革、中与西、古与今等问题上做出的历史性选择,该书虽没有直接涉及文化领导权,但翔实的史料和对毛泽东文人性格的分析有助于理解毛泽东关于文化领导权的思想。此外,俞吾金在《意识形态论》一书中认为,《新民主主义论》和《在延安文艺座谈会上的讲话》是毛泽东关于意识形态的最重要的著作。《新民主主义论》虽然没有出现"意识形态"这一词语,但"毛泽东运用'文化'、'观念形态'和'思想体系'等概念,全面地阐述了意识形态理论"。[①] 除了以上著作,还有一系列关于毛泽东文化领导权思想的学位论文、期刊论文。张士海、施秀莉在《毛泽东论中国共产党"文化领导权"建设》一文中指出,"构建文化领导权是一个系统工作,它离不开政党制定和实行正确的文化方针政策,离不开一支有战斗力的知识分子队伍,更离不开科学方法的运用。"[②] 张士海在另一篇文章《毛泽东"文化领导权"思想论纲》中指出,毛泽东虽然没有明确提出"文化领导权"的命题,但在其主创的新民主主义文化理论和社会主义文化理论中内含着丰富的文化领导权思想,"毛泽东文化领导权思想的内涵是十分丰富的,从中可以看出,毛泽东从'为什么、是什么、怎样做'的思维向度,对文化领导权基本问题进行了全面而系统的阐述,丰富和发展了马克思主义文化领导权理论,有力地推进了中国革命和建设

[①] 俞吾金:《意识形态论》,上海人民出版社 1993 年版,第 219 页。
[②] 张士海、施秀莉:《毛泽东论中国共产党"文化领导权"建设》,载于《马克思主义研究》2011 年第 4 期。

事业的进程。"① 韩毓海在《漫长的革命——毛泽东与文化领导权问题》一文中认为,"在马克思主义的经典作家中,毛泽东大约是对文化、文艺问题发言最多的一位。这表明:全神贯注于'文化领导权'问题,高度强调社会主义文化的核心价值,并坚持不懈地从这个角度阐述新中国选择社会主义道路的'合法性',是毛泽东建国以来思想的重要特征。"② 毛泽东不仅重视文化领导权,还总结了一套争夺文化领导权的战略战术。不过,韩毓海对毛泽东文化领导权思想的研究更多是集中于新中国成立后,而不是成立前。

3. 其他文化工作领导人的文化领导权思想

除了研究毛泽东的文化领导权思想,还有一些学者研究了中国共产党文化、宣传战线上一些重要领导人的文化领导权思想。

遵义会议之后的相当长时间,张闻天分管党的理论教育与宣传工作。他的文化观对中国共产党文化领导权的构建也有重要影响。程中原的《说不尽的张闻天》、李涛的《在总书记岗位上的张闻天》等著作对张闻天的文化思想和领导新民主主义文化建设的实践都有所涉猎。程中原认为,张闻天在延安时期所提出的"民族的、民主的、科学的、大众的"文化建设的四项原则奠定了毛泽东新民主主义文化纲领的基础,"民主的"文化正是张闻天的独到之处,"十分明显,张闻天从政治上到作风上、方法上,更多地注重民主,注重科学。此后三十多年中国的历史经验说明,在缺乏民主科学传统的中国,这种注重是看准了中国的毛病,是切合中国国情的。"③ 关于张闻天文化思想的期刊文章有三十多篇,蒋积伟在《抗战时期张闻天文化思想的特色及启示》一文中指出,"张闻天在抗战时期的文化思想,既在宏观上规定了中华民族新文化的内容与性质,又在微观方面对当时抗战建国的种种问题作了详细、精辟的论述,形成了自己的思想体系。他的这些文化思想,不仅迎合了当时抗战建国的需要,对当今的文化

---

① 张士海:《毛泽东"文化领导权"思想论纲》,载于《科学社会主义》2012年第4期。
② 韩毓海:《漫长的革命——毛泽东与文化领导权问题》(上),载于《文艺理论与批评》2008年第1期。
③ 程中原:《说不尽的张闻天》,中央文献出版社2008年版,第302页。

工作也很有指导意义。"① 另有几篇关于张闻天文化思想研究的硕士论文。湖南师范大学的龙利莉在《试论张闻天的文化思想》论文中指出，张闻天作为党内的文化官员，"十分关怀体贴党的理论干部和文化人，积极支持他们的工作"，② 对于自己主管的文化工作，他能创造性地进行理论探索和实践。总之，张闻天对新民主主义文化建设做出了卓越贡献，他提出的文化理论和推进的文化实践对中国共产党文化领导权构建有重要奠基作用。

  周扬是党内文化战线上的重要领导人，他的文艺思想对党的文化领导权构建也有一定的影响。支克坚的《周扬论》、孙书文的《文学与革命：周扬文艺思想研究》均对周扬在新中国成立前的文艺思想作了介绍。支克坚在《周扬论》一书中认为，周扬的文艺理论影响着中国革命文学的历史进程，"在周扬的理论里，突出地表现着中国共产党人创造无产阶级新文艺和新文化的巨大热情，反映着他们几十年里为此所进行的紧张的思考。"③ 关于周扬文艺思想和理论的期刊论文有多篇，孙书文的《俄苏文论对中国马克思主义文论建构的影响——以周扬文艺思想为透视个案》指出，"中国文论界从俄苏接受马克思主义，这一特殊性，对中国马克思主义文论的建构产生了多方面影响。这种影响首先表现在中国的马克思主义文论在相当长时间里都带有着鲜明的苏联特点。"④ 周扬的文论实践证明，只有摆脱苏联文论影响，从中国实践出发，从马克思主义经典原作中汲取营养，走中国人自己的路，才能一步步地建立起中国的马克思主义文论体系。袁盛勇在《论周扬延安时期文艺思想的构成》一文中就周扬文艺理论对毛泽东及《讲话》的影响提出了自己的观点，他认为周扬文艺理论和毛泽东的《讲话》之间存在双向互动关系，"不仅毛泽东影响了周扬，而且周扬的诸多文艺观念也曾影响过毛泽东《讲话》的构成，因为周扬到延安之后所写的主要理论批评文章，据说都曾送请毛泽东审阅和修改过，并且在很大程度上得到过毛泽东的赞赏和认同。深入研究可知，《讲话》中的

---

  ① 蒋积伟：《抗战时期张闻天文化思想的特色及启示》，载于《毛泽东思想研究》2009年第1期。
  ② 龙利莉：《试论张闻天的文化思想》，湖南师范大学2002年硕士学位论文，第6页。
  ③ 支克坚：《周扬论》，河南大学出版社2004年版，第10页。
  ④ 孙书文：《俄苏文论对中国马克思主义文论建构的影响——以周扬文艺思想为透视个案》，载于《山东社会科学》2007年第5期。

不少观念与周扬此前的文艺观念确有一脉相承之处，或者说，周扬的文艺观念在一定意义上与《讲话》具有观念上的相似性与契合性。"① 以上对周扬文艺思想的研究对本选题有较大帮助。

（三）抗战时期中国共产党文化领导权构建举措的研究

抗战时期，中国共产党在抗日根据地和国统区采取了不同的策略和举措构建文化领导权。目前，国内还没有学者专门对此进行过研究，但学者们研究了一些构建中发挥重要作用的标志性事件和重要载体，这些研究对本选题也有很大帮助。

1. 抗日根据地文化领导权的构建

《在延安文艺座谈会上的讲话》和中国共产党文化领导权构建关系的研究。《在延安文艺座谈会上的讲话》实际上是中国共产党为确立文化领导权为文艺创作制定标准和范式、改造知识分子的重要纲领性文献。通过对这一主题的研究，可以了解到抗战时期中国共产党构建文化领导权的许多技术和细节问题。刘忠所著的《〈在延安文艺座谈会上的讲话〉研究》一书认为，《讲话》对党的文艺工作的基本问题一一做了剖析，提出并解决了一系列带有根本性的理论问题和政策问题，"从'为什么人'到'如何为'，从文艺与人民群众结合到文艺家与人民群众结合，《讲话》不仅在理论上丰富了马克思主义文艺的人民性思想，而且也在实践上解决了革命文艺的服务对象和发展方向问题。"② 李洁非、杨劼在《解读延安——文学、知识分子和文化》一书中指出：《讲话》真正关心的问题只有一个，即"如何在中国建立起符合马克思主义社会模型的党对文化的领导权"③。关于《在延安文艺座谈会上的讲话》的期刊文章有两千篇之多，但有相当一部分是纪念性的文章，和本文选题关联不大，仅有少数文章介绍了《在延安文艺座谈会上的讲话》对中国共产党构建文化领导权的影响。陈鸣在

---

① 袁盛勇：《论周扬延安时期文艺思想的构成》，载于《文艺研究》2007年第3期。

② 刘忠：《〈在延安文艺座谈会上的讲话〉研究》，人民文学出版社2009年版，第114页。

③ 李洁非、杨劼：《解读延安：文学、知识分子和文化》，当代中国出版社2010年版，第143页。

《现代文艺再生产——从〈在延安文艺座谈会上的讲话〉到"三个代表"重要思想》一文中指出,"《讲话》是以毛泽东为主要代表的中国共产党制定的第一个系统的文艺政策文本。"[①] 黄科安在《文艺方针与建构现代民族国家的意识形态——整风运动与毛泽东〈在延安文艺座谈会上的讲话〉》一文中指出,毛泽东将文艺工作看作是推行中国共产党新的意识形态和建构现代民族国家"想象共同体"的重要手段之一。费虹寰在《毛泽东〈在延安文艺座谈会上的讲话〉与"文化领导权"问题》一文中指出,《在延安文艺座谈会上的讲话》"从整顿文艺队伍、使知识分子有机化以及确立党对文艺工作的政治领导等方面入手,制定了中国共产党建立文化领导权的蓝图和操作手册"。[②]

延安知识分子和中国共产党文化领导权构建关系的研究。延安知识分子是中国共产党在抗战时期构建文化领导权的中坚力量。抗战时期,大批知识分子涌入革命圣地,但知识分子自身的局限性与中国共产党构建文化领导权的宏伟战略产生了矛盾,对知识分子的思想改造势在必行。这一思想改造的过程,实质上就是中国共产党造就无产阶级化知识分子的过程。李洁非、杨劼在《解读延安文学、知识分子和文化》一书中指出,"整风运动本身,就是要从战略的高度为未来国家意识形态的建设未雨绸缪,达到这一目的,不能不解决知识分子问题,通过改造他们,以构造自己的有机知识分子。"[③] 朱鸿召的《延安文人》一书以革命知识分子来到延安,借助整风,重塑灵魂的心路历程为主线,全面透视了二十世纪中叶之前中国知识分子的思想转变轨迹。朱鸿召指出,"延安文人,是特殊年代、特殊环境下汇集在陕北一隅的较为特殊的中国知识分子群体。他们是此前中国文人社会角色的继续,又是此后中国知识分子命运的开端。"[④] 裴毅然的《中国知识分子的选择与探索》、朱鸿召的《众说纷纭话延安》也对延安知

---

① 陈鸣:《现代文艺再生产——从〈在延安文艺座谈会上的讲话〉到"三个代表"重要思想》,载于《上海大学学报(社会科学版)》2005年第2期。

② 费虹寰:《毛泽东〈在延安文艺座谈会上的讲话〉与"文化领导权"问题》,载于《党的文献》2011年第6期。

③ 李洁非、杨劼:《解读延安——文学、知识分子和文化》,当代中国出版社2010年版,第151页。

④ 朱鸿召:《延安文人》,广东人民出版社2001年版,第1页。

识分子有一定的研究。关于延安知识分子的期刊文章有八百多篇，在此，只选择和本文写作有关的几篇略述。刘悦清在《延安知识分子群体的特征及其历史地位》一文中，首先对延安知识分子进行了界定，即"从1936年抗战全面爆发前夕到1945年抗战结束这一时期集结于延安，经受革命战争洗礼的新型知识分子的集合体"。[①] 在分析延安知识分子鲜明特征的基础上，刘悦清提出了延安知识分子的作用和历史地位：延安知识分子群体在政治上的成熟，使中国共产党及其军队拥有了一大批意志坚定、素质优良的知识型干部；延安知识分子推动了根据地的文化建设事业发展；接受了共产党领导和教育后，实现了和工农群众的结合，形成了重实践的新价值观，逐渐成长为无产阶级的新型知识分子。张远新在《论延安知识分子群体的历史作业》一文中指出，"大批知识分子走向延安，不仅提高了中国共产党干部队伍的知识化水平，而且提升了社会和民众对中国共产党及其所领导的革命事业的正义性、进步性和合法性的认识与认同，有力地促进了中国革命的发展。"[②] 另有多篇关于延安知识分子研究的博士和硕士学位论文。张海燕在题为《延安知识分子与马克思主义中国化研究》的博士论文中，分析了延安知识分子对马克思主义中国化的作用。张海燕指出，"在'毛泽东思想'的形成中，延安理论知识分子对'马克思主义中国化'的论证、为'毛泽东思想'概念的提出，奠定了逻辑的基础；张如心首创的'毛泽东同志的思想'的提法，为后来王稼祥、刘少奇所作'毛泽东思想'的概括准备了雏形；理论知识分子对毛泽东理论体系的阐述，为后来'毛泽东思想'内容的概括提供了最好的参照。"[③]

2. 国统区中国共产党文化领导权的构建

抗战时期，中国共产党国统区文化领导权的构建面临着异常复杂的环境。中国共产党借助与国统区文化人的统一战线、中国共产党在国统区的宣传平台、国统区和根据地双向的文化交流，话语方式转换，有力推进了

---

① 刘悦清：《延安知识分子群体的特征及其历史地位》，载于《中共党史研究》1995年第5期。

② 张远新：《论延安知识分子群体的历史作用》，载于《中共党史研究》2010年第3期。

③ 张海燕：《延安知识分子与马克思主义中国化研究》，中共中央党校2008年博士学位论文，第117页。

国统区文化领导权的构建。对中国共产党在国统区进行文化领导权构建的系统研究成果几乎没有，目前发现的研究成果主要集中在对和中国共产党文化领导权构建有关的国民政府军事委员会政治部第三厅、文化工作委员会和国统区文化人统一战线的研究上。

抗战爆发后，国共再度携手合作。中共中央长江局、南方局先后领导国统区中国共产党的文化工作。在长江局和南方局的主要负责人周恩来的直接领导下，借助国民政府军事委员会政治部第三厅以及后来的文化工作委员会，中国共产党成功建立了文化界抗日统一战线，团结了大批国统区文化人。第三厅和文工委在传播马克思主义、毛泽东思想、抗日、民主、团结等方面发挥了重要作用。中国共产党湖北省委党史资料征集编研委员会编著的《抗战初期中共中央长江局》、彭亚新的《中共中央南方局的文化工作》等著作介绍了长江局和南方局在国统区的文化领导工作。彭亚新在《中共中央南方局的文化工作》中指出，南方局充分利用公开文化机构，广泛团结进步文化人士，冲破了国民党的限制，打开了广阔的活动空间，使党的文化工作局面为之一新。同时，南方局还引导了文化界开展反帝反封建文化思想的斗争，在人民群众中广泛传播了民主进步的思想，为他们接受共产党的主张奠定了基础。中央文献研究室科研部图书馆编的《周恩来人生纪实》、石仲泉的《周恩来的故事》、潘光武的《阳翰笙研究资料》等著作，对周恩来、郭沫若、阳翰笙在国统区参与中国共产党文化领导的活动，以及第三厅、文工委的工作都有介绍。关于国统区中国共产党文化领导权构建的期刊论文有一些也探讨了以上主题，比如徐行的《周恩来与抗战初期的政治部第三厅》，周韬、李彩素的《论中国共产党与抗战时期的国民政府政治部第三厅》等。徐行在《周恩来与抗战初期的政治部第三厅》一文中指出，"周恩来领导的第三厅在广泛团结文艺界人士、联合进行抗日宣传和鼓舞全国人民抗日决心方面做出了典范。"[①] 周韬、李彩素在《论中国共产党与抗战时期的国民政府政治部第三厅》一文中指出，"抗战时期的政治部第三厅和其后的文化工作委员会，在中国共产党的领导下，在抗日救亡宣传方面做出了突出贡献。组织广大文化工作者到

---

① 徐行：《周恩来与抗战初期的政治部第三厅》，载于《南开大学学报（哲学社会科学版）》2005年第4期。

前线、到敌后、到广阔的内地乡村公开地、合法地宣传群众、组织群众、发动群众,掀起了轰轰烈烈的抗日救亡运动。在宣传抗日救国十大纲领,宣传共产党的主张,扩大共产党的影响方面发挥了重要作用。"①

通过以上的介绍,可以发现国内在中国共产党文化领导权研究方面存在以下问题。

第一,重理论,轻实践。纵观当前国内学者对葛兰西文化领导权和中国共产党文化领导权的研究,可以看出,研究的成果多集中于对葛兰西文化领导权基础理论的介绍,比如,"市民社会""阵地战""有机知识分子"等。国内学者对新中国成立前的中国共产党文化领导权构建的枝节也有一些梳理,但构建文化领导权是一项系统工程,在抗日根据地和国统区,中国共产党是如何具体构建文化领导权的,国内学者涉猎较少。

第二,重当前,轻历史。即便国内有一些关于文化领导权的研究,也多侧重于新中国成立后,尤其是改革开放后对社会主义核心价值体系和社会主义核心价值观建设的研究。比如石本惠所著的《党的先进性建设与执政党的意识形态建构》,胡隆辉的《当代中国意识形态论》,黄凯锋、唐志龙的《建设社会主义核心价值体系》。比较而言,国内学者对新中国成立前,尤其是对抗战时期中国共产党文化领导权的研究成果很少。这方面研究的单薄与当前阶段中国共产党文化领导权构建理论和实践成果的丰富形成了巨大的反差。

第三,重枝节,轻系统。抗战时期,中国共产党文化领导权的构建是一个系统工程,它直指中国共产党阐发和传播自己先进文化的能力。中国共产党文化领导权构建意味着中国共产党能否通过道德宣传、文化渗透、意识形态影响将反映本党先进理念的新民主主义文化在现实中大众化,使它们成为被普遍接受的常识。这一达成共识的过程绝不仅仅是探讨知识分子问题、中国共产党的文艺政策、新民主主义文化等枝节问题就可以解决的。它反映着中国共产党自身的文化高度和文化组织能力。如何造就中国共产党自己的无产阶级化知识分子?在抗日根据地和国统区,中国共产党通过什么方式进行文化的传播?受众能否有效接受和认同?这些问题需要

---

① 周韬、李彩素:《论中国共产党与抗战时期的国民政府政治部第三厅》,载于《湖南科技大学学报(社会科学版)》2010年第2期。

进行系统性的研究。研究中国共产党文化领导权，无论是选择抗战时期、新中国成立初期，或者改革开放后的新时期，都必须要注意文化领导权构建的系统性。唯有此，中国共产党文化领导权的建构才能真正落到实处。

综上所述，抗战时期中国共产党文化领导权构建研究所蕴含的价值和国内学者对抗战时期中国共产党文化领导权构建研究的现状是本课题关注和思考的动因。笔者希望通过对抗战时期中国共产党文化领导权构建的深入分析和思考，勾画出中国共产党在抗日根据地和国统区构建文化领导权的轮廓，厘清构建系统工程中的主要环节和细节，从而寻找出1949年中国共产党的成功之道，并为当今中国的社会主义核心价值观培育和全球化背景下我国文化安全的维护提供经验借鉴。

三、研究内容与思路

（一）研究内容

全书共分绪论、五章正文与结语。

绪论主要介绍选题背景和意义，研究动态和文献综述，研究内容和本书写作思路、研究方法与创新。

正文主要分五章：

第一章介绍文化领导权基础理论溯源与实践基础。欲研究抗战时期中国共产党文化领导权的构建，必须要对文化领导权有所了解。本章主要介绍了领导权、文化领导权概念，马克思主义文化领导权理论和中国共产党在抗战之前对文化领导权进行的探索。

第二章介绍抗战时期中国共产党文化领导权构建的动因。抗战时期，中国共产党构建文化领导权源于抗战建国的需要、抗日根据地文化发展的需要、中国共产党形象塑造的需要。苏联、共产国际对中国共产党在文化领导权建构上的指示和建议对中国共产党也有一定的影响。

第三章介绍抗日根据地中国共产党文化领导权的构建。本章是本书的论述重点。抗战时期，中国共产党建立的抗日根据地是属于中国共产党权力范围之内的区域，在中国共产党的直接控制下，中国共产党通过领袖宣讲、知识分子思想改造、媒体改造和利用、民众教育、与国民党的思想论战等举措，将中国共产党的价值观传播给抗日根据地民众，有效地将他们吸引在中国共产党周围。

第四章介绍国统区中国共产党文化领导权的构建。在国统区，中国共产党构建文化领导权，面临着与抗日根据地不同的复杂环境。中国共产党大胆的文化攻势必定会引起国民党的强烈反弹，因此中国共产党采取了许多迂回与巧妙的方式进行国统区文化领导权建构。本章主要从中国共产党建立文化统一战线，积极争取文化人；搭建并利用多种宣传平台；加大国统区和抗日根据地的文化交流；改变话语方式等，构建了中国共产党文化领导权。

第五章介绍对抗战时期中国共产党文化领导权构建的评价。从总体上看，抗战时期，中国共产党文化领导权构建是一次成功的文化实践，它保障了中国共产党的抗战动员、促进了抗日根据地文化的发展、重塑和提升了中国共产党形象，为中国共产党未来执政合法性奠定了基础。当然它也留下了深刻的经验教训和启示，这些教训和启示成为今天巩固文化领导权可资借鉴的重要历史资源。

结语主要谈了新时代文化领导权的巩固。新时代巩固文化领导权，必须要重视新式媒介、必须要融入民众日常生活、必须要转换话语方式。唯有此，巩固文化领导权工作才能落到实处。

（二）写作思路

本文在厘清文化领导权概念与理论的基础上，首先分析了抗战时期中国共产党文化领导权构建的动因。中国共产党文化领导权构建的动因，亦即中国共产党构建文化领导权的内在逻辑。中国共产党构建文化领导权有抗战建国的需要、抗日根据地建设的需要、中国共产党形象塑造与提升的需要，同时苏联、共产国际的介入，也成为抗战时期中国共产党构建文化领导权的重要因素。本书的写作重点是在第三、第四章，即中国共产党在抗日根据地和国统区是如何构建文化领导权的。中国共产党在抗日根据地采取领袖宣讲、知识分子思想改造、媒体改造和利用、民众教育、与国民党进行思想论战等举措，成功构建了文化领导权。此部分内容，要特别紧扣文化领导权概念，关注中国共产党在抗日根据地的种种构建举措，研究中国共产党到底是怎样传播中国共产党价值观、赢得抗日根据地民众认同的。此外，要阐明中国共产党在国统区是通过怎样的方式向那里的进步民众和民主人士传播中国共产党的意识形态，成功构建在国统区的中国共产党文化领导权。

四、研究方法与创新

（一）研究方法

第一，文献研究法。研究抗战时期中国共产党文化领导权构建，首先要广泛搜集马克思、恩格斯、列宁的文化领导权基础理论，搜集抗战时期中国共产党有关文化政策、知识分子政策、民众教育举措等文献材料。在采用文献研究法搜集资料时，必须注意资料的不同分类。本课题需要注意区分基础理论资料和历史史实资料，还要注意区分中国共产党领导下的抗日根据地文化领导权构建资料和国统区中国共产党文化领导权构建资料的不同。

第二，历史研究法。马克思主义认为，任何一种社会政治现象的产生、发展、演化都有其特定的历史条件。运用这种方法，就是把中国共产党文化领导权构建重点放在抗战时期，同时还要考察中国共产党成立后至抗战前这一时期中国共产党对文化领导权的认识和探索。中国共产党文化领导权在抗战时期得以成功构建，无疑与毛泽东在党内领导地位的确立有关，因为毛泽东的文化高度和推进马克思主义中国化的能力、水平是当时党内其他人所不可企及的，但构建党的文化领导权这一系统工程绝不是靠毛泽东一人就可以完成的，也绝不仅仅是抗战时期就可以解决的。它是在集中党内智慧和继承过去中国共产党领导文化建设经验的基础上完成的。

第三，比较研究法。抗战时期中国共产党在构建文化领导权过程中，对中国共产党领导下的抗日根据地和国统区采取了不同的策略。中国共产党在抗日根据地建立了一元化的政治领导体制，相应地在文化上也确立了马克思主义意识形态的领导地位。中国共产党在这些区域构建文化领导权是通过领袖宣讲、知识分子思想改造、媒体改造和利用、民众教育、与国民党文化论战等举措进行的。而在国统区，中国共产党不能直接进行意识形态教育和宣传，而是通过建立文化统一战线、借助有效的宣传平台、通过文化交流、改变话语方式等隐蔽的意识形态渗透从而构建文化领导权的。这是两种不同的策略。在具体研究中，必须对两种策略进行比较分析。

第四，社会心理学研究法。任何个体或群体的社会行为总是在一定的社会心理驱动下实施和完成的。中国共产党要构建文化领导权，必须考虑接受中国共产党思想领导的知识分子和广大民众的心理。在本课题研究中，将采用社会心理学研究方法分析延安知识分子和民众对中国共产党以及中国共产党提出的新民主主义文化的心理认知。

第五，跨学科研究方法。本选题综合运用哲学、政治学、历史学、文化学、文学、传播学、社会心理学等不同学科的理论方法，形成交叉学科的优势。

（二）研究创新

1. 研究视角创新

国共较量，中国共产党何以成功？对这个问题的研究是史学界，尤其是中国共产党党史研究领域的众多学者感兴趣且绕不开的一个话题。学界从军事、经济、政治、党建方面都曾给出过答案，也有学者从文化方面进行过思考，但从文化领导权视角研究中国共产党成功之道的成果并不多。学界对新中国成立前中国共产党的文化领导权、毛泽东的文化领导权虽有些许研究，但对抗战时期中国共产党文化领导权的具体研究还是重视不够，成果也不多。所以本选题的研究将在一定程度上拓宽中国共产党党史的研究领域。

2. 研究内容创新

抗战时期，中国共产党在各种因素的推动下，进行了文化领导权的构建。中国共产党构建文化领导权的过程，实质上就是中国共产党传播其意识形态的过程。中国共产党在抗日根据地和国统区采取了不同的构建策略。对中国共产党在抗日根据地和国统区具体的构建策略分析是研究的重点，也是本选题创新之处。

3. 研究方法创新

本选题在运用传统史学研究所采用的文献研究法和历史研究法的同时，还运用了比较研究法和社会心理学研究法，力求勾画出抗战时期中国共产党文化领导权构建策略的轮廓。

第一章
文化领导权的基础理论溯源与实践探索

无产阶级政党欲革命成功,必须要重视文化领导权问题。确立无产阶级文化领导权既是无产阶级革命的基本策略,也是无产阶级革命的重要目标。

抗战前夕,中国共产党领导人毛泽东在中央苏区工作会议上提出了新时期实现"不流血的转变"的思想。这一思想暗含着中国共产党此时期将文化领导权构建工作提上议事日程。随着抗日战争的进展,中国共产党的文化领导权思想不断深化和丰富,并进入到实践操作层面。中国共产党在抗日根据地和国统区分别采取不同的文化策略,成功构建了文化领导权。

抗战时期,中国共产党为何构建文化领导权?中国共产党在抗日根据地和国统区是怎样进行构建的?要弄清这些问题,首先需要对文化领导权的基本概念和基础理论进行梳理。只有弄清这些基本概念和理论,才能更好地把握中国共产党在抗战时期文化领导权的构建动因和具体构建实践。

第一节 领导权和文化领导权

概念体系是社会科学理论逻辑体系的支撑。概念,尤其是核心概念的表述和界定,将决定着社会科学理论的研究思路,"领导权""文化""意识形态""文化领导权"等就属于本书的核心概念。

一、领导权概念考辨

"领导权"是马克思主义经典作家关注度较高的一个词。这一词之所以被高度关注,是因为无产阶级对领导权的重视和实现,直接关系着社会主义革命的成败。弄清"领导权"概念,首先需要对"领导"和"权力"有一个清晰的认识。

(一)什么是"领导"?

"领导"一词是管理学上一个基本的概念。对这一概念的界定,中外学者众说纷纭。据美国学者统计,全世界关于"领导"的定义有三百五十多种。"领导"定义之多,说明不同学者对"领导"界定有不同的视角,同时也说明定义"领导"确实不易。

关于"领导"一词,中外学者有哪些界定呢?

美国学者哈罗德·孔茨将"领导"定义为过程,"影响人们心甘情愿地和满怀热情地为实现群体的目标而努力的艺术或过程。"[①] 著名管理学大师理查德·L.达夫特指出,"领导就是促使人们为了一个共同的理想走到一起来的影响力。"[②] K.台维斯认为,领导是"一种说服人们热心于追求一定目标的能力"[③]。G.海曼、W.C.施考特认为,"领导是一种程序,使人得以在选择目标及达成目标上接受指挥、导向及影响。"[④]

国内学者对"领导"这一概念的认识也有较大的差异。张伟超认为,"领导是领导者(个人或集体)充分利用自己的影响力进行组织、指挥、协调、控制,引导和率领被领导者共同实现某种预期目标的行为过程。"[⑤] 王乐夫认为,"所谓领导,是领导者为实现一定的目标,统御和指引被领

---

① [美]哈罗德·孔茨、海因茨·韦里克:《管理学》,马春光译,经济科学出版社1993年版,第496页。
② [美]理查德·L.达夫特:《领导学:原理与实践》,杨斌译,机械工业出版社2005年版,第3页。
③ 孙立樵、冯致笺:《现代领导学教程》,中共中央党校出版社2002年版,第41页。
④ 孙立樵、冯致笺:《现代领导学教程》,中共中央党校出版社2002年版,第41页。
⑤ 张伟超:《现代领导学》,湖南人民出版社2003年版,第2页。

导者的社会管理活动。"① 许远申认为,"领导是在人与人之间进行的,以职权为基础,以法纪为保证,通过决策和用人等领导职能的发挥,以及自身威望和艺术感染力引导人们朝一定方向前进的一种活动。"②

可以看出,中外学者对"领导"的界定有很大的差异,有"影响力说""过程说""活动说"等。不过,在这些差异中也有一些共通之处:领导不是指领导者,而是指领导活动的过程;领导不是强迫命令,而是引导、影响、说服。可见,"领导"是指领导者借助自己的权威和影响力,采用引导和劝导的方式,率领追随者一起实现共同政治目标的过程。

(二)"权利"还是"权力"?

"领导权"中的"权"如何理解,是"权力"还是"权利"?国内学者郭德宏在探讨抗日战争的领导权问题时,曾指出,"领导权就是率领和引导的权利。"③ 在此,郭德宏是将领导权视为对抗日战争领导的权利。虽然"权利"一词有时也被认为是一种"权力",但"权利"和"权力"有着根本的不同。综观国内外学者对"领导"的界定,在界定"领导权"时,尤其是和政治相关的一个概念时,笔者更倾向于将"领导权"中的"权"解释为"权力"。

一般说来,人们思考"权力",常常会把它和暴力、政治结合在一起,但美国著名学者托夫勒指出了一种新思路。托夫勒在《权力的转移》一书中把权力定义为"用暴力、财富和(最广泛意义上的)知识使人按一定的方式行事"。④ 托夫勒是在较为宽泛的意义上来使用"权力"一词的,他跳出了法律、政治的框架。托夫勒把权力分成:暴力形式的低质权力(low-quality power)、财富形式的中质权力(medium-quality power)、知识形式的高质权力(high-quality power)。托夫勒把权力分为暴力、财富、知识,并且突出了知识在权力来源中的重要性。在托夫勒看来,暴力之所以被视为

---

① 王乐夫:《领导学:理论、实践与方法》,中山大学出版社1998年版,第25页。
② 徐远申、郭尔康等:《领导学新论:方法与艺术》,中国经济出版社2002年版,第4页。
③ 郭德宏:《抗日战争领导权新论》,载于《安徽史学》1995年第1期。
④ [美]阿尔温·托夫勒:《权力的转移》,刘红译,中共中央党校出版社1991年版,第21页。

低质权力,是因为它具有非灵活性的主要缺陷,它只能用来进行惩罚;而财富既可以用来威胁或惩罚,还可以提供奖赏;知识不仅在于它带来的影响力,还在于它意味着效率,即能用最少的权力达到某个目标。知识权力成为高质权力,这是托夫勒对时代转换的敏锐判断。当今时代,文化和经济、政治紧密结合在一起,文化代表的软实力在国与国之间的竞争和较量中越来越重要。谁有更多的文化优势,谁就有更多的权力。

托夫勒对"权力"的认识,可以帮助我们更好地理解领导权和文化领导权中的"权"。"权力"并不等同于"政治权力"。政治权力是政府或国家通过合法的强制力,依靠军队、法庭、监狱和其他强迫他人服从的国家机器影响人们行为的一种力量。而知识、思想也可以凭借其先进性和深刻性形成权力,这种权力的维系和巩固是靠个人或集团的影响力和权威,这种影响力和权威是以劝导、引导的方式进行的。

可见,所谓"领导权"是指占据较多社会资源(包括文化资源)的优势一方对居于劣势的一方,依靠自身的人格魅力和影响力,采取引导、劝导方式,使劣势一方加入到实现他们共同目标的队伍中来的能力和力量。领导权有经济领导权、政治领导权、军事领导权和文化领导权。

二、文化领导权概念界定

那么,到底什么是文化领导权呢?国内学者有的用意识形态领导权,有的用文化霸权,它们之间有什么区别?哪一种称谓更准确一些呢?

(一)文化与意识形态

和"意识形态"一样,学术界对"文化"概念众说纷纭。在《周易》中,有关"文化"的一段名言如下:"观乎'天文',以察时变;观乎'人文',以化成天下。"[①] 可以看出,中国古代的学者是从人类与自然的关系出发去认识"文化"的。五四时期的胡适在《我们对于西洋近代文明的态度》一文中说:"文明是一个民族应付他的环境的总成绩。文化是一种文

---

① 王弼:《周易正义》上册,时代文艺出版社2008年版,第253—254页。

明所形成的生活的方式。"① 和胡适同一时期的梁漱溟在《东西文化及其哲学》中指出："文化并非别的，乃是人类生活的样法。"② 研究中国传统文化的张岱年认为，文化是一个不断创造的过程，"是人类在处理人和世界关系中所采取的精神活动与实践活动的方式及其所创造出来的物质和精神成果的总和，是活动方式与活动成果的辩证统一。"③ 可以看出，张岱年是从广义上来界定文化的，认为它是方式和成果的统一，是物质和精神的统一。

在西方，界定"文化"时，人们会追溯到英国的马修·阿诺尔德。阿诺尔德认为"文化"其实是一种"对于完美的追求，一种趋于对于思索与精神境界的向往。……文化完全是企图接近那完美、文雅和发展的事物"。④ 美国学者鲁本·本尼迪克特指出，"文化是通过某个民族的活动而表现出来的一种思维和行为模式，一种使该民族不同于其他民族的模式。"⑤ 本尼迪克特主要是从民族的思维模式和行为模式来界定文化的。美国文化人类学家哈维兰在《当代人类学》中指出："文化不是可观察的行为，而是共享的理想、价值和信念，人们用它们来解释经验，生成行为，而且文化也反映在人们的行为之中。"⑥ 英国历史学家汤因比在综合众多学者对"文化"认识的基础上，从精神层面对"文化"进行了界定，"它也许可以称之为创造一种社会状态的努力，在这个社会状态中，整个人类成一个无所不包的大家庭的成员，将在一起和谐地生活。我相信，这就是迄今已知的所有文明一直有意无意追求的目标。"⑦ 这里，汤因比将文明和文化同语概括。

综合古今中外对文化的理解，本书认为，文化领导权中的"文化"应

---

① 胡适：《反省与尝试——胡适集》，上海文艺出版社1998年版，第196—197页。
② 马亚男：《梁漱溟论人生》，江西高校出版社2010年版，第10页。
③ 张岱年、程宜山：《中国文化精神》，北京大学出版社2015年版，第2页。
④ Gordon Mathew：*Global Culture/Individual Identity*，Routledge，2000，pp.1-2.
⑤ [美]本尼迪克特：《文化模式》，王炜译，浙江人民出版社1987年版，第45—46页。
⑥ 转引自邹文贵：《文化学十四讲》，黑龙江大学出版社2015年版，第12页。
⑦ [英]阿诺德·汤因比：《历史研究》，刘北成、郭小凌译，上海人民出版社2000年版，第19页。

该不属于广义上的文化，它主要指反映一个社会经济和政治的信仰、价值观、道德等精神成果。

"意识形态"这一概念首先是由法国大革命时期的学者安东尼·德斯图·德·特拉西提出的。特拉西在1796年用"意识形态"来界定一种建立在感觉之上的"观念的科学"，并将其和改造社会相联系。在特拉西看来，"意识形态不是一种纯粹的解释性理论，而是一种负有使命的拯救人类和为人类服务的、使人类摆脱过去的种种偏见的科学。"① 拿破仑吸收了特拉西意识形态理论的积极方面为资产阶级大革命服务，但当拿破仑带领法国从共和走向帝制之后，拿破仑将上述理念看成是具有过多理性的象牙塔之内的"玄思"而加以抨击，并主张治国理念应当考量人类的良心和历史的教训。

德国哲学家黑格尔在《精神现象学》中虽然没有用德语的"意识形态"，但他提出了"意识诸形态"。黑格尔将每一个精神的现象都当做意识形态，将意识发展过程中的每一阶段也都当做一个意识形态。在黑格尔那里，"意识形态"就是精神现象。黑格尔关于意识形态问题的深刻研究，对意识形态概念的发展产生了决定性的推动作用。

在"意识形态"概念史上，马克思无疑是一位具有重大影响力的思想家。马克思对"意识形态"的认识有一个巨大的飞跃。在《德意志意识形态》一文中，马克思没有明确指出"意识形态"的概念，但是在否定的意义上比较笼统地使用了该词，将其称为"虚假的意识"。在《〈政治经济学批判〉序言》中，马克思从市民社会—国家的架构上指出意识形态是每一个社会的统治思想。这时，意识形态就不再具有否定的意义了。意识形态直接和权力相接，成为思想型的权力。

黑格尔、马克思等人留下的关于对意识形态的种种思考，启发了后来的学者对意识形态的认识。美国学者华特金士在《意识形态的时代——从1750年到现在的政治思想》一书中指出，"意识形态是政治信仰的形态，这些信仰将规范性的见解导入政治生活中。这些关于理想秩序的见解，通常包括对于人性、个人与国家社会的关系、经济与政治体的关系，以及政

---

① 郑永廷、叶启绩：《社会主义意识形态研究》，中山大学出版社1999年版，第2页。

治目标等相当明确的态度。"① 也就是说，因为对现实有所不满，所以渴望建立一个理想的社会。意识形态就是关于理想社会原则的体系，它主要为现实的人们设计理想的"天堂"。

那么，"文化"和"意识形态"之间到底是什么关系？有的学者把文化和意识形态划等号。比如，英国学者马克·J. 史密斯曾指出，"文化和意识形态术语是可以相互交换使用的。……文化指涉更多的是我们于其中从事日常实践的活生生的关系。和意识形态一样，文化实践由各种价值所激发，而且在这一有限的意义上它们可以被称为意识形态实践"。② 很明显，史密斯是把文化和意识形态等同的。除了史密斯有这样的等同认识，研究英国文化的学者詹姆斯·凯瑞也声称，干脆将英国文化研究描述为意识形态研究，这样更简洁，或许也更准确。③ 可以看出，把文化和意识形态等同的学者不在少数，这也说明了在现实中，尤其在文化研究领域，文化和意识形态概念的重合性。

虽然两者在一定意义上可以通用，但是，文化绝对不等同于意识形态。它们是两个不同的概念，文化的范围大于意识形态。"两者的主要差异在于'意识形态'为这一概念提供了政治的维度。"④

笔者也认为，意识形态并不等同于文化，意识形态包含于文化之中。文化不仅包括理论形式的意识形态，还包括非理论形式的民间艺术、礼仪、民俗、行为方式等。作为文化内核和灵魂的意识形态必然会影响到同时代文化的发展。政党的意识形态也有这样的作用，"政党总是以一定的意识形态作为支撑，并以此来进行政治动员和社会整合，政党的意识形态总是以这样或那样的方式影响着文化发展的方向"。⑤

---

① [美] 华特金士：《意识形态的时代——从 1750 年到现在的政治思想》，张明贵译，台湾联经出版事业公司 1984 年版，第 4 页。
② [英] 马克·J. 史密斯：《文化：再造社会科学》，张美川译，吉林人民出版社 2005 年版，第 49 页。
③ [英] 约翰·斯道雷：《文化理论与大众文化导论》，常江译，北京大学出版社 2010 年版，第 3 页。
④ [英] 约翰·斯道雷：《文化理论与大众文化导论》，常江译，北京大学出版社 2010 年版，第 6 页。
⑤ 李建刚：《政党意识形态与文化的发展和选择》，载于《学校党建与思想教育》2007 年第 5 期。

在葛兰西提出"文化领导权"之后，越来越多的学者开始较多地使用文化领导权这一概念。这除了因为葛兰西提出的"文化领导权"理论在马克思主义发展史上的重要意义，更因为在当今全球化背景下，各国以文化为核心的软实力之间的竞争和较量使文化的作用日益凸显。学者们越来越多地使用文化领导权而不是意识形态领导权，主要还在于意识形态是一个为统治阶级服务的偏向政治性的术语，太过政治化的术语会在无形中把一部分对政治淡漠或对统治阶级不抱好感的群众推到一边。"同时由于文化不仅以理性的形式而且相当一部分是以感性的形式存在于日常生活之中，所以它比以理论系统出现的纯粹的意识形态宣传更具有渗透力和融合性。"① 因此，国内外学者也越来越多地使用文化领导权这一概念。

（二）霸权与领导权

纵观国内外研究葛兰西的著作，有的学者用文化霸权来概括葛兰西的理论。比如由波寇克著、台湾田心喻翻译的《文化霸权》一书，就将葛兰西的理论称为"文化霸权"理论。在该著作中，波寇克也把文化霸权称为政治—哲学领导权，但贯穿全篇的核心概念是文化霸权，这种文化霸权就是"一个经济阶级对另个经济阶级的宰制凝结成文化的优势"②。国内一些学者，比如孙晶、李震、刘亚斌等人也将葛兰西的理论称为"文化霸权"理论。孙晶在其著作《文化霸权理论研究》开篇就提到，"我们知道，葛兰西是从国家、市民社会、文化—意识形态角度展开对文化霸权的论述的"③，葛兰西的理论被称为文化霸权。

文化霸权是否就是文化领导权？这一问题是在研究文化领导权理论时必须面对的一个问题。答案显然是否定的。国内外不少学者之所以将葛兰西的文化领导权称为文化霸权，是出于对葛兰西著作中的一词"egemonia"（意大利语）的不当理解。在意大利比较权威的几部词典中，对"egemonia"的解释基本如下：（1）本义。supermazia che uno stato es-ercita su altri

---

① 王元骧：《文化与意识形态刍议》，载于《高校理论战线》1997年第7期。
② ［英］波寇克：《文化霸权》，田心喻译，远流出版事业股份有限公司1991年版，第7页。
③ 孙晶：《文化霸权理论研究》，社会科学文献出版社2004年版，第3页。

(一个国家对其他国家行使的霸权),由此可见,本义为"霸权"。(2)转义。premi-nenza(优势),direzione(领导),guida(引导),由此可见,转义为"领导权"。例:lateoria dell egemo-nia della classe operaia(工人阶级领导权理论)。纵观葛兰西著作,葛兰西认为统治阶级确立自己的思想统治地位,不是靠暴力和强权,而是靠自下而上的认同。所以"egemonia"译为"领导权"应该比"霸权"更为贴切。国内外学者之所以把"文化领导权"称为"文化霸权",应该是在把葛兰西著作意大利版本变为英译本或汉语版本时,使用了"egemonia"(意大利语)的本义,即"霸权",而没有使用其转义"领导权"。其次,在葛兰西著作中,"egemonia"和"direzione"常是交互使用的,"direzione"对应的英语词汇是"direction"(领导),而"egemonia"对应的词汇是"hegemony"(霸权)。这样的交互使用也给葛兰西理论的研究者们带来了一些认识上的困扰。如果对葛兰西思想没有一个全面的了解,英译者也很容易将"文化领导权"翻译为"文化霸权"。

笔者认为,在研究无产阶级或其他民众对本国马克思主义政党、政权的认同时,用文化领导权比文化霸权更为贴切。日本前驻联合国大使小和田恒曾经这样区分霸权和领导权,"前者是通过把自己的政策和价值观强加给他人的方式来建立秩序,而后者是在得到他人的赞许和支持的基础上来建立秩序。"[①] 非常明显,霸权是一个带有贬义色彩的词汇,而领导权是一个褒义的词汇,葛兰西作为马克思主义者,要论述无产阶级夺取政权的策略,用文化领导权显然比文化霸权更恰当。

在对文化和意识形态、霸权和领导权等概念进行初步辨析的基础上,笔者认为,文化领导权是指一个阶级为了夺取或巩固政权,采用非暴力的方式,依靠自己建立的媒体、学校、宗教机构等文化组织,将包括本阶级的纲领、路线、方针、政策和其他理念在内的意识形态,向同盟者或民众进行宣传、教育、渗透,从而使同盟者或民众认同和支持他们,并促使双方一致行动,实现共同的政治目标。

[①] 转引自朱明权:《领导世界还是支配世界:冷战后美国国家安全战略》,天津人民出版社 2005 年版,第 3 页。

第二节 马克思主义文化领导权理论

文化领导权理论是葛兰西在俄国十月革命后针对西方发达国家无产阶级运动失败而提出的理论。这一理论的直接来源是列宁的文化领导权思想，但追根溯源，还是来自马克思、恩格斯的理论。马克思、恩格斯虽然没有提出"文化领导权"这一概念，但并没有停止过对这一理论问题的思考，只是在他们那里，文化领导权更多的是以意识形态领导权的形式表现了出来。

一、马克思的文化领导权思想

（一）马克思的意识形态观

根据国内学者侯惠勤的考究，意识形态进入马克思的视野，是马克思的父亲在马克思十九岁时写给他的一封信。马克思的父亲对青年马克思的学术研究甚是关注，在得知其学术研究遇到困惑后，便写信给马克思，并在信中和其一起探讨。马克思父亲针对滑铁卢之战提出，"事实上这一题材不可能不使人振奋，因为在这次战役中如果遭到失败，就会使人类，特别是使他们的精神永远带上枷锁。只有当前的伪善的自由主义者才会把拿破仑奉为神明。在拿破仑统治时期，确实没有人敢想一想，在整个德意志，特别是在普鲁士，人们每天能够随心所欲地写些什么。要是哪一个研究过拿破仑的历史和他对'意识形态'这一荒谬之辞的理解，那他就会心安理得地为拿破仑的垮台和普鲁士的胜利而欢呼。"[①] 显然，在马克思父亲那里，意识形态是荒谬的。马克思父亲的提醒把马克思从法哲学体系的建构中解放出来，进而关注基础的"现有"，关注法国大革命和拿破仑之后的法国政局。

马克思在博士论文《德谟克利特的自然哲学和伊壁鸠鲁的自然哲学的差别》中，也探讨了意识形态问题。这时，马克思将意识形态和"空洞的

---

① 《马克思恩格斯全集》第40卷，人民出版社1982年版，第861页。

假设"并列,"不要认为,对天体现象的研究,无论就整个研究而言或就个别部分而言,除了和研究其余的自然科学一样能够获得心灵的宁静和坚定的信心之外,还能达到别的目的。我们的生活需要的不是意识形态和空洞的假设,而是我们要能够过恬静的生活。正如生理学的任务一般是研究最主要的事物的原因一样,这里幸福也是建立在对天体现象的认识基础上的。关于日月出没的学说,关于星辰的位置和亏蚀的学说,本身并不包含有关幸福的特殊根据;不过恐惧却支配着那些看见这些现象但不认识它们的性质及其主要原因的人。"① 马克思将意识形态和空洞的假设并列,指出它们是人类不幸的来源,这是对意识形态的一种隐性批判。

从柏林大学毕业后,马克思开始在《莱茵报》当主编。主编工作使马克思开始对现实的物质利益发表自己的看法,他也试图思考如何以自己的哲学思想实现对现实社会的改造。在此期间,马克思对"意识形态"一词的使用越来越频繁,这也表明马克思对它的思考越来越多。马克思认为,《林木盗窃法》维护的是德国林木占有者的特殊利益,根本无视农民们的利益,更不管农民的悲惨命运,所以这样的社会意识是虚假的。而德国《林木盗窃法》正是在借鉴《拿破仑法典》的基础上制定出来的,这就把马克思对德国现实问题的关注引向了对法国大革命的思考和对指导革命的资产阶级理论体系的质疑。

父亲的影响、博士论文的关注和莱茵报工作的实践促使马克思在1845年到1846年完成了历史唯物主义观的奠基之作——《德意志意识形态》。在这篇文章的序言中,马克思对意识形态进行了系统的思考,"人们迄今总是为自己造出关于自己本身、关于自己是何物或应当成为何物的种种虚假观念。他们按照自己关于神,关于模范人等等观念来建立自己的关系。他们头脑的产物就统治他们。"② 在其看来,德国哲学就是这样的虚假观念。在《德意志意识形态》一文中,马克思并没有给意识形态下一个完整的定义。但在1893年7月14日恩格斯致朋友的一封信中,恩格斯在解释当初写作《德意志意识形态》的处理技巧时指出,"意识形态是由所谓的思想家通过意识、但是通过虚假的意识完成的过程。推动他的真正动力始

---

① 《马克思恩格斯全集》第40卷,人民出版社1982年版,第236页。
② 《马克思恩格斯全集》第3卷,人民出版社1960年版,第15页。

终是他所不知道的,否则这就不是意识形态的过程了。因此,他想象出虚假的或表面的动力。因为这是思维过程,所以它的内容和形式都是他从纯粹的思维中——不是从他自己的思维中,就是从他的先辈的思维中引出的。"① 可以说,这是马克思、恩格斯在他们的著作中唯一一次来定义意识形态。马克思、恩格斯指出德意志意识形态的虚假性主要是针对德国哲学界和德国知识分子幻想以思想改变现实的迷梦,这种迷梦使德国思想家和革命家仅仅局限于对现存世界的词句批判,而不是采取直接行动去反对现存世界,其他进步人士所进行的改变现存世界的努力反而被视为反常的现象和不幸的事件。

在《德意志意识形态》中,马克思虽然在否定的意义上使用了意识形态,把意识形态视为一个认识论上的评价性概念。不过,国内学者侯惠勤认为,《德意志意识形态》还包含着意识形态的另一副面孔和变化,即中性的功能性概念,描述性、解释性和规范性的概念。因为在《德意志意识形态》一文,不仅有特殊的"德意志意识形态",也包含有"一般意识形态"。在论述"一般意识形态"时,意识形态也完成了从古典到现代意义上的转换,即从认识论的真假性转向了意识形态的功能性分析。"意识形态不只是关于思想观念的社会学;它要更具体地表明观念如何与现实的物质条件相联系,如何遮盖或掩饰现实物质条件,如何用其他形式移植它们,虚假地解决它们的冲突和矛盾,把它们明显地转变成一种自然的、不变的、普遍的状态。简言之,思想观念被赋予一种积极的政治力量,而不是仅仅理解为对世界的反映。"② 思想观念成为一种现实力量,这是《德意志意识形态》中意识形态内涵隐藏的另一层含义。

在1859年的《〈政治经济学批判〉序言》中,马克思从经济基础—上层建筑的社会结构中,论述了新的意识形态观,即"统治阶级的思想在每一时代都是占统治地位的思想。这就是说,一个阶级是社会上占统治地位的物质力量,同时也是社会上占统治地位的精神力量。支配着物质生产资料的阶级,同时也支配着精神生产资料,因此,那些没有精神生产资料的

---

① 《马克思恩格斯选集》第4卷,人民出版社1995年版,第726页。
② [英]特里·伊格尔顿:《历史中的政治、哲学、爱欲》,马海良译,中国社会科学出版社1999年版,第84页。

人的思想，一般地是隶属于这个阶级的。占统治地位的思想不过是占统治地位的物质关系在观念上的表现，不过是以思想的形式表现出来的占统治地位的物质关系；因而，这就是那些使某一个阶级成为统治阶级的关系在观念上的表现，因而这也就是这个阶级的统治的思想"。① 在此，马克思将意识形态视为每一社会的统治思想，这种思想和权力相连接，被用来为统治阶级的统治提供合法性依据。至此，意识形态不再具有贬义的色彩，而成为一种中性的客观判断。在马克思看来，意识形态体现的是统治阶级的经济权势在思想领域内的话语权。借助意识形态，统治阶级创造共同利益，赋予他们的思想以普遍的形式，以获得本阶级和其他社会成员的同意或支持。马克思还分析了具有特殊利益的统治阶级和正在上升中的革命阶级的两种不同的意识形态：对于具有特殊利益的统治阶级而言，他们的利益代言人通过捏造虚幻的意识形态，并穿上"全民"的外衣，为自己的统治进行辩护。进行革命的阶级，也会提出代表本阶级，还代表其他阶级、阶层的意识形态，通过意识形态整合社会全体群众来反对统治阶级，意识形态在正在上升的革命阶级那里成为动员群众的思想基础。

（二）马克思的文化领导权思想

在马克思的著作中，多次提到"领导权"这一概念。1848年欧洲爆发革命后，在反思欧洲革命失败原因的基础上，马克思总结无产阶级斗争该有的策略，领导权被予以重视。这时马克思视阈中的领导权主要指的是无产阶级在反对资产阶级革命中对同盟者的领导问题，这一领导权主要指对同盟者政治上的领导权。1848年法国无产阶级的革命斗争，充分说明农民问题的重要性。资产阶级掌握政权后，为了反对无产阶级，总是离间工农关系，破坏工农团结，千方百计地争夺农民，使无产阶级陷入孤立无援的境地。巴黎无产阶级六月起义遭到失败的原因之一，就是无产阶级没有得到农民的支持，他们单枪匹马与敌人战斗。马克思根据这次起义失败的教训，特别强调工农联盟对无产阶级革命的重要性。马克思指出，"在法国，除了官方计算的400万（包括儿童等等）乞丐、游民、犯人和妓女之外，还

---

① 《马克思恩格斯选集》第1卷，人民出版社1995年版，第98页。

有500万人濒于死亡,他们或者是居住在农村,或者是带着他们的破烂和孩子到处流浪,从农村到城市,又从城市到农村。一句话,农民的利益已不像拿破仑统治时期那样和资产阶级的利益、和资本相协调,而是和它们相对立了。因此,农民就把负有推翻资产阶级制度使命的城市无产阶级看作自己的天然同盟者和领导者。"① 另外,在工农联盟中,无产阶级必须占据领导地位。因为无产阶级是能够代表农民利益的,它在整个革命过程中起先锋队的作用。因而,无产阶级领导权和工农联盟是不可分割的,没有无产阶级的领导,就没有工农联盟;工农联盟的建立,是以农民承认并接受无产阶级领导为前提的。同样,没有工农联盟,就实现不了无产阶级领导权。

随着马克思领导无产阶级革命实践的增多和对现实斗争的总结,马克思的领导权思想不再局限于对同盟者的政治领导上,转向了对同盟者思想领导的关注。马克思这一思路的转变是建立在他对意识形态从贬义的"虚假性认识"到中性的"一般意识形态"的功能性分析基础之上。在经济基础—上层建筑的社会结构中,经济基础决定意识形态,但意识形态并不是消极被动的。晚年恩格斯就意识形态的反作用指出,"根据唯物史观,历史过程中的决定性因素归根到底是现实生活的生产和再生产。无论马克思或我都从来没有肯定过比这更多的东西。如果有人在这里加以歪曲,说经济因素是唯一决定性的因素,那么他就是把这个命题变成毫无内容的、抽象的、荒诞无稽的空话。经济状况是基础,但是对历史斗争的进程发生影响并且在许多情况下主要是决定着这一斗争的形式的,还有上层建筑的各种因素……"② 这实质上是分析了在历史发展进程中意识形态的反作用。马克思在世时虽然没有如此清晰地总结这一反作用,但以先进理论、意识形态武装无产阶级却是马克思一以贯之的思想。

在《〈黑格尔法哲学批判〉导言》中,马克思指出,"批判的武器当然不能代替武器的批判,物质力量只能用物质力量来摧毁;但是理论一经掌握群众,也会变成物质力量。理论只要说服人,就能掌握群众;而理论只要彻底,就能说服人。所谓彻底,就是抓住事物的根本。"③ 这段话表

---

① 《马克思恩格斯全集》第11卷,人民出版社1995年版,第232页。
② 《马克思恩格斯选集》第4卷,人民出版社1995年版,第695—696页。
③ 《马克思恩格斯选集》第1卷,人民出版社1995年版,第9页。

明：革命实践固然重要，但革命理论、先进思想也不可缺少；群众一旦用先进理论武装起来，就会变成重要的物质力量。无产阶级在领导革命时，必须充分重视先进文化和先进思想这一武器。针对德国无产阶级革命的现状，马克思希望德国无产阶级能把哲学当作自己的精神武器，"思想的闪电一旦彻底击中这块素朴的人民园地，德国人就会解放成为人。"① 接着，马克思又指出，"德国人的解放就是人的解放。这个解放的头脑是哲学，它的心脏是无产阶级。哲学不消灭无产阶级，就不能成为现实；无产阶级不把哲学变成现实，就不可能消灭自身。"② 马克思希望德国无产阶级能用哲学武装自己，使自己更有战斗力。

二、列宁的文化领导权理论

（一）普列汉诺夫的领导权思想

格·瓦·普列汉诺夫在俄国社会主义史、国际共产主义运动史和马克思主义发展史上起过重大作用，占有重要地位。在国际共产主义运动史上，有一段时期，即1895年恩格斯逝世到1914年第一次世界大战之前，普列汉诺夫是仅次于马克思和恩格斯的思想领袖。普列汉诺夫在领导俄国社会民主党斗争的实践中，首次提出了"文化领导权"的思想。

1885年，俄国"劳动解放社"的创始人普列汉诺夫在和俄国"民意党"领导人彼·拉·拉甫罗夫的论战中，第一次提出了"领导权"这一概念，"俄国的社会主义者既在原则上承认了言论自由的权利，并把这样的要求列入自己的纲领，他们就不能只让那一自命为在当前革命运动时期有领导权的'党'派来享受这种权利。"③ 在同一篇战斗檄文中，普列汉诺夫针对彼·拉·拉甫罗夫对"劳动解放社"纲领的攻击指出，"能成为'当前历史时机的社会军队'的集团，是可以'破坏我们革命军队的组织'的。而革命的军队，作为有功勋和有锻炼的军队，更'可以''破坏'那

---

① 《马克思恩格斯选集》第1卷，人民出版社1995年版，第15—16页。
② 《马克思恩格斯选集》第1卷，人民出版社1995年版，第16页。
③ 《普列汉诺夫哲学著作选集》第1卷，生活·读书·新知三联书店1959年版，第122页。

些'思想不通'的集团的'组织',而这些集团的领导权,在这个社会军队看来,还是很遥远的事情,'而且'还是'大概有点成问题'的事情。"①普列汉诺夫是想告诉彼·拉·拉甫罗夫,通过科学理论的武装,掌握革命军队集团的领导权比枪杆子更重要,并且取得这种领导权并不是"很遥远的事情",也不是"大概有点成问题"的事情。可以看出,普列汉诺夫这时所提出的领导权主要是军事和政治领导权,不过,他已经认同文化领导权的重要性了。

1895年,普列汉诺夫在他最重要的马克思主义著作《论一元论历史观之发展》一文中,用比喻的方式明确提出了"文化领导权"的思想。他指出,"心理的领土划分为省,省分为县,县分为村和公社,公社乃是各个人(即各个问题)的联合。当'矛盾'产生时,当斗争爆发时,它的注意力普通只涉及个别的省——如果不是个别的县的话——,只有反射的作用才涉及于邻近的区域。首先被攻击的是那前一时代的领导权属于它的省份。只是逐渐地'战争的灾难'才扩张于邻近,扩张到被攻击省份的最忠实的同盟者身上。因此应该加上说,在弄清特定的批判时代的性质时,不仅要了解前一有机时代的意识形态的一般特点,而且要了解这个心理的各个的特点。在一个时代中领导权属于宗教,在另个时代中属于政治以及诸如此类。"② 在马克思主义经典作家中,普列汉诺夫是第一个用"心理领土""领导权""意识形态"等词汇提出文化领导权思想的马克思主义者。

(二) 列宁的文化领导权思想

列宁是在普列汉诺夫影响之下走上马克思主义道路的。"从某种意义上可以说,列宁是普列汉诺夫的学生。"③ 受早期普列汉诺夫思想的影响,列宁在领导俄国革命和苏维埃社会主义建设中,也提出了内容丰富的文化领导权思想。

---

① 《普列汉诺夫哲学著作选集》第1卷,生活·读书·新知三联书店1959年版,第129—130页。

② 《普列汉诺夫哲学著作选集》第1卷,生活·读书·新知三联书店1959年版,第736页。

③ 高放:《普列汉诺夫在历史上的作用》,载于《江西社会科学》1994年第7期。

第一，社会民主党人必须争取在资产阶级民主革命中的领导权。在俄国社会民主党成立之前，列宁就明确提出，俄国社会民主党人的任务是"领导无产阶级的阶级斗争"①，列宁还认为必须把领导社会主义的斗争和民主主义的斗争结合起来。1901年，列宁在《怎么办》一文提出了无产阶级必须争取资产阶级民主革命的领导权，对于"这种'各个反政府阶层的积极行动'，如果我们想做'先锋队'，就不仅能够领导并且一定要领导"。②列宁号召俄国社会民主党人，要想做先进的民主主义者，就必须把民众对俄国现状的不满引导到对整个政治制度的不满，"我们应当担负起组织这种在我们党的领导下进行全面政治斗争的任务，使各种各样的反政府阶层都能尽力帮助并且确实尽力帮助这个斗争和这个党。"③ 1905年4月，在俄国社会民主工党第三次代表大会上，列宁继续阐发了无产阶级在资产阶级民主革命中的领导权问题，"我们，社会民主党人，现在就应当表明自己是最革命阶级的当之无愧的代表者和领导者，应当帮助它争得最广泛的自由——这是向社会主义胜利前进的保证。"④ 同年6—7月，列宁在《社会民主党在民主革命中的两种策略》中，对社会民主党人第三次代表大会上提出的无产阶级领导权再次进行了强调：无产阶级"不要对资产阶级革命漠不关心，不要把革命中的领导权交给资产阶级，相反地，要尽最大的努力参加革命，最坚决地为彻底的无产阶级民主主义、为把革命进行到底而奋斗"。⑤

可以看出，列宁此时提出的领导权主要是指无产阶级在反对沙皇专制的资产阶级民主革命中对其同盟者农民阶级的领导权，这种领导权主要还是政治领导权。强调政治领导权，并不意味着列宁不重视文化领导权。因为列宁所强调的政治领导权内含着文化领导权，这种文化领导权更多是以"宣传和鼓动"的方式表现出来。

第二，必须对自身和同盟者进行社会主义教育。为了实现对无产阶级

---

① 《列宁全集》第2卷，人民出版社1984年版，第429页。
② 《列宁全集》第6卷，人民出版社1986年版，第82页。
③ 《列宁全集》第6卷，人民出版社1986年版，第82页。
④ 《列宁全集》第10卷，人民出版社1987年版，第213页。
⑤ 《列宁全集》第11卷，人民出版社1987年版，第34页。

的领导，列宁认为社会民主党人必须要对无产阶级进行社会主义思想教育，在工人中间宣传科学社会主义学说，"使工人正确了解现代社会经济制度及其基础与发展，了解俄国社会各个阶级及其相互关系，了解这些阶级相互的斗争，了解工人阶级在这个斗争中的作用，了解工人阶级对于正在没落的阶级和正在发展的阶级、对于资本主义的过去和将来所应采取的态度，了解各国社会民主党和俄国工人阶级的历史任务。"① 为了增强宣传效果，列宁认为，社会民主党人首先应该向城市工厂工人进行宣传，因为他们最能接受社会民主主义思想。重点面向城市工厂工人宣传，并不意味着无产阶级其他阶层可以忽略，"在城市工人中间传播社会主义与阶级斗争的思想，就必然会使这些思想经过比较细小分散的渠道传播开来：为此必须使这些思想在较有锻炼的人们中间扎下较深的根，使俄国工人运动与俄国革命的这个先锋队完全领会。"② 可以看出，列宁并没有忽略其他民众接受社会主义教育的重要性，列宁希望借助接受了社会主义教育的城市工厂工人，把阶级斗争、社会主义的思想以及俄国民主派，特别是俄国无产阶级的政治任务辐射到和工厂工人打交道的那些落后的无产阶级阶层。1902年，针对俄国社会民主党内部流行"自发论"，列宁在《怎么办》一文中提出了严厉的批评。列宁还特别引用了卡·考茨基谈到奥地利社会民主党的新纲领草案时的一段重要讲话来说明对民众进行思想灌输的重要性，"现代社会主义也就是从这一阶层的个别人物的头脑中产生的，他们把这个学说传授给才智出众的无产者，后者又在条件许可的地方把它灌输到无产阶级的阶级斗争中去。可见，社会主义意识是一种从外面灌输到无产阶级的阶级斗争中去的东西，而不是一种从这个斗争中自发地产生出来的东西。"③

除了要教育无产阶级，还要教育无产阶级的同盟者，尤其是思想觉悟落后的农民。列宁认为，社会民主党人要争得资产阶级民主革命的领导权，"就应当有充分的觉悟和足够的力量把农民提高到自觉革命的程度，

---

① 《列宁全集》第2卷，人民出版社1984年版，第430页。
② 《列宁全集》第2卷，人民出版社1984年版，第432页。
③ 《列宁全集》第6卷，人民出版社1986年版，第37页。

领导农民举行进攻,从而独立实行彻底的无产阶级的民主主义。"① 教育农民是为了提高农民的革命觉悟,提高农民对社会主义思想体系的认同,只有如此,无产阶级才能争取革命的彻底胜利。

第三,必须要进行意识形态斗争。争取无产阶级文化领导权,必须同资产阶级思想体系进行不调和的斗争。因为工人运动没有同社会主义意识结合之前,它是无力抵抗资产阶级思想进攻的。资产阶级作为统治阶级,已经全面控制了学校、教会、报纸等国家宣传机器,它的宣传技术和手段都比无产阶级更先进。所以,列宁指出,"某一个国家中的社会主义运动愈年轻,也就应当愈积极地同一切巩固非社会主义思想体系的企图作斗争,也就应当愈坚决地告诉工人提防那些叫嚷不要'夸大自觉因素'等等的蹩脚的谋士。"② 列宁对意识形态斗争重要性的强调,使俄国社会民主党人认识到了思想斗争在无产阶级革命中的重要性。

第四,必须重视党报的作用。争取文化领导权,必须要发挥报刊的作用。报刊是进行宣传鼓动的最佳途径,只有借助这个途径,工人阶级才能获得最全面和生动的政治知识,才能把这种知识变成最积极的政治斗争。列宁呼吁建立全俄的政治机关报,"没有政治机关报,在现代欧洲就不能有配称为政治运动的运动。"③ 列宁希望社会民主党人在俄国尽快结束手工业式的报刊组织方式,建立全俄统一机关报。因为地方报纸具有很大的局限性,"地方报纸往往在原则上不坚定,在政治上无意义,在消耗革命力量方面代价太高,在技术方面丝毫不能令人满意。"④

第五,必须注意文艺作品的党性原则。文艺作品是构建文化领导权的重要载体,列宁非常重视文艺作品在夺取文化领导权中的作用,"写作事业应当成为整个无产阶级事业的一部分,成为由整个工人阶级的整个觉悟的先锋队所开动的一部巨大的社会民主主义机器的'齿轮和螺丝钉'。写作事业应当成为社会民主党有组织的、有计划的、统一的党的工作的一个

---

① 《列宁全集》第 11 卷,人民出版社 1987 年版,第 42 页。
② 《列宁全集》第 6 卷,人民出版社 1986 年版,第 40 页。
③ 《列宁全集》第 6 卷,人民出版社 1986 年版,第 85 页。
④ 《列宁全集》第 6 卷,人民出版社 1986 年版,第 137 页。

组成部分。"① 写作事业之所以重要，是因为写作出来的材料可以唤醒民众，组织民众，提高民众对社会主义思想的认同，进而加入到无产阶级革命中去。列宁认为，写作事业要想发挥它在无产阶级革命中的重要性，必须结束写作中的自由主义倾向和各自为政的局面，必须组织在党的领导下，"出版物应当成为党的出版物"②。

第六，必须发挥无产阶级知识分子的作用。知识分子在夺取文化领导权中担负着重要责任，他们不仅要创造新的革命理论，他们还要向无产阶级宣传这种理论，鼓动无产阶级起来进行经济斗争和政治斗争，所以，列宁希望俄国无产阶级有自己的知识分子，"无产阶级同现代社会的其他任何阶级一样，不仅在造就自己的知识分子，而且还从一切受过教育的人中间物色拥护自己的人。"③ 鉴于知识分子具有小资产阶级的局限性，列宁希望俄国的有社会主义倾向的知识分子在创造新理论时能抛弃幻想，立足俄国现实的土壤，"在俄国现实的而不是合乎心愿的发展中，在现实的而不是臆想的社会经济关系中去寻找立足点，才能指望工作获得成效。"④ 对于社会主义知识分子创造理论工作的价值，列宁这样评价，"制定这种理论的工作越有进展，社会民主主义就成长得越快。"⑤ 列宁对无产阶级化知识分子重要性的强调为俄国社会民主党获得民众认同和拥护找到了重要的主体力量。

第三节　抗战前中国共产党文化领导权的探索

抗战时期，中国共产党进行的文化领导权构建是在总结大革命时期和土地革命战争时期中国共产党文化领导权构建实践经验的基础上，在抗日战争特殊背景下的继续丰富和发展。中国共产党早在成立之初，就认识到

---

① 《列宁全集》第12卷，人民出版社1987年版，第93页。
② 《列宁全集》第12卷，人民出版社1987年版，第93页。
③ 《列宁全集》第6卷，人民出版社1986年版，第377页。
④ 《列宁全集》第1卷，人民出版社1984年版，第260页。
⑤ 《列宁全集》第1卷，人民出版社1984年版，第261页。

文化工作的重要性。在大革命时期和土地革命战争时期，中国共产党积极进行了文化领导权构建探索。

一、大革命时期中国共产党文化领导权的探索

中国共产党成立之初，全国只有五十多名党员，要想迅速发展、壮大中国共产党组织，必须培育无产阶级的阶级觉悟，从无产阶级中选择优秀分子入党。这种组织发展需求必然会使建党初期的中国共产党重视对无产阶级的宣传和文化工作。共产国际和苏维埃俄国建党经验，包括对文化领导权的重视也影响到中国共产党成立初期的工作部署。在《中国共产党第一个决议》中，第一条"工人组织"明确指出，"党应在工会里灌输阶级斗争的精神。"① 第二条"宣传"工作，要求"任何出版物，无论是中央的或地方的，均不得刊登违背党的原则、政策和决议的文章"。② 决议还要求所有产业部门应成立工人学校和工会研究机构，这种机构的主要目的是"教育工人，使他们在实践中去实现共产党的思想"。③

纵观中国共产党一大决议，可以看出，知识分子出身的中国共产党领袖们是非常重视对无产阶级的政治觉悟教育的。以后的中国共产党二大、三大无不把宣传和鼓动工作放在一切工作之上。中国共产党二大通过了几个议案，都强调了教育工人，启发工人阶级意识的重要性。比如，关于"工会运动与共产党"决议案强调，"工会自身一定要是一个很好的学校，他应当花许多时候努力去教育工会会员，用工会运动的实际经验做课程，为的是要发展工人们的阶级自觉。"④ 中国共产党三大后，中共中央还专门通过了《教育宣传问题决议案》，这一决议案对国内的工人、农民宣传工作进行了具体的要求，在农民宣传方面，要求"材料当取之于农民生活；尤其要指明农民与政治的关系，为具体的经济改良建议之宣传，如协作

---

① 《建党以来重要文献选编》第1册，中央文献出版社2011年版，第4页。
② 《建党以来重要文献选编》第1册，中央文献出版社2011年版，第5页。
③ 《建党以来重要文献选编》第1册，中央文献出版社2011年版，第5页。
④ 《建党以来重要文献选编》第1册，中央文献出版社2011年版，第153页。

社、水利改良等，尽可以用外国译语，只求实质能推广农民运动"。① 正是因为中国共产党对宣传工作的重视，中国共产党成立一年多，就领导了安源路矿大罢工、开滦煤矿大罢工、京汉铁路大罢工，掀起了中国工人运动历史上第一次全国性的罢工高潮。

国共合作后，中国共产党在帮助国民党组织发展的过程中，也不忘中国共产党自身宣传工作的重要性。1924 年 5 月，中国共产党扩大的执行委员会通过了《党内组织及宣传教育问题议决案》。议决案指出，"中国产业无产阶级，他们的阶级意识愈发达，则参加民族解放运动必愈扩大。"② 中国共产党的职责，"便在于训练产业无产阶级群众的阶级精神及阶级意识，同时这就是帮助民族解放运动的最好的方法。"③ 这次会议要求各地重视宣传部和工农部，还准备在全国进行政治宣传工作。

在国共合作后的北伐战争中，中国共产党充分展示了自己在宣传工作方面的优势，借助宣传和鼓动工作，将工人阶级和农民群众全面动员了起来。毛泽东在《湖南农民运动考察报告》一文曾这样指出，开一万个政法学校都不及国民运动中的政治宣传效果，"打倒帝国主义，打倒军阀，打倒贪官污吏，打倒土豪劣绅，这几个政治口号，真是不翼而飞，飞到无数乡村的青年壮年老头子小孩子妇女们的面前，一直钻进他们的脑子里去，又从他们的脑子里流到了他们的嘴上。"④ 可见，中国共产党在国民革命中进行政治宣传的效果非常明显，它极大提高了工农阶级的政治觉悟，扩大了中国共产党在全国的政治影响。

二、土地革命战争时期中国共产党文化领导权的探索

大革命失败后，中国共产党经过了短暂的策略调整，很快走上了农村包围城市、武装夺取政权的道路。此时期，党在重视"枪杆子"的同时，开始重视"笔杆子"工作。在中国共产党开辟的苏维埃革命根据地，中国

---

① 《建党以来重要文献选编》第 1 册，中央文献出版社 2011 年版，第 353—354 页。
② 《建党以来重要文献选编》第 2 册，中央文献出版社 2011 年版，第 73 页。
③ 《建党以来重要文献选编》第 2 册，中央文献出版社 2011 年版，第 73 页。
④ 《毛泽东选集》第 1 卷，人民出版社 1991 年版，第 34 页。

共产党重视报刊宣传和群众教育；在国统区，中国共产党成立了"左联"，领导无产阶级文学运动。

大革命失败后，中国共产党在武汉召开了八七会议。会议批评和反省了过去中央领导机关在"土地革命"问题上的右倾错误，提出了中国共产党的主要任务是"有系统的有计划的尽可能的在广大区域中准备农民的总暴动，利用今年秋收时期农村中阶级斗争剧烈的关键"。[①] 武装暴动失败后，中国共产党在开辟的革命根据地进行了轰轰烈烈的土地革命、武装斗争和根据地建设。欲动员根据地群众参加这三大任务，中国共产党必须要和反动军阀争夺民众，"所以我们目前中心的任务，仍是难苦的群众工作——尤其是工人群众中的工作，深入群众中去，领导日常斗争，渐渐组织，扩大起来，同时加紧反军阀战争宣传，使群众团结到革命影响之下。"[②]

为了争取群众，根据地开办了形式多样的识字班、补习学校、夜校和半日学校，大力推进文化教育和政治教育。苏区的教育方针明确规定，"教育必须为革命战争服务，必须反对封建的法西斯的教育；教育必须适应根据地建设的需要，教育要同实际结合。"[③] 苏维埃教育以政治教育为主，辅之以文化教育和社会教育。文化教育以消灭文盲为主，苏维埃采取了灵活多样的形式进行扫盲。

苏维埃革命根据地还非常重视报刊和通俗刊物在争取民众中的作用。在1929年6月通过的《宣传工作决议案》中，中央指出，"尽可能的公开发行日报及其他地方性的党报，在目前群众政治情绪渐高，日报在群众中有很大的影响，党必须尽可能的公开推行这种工作。"[④] 当时根据地发行了多种报刊。根据毛泽东《苏维埃文化教育的方针和任务》的报告可以看出，截至1934年初，"中央苏区现在已有大小报纸三十四种，其中如《红色中华》，从三千份增至四万份，《青年实话》发行二万八千份，《斗争》

[①]《建党以来重要文献选编》第4册，中央文献出版社2011年版，第442页。
[②]《中国共产党宣传工作文献选编》（1915—1937），学习出版社1996年版，第859页。
[③] 董纯才：《中国革命根据地教育史》，教育科学出版社1991年版，第50页。
[④]《中国共产党宣传工作文献选编》（1915—1937），学习出版社1996年版，第891页。

二万七千一百份,《红星》一万七千三百份。"① 考虑到群众的文化水平,中央还要求各级党的宣传部门编印发行能对群众进行政治教育的画报、画册及通俗小册子。这些报刊和通俗小册子在一定程度上提高了群众的文化水平和政治觉悟。

1929年10月,在中共中央指示下,"左翼作家联盟"(简称"左联")筹备组在上海成立。1930年3月2日,"左联"正式成立。"左联"成立后,除了安排一部分成员在文化工作岗位上以"笔杆子"进行战斗,还组织成员参加了众多政治活动,比如,上街发传单、示威游行、写标语等。这样的革命斗争,既考验了作家的斗争精神,也锻炼了作家的革命意志。不少同志"经过多次这样的斗争锻炼,成为坚强的革命战士,参加更加艰巨复杂的政治斗争"。② 不过,"左联"毕竟是一个文学团体,"左联"的成员们被派到四处散发传单、贴标语、参加游行示威、发表演讲,看起来革命热情很高,但效果甚微。据当时参与者李正文的回忆,"讲十来分钟,把'卢布'一扬,就宣告飞行集会解散,分头走开了,听众并不欣赏我们这一套,有的莫名其妙,有的则认为'共产党胡闹',立即躲开。当时北平老百姓,把我们称为'闹学生'。事不过三,后来老百姓一看是'闹学生'就敬而远之,回避了,对我们大感兴趣的,却是那些头戴礼帽、身穿香云纱衣裤的国民党特务,他们开始是驱散队伍,后来见了就抓。"③

1930年11月,"左联"执委会在瞿秋白领导下通过了《中国无产阶级革命文学的新任务》,这一决议指明了作家的本位工作是文学创作,而不是街头游行示威。这标志着"左联"进入到一个新时代。此后,"左联"不断出击,快速占领了部分报刊阵地,还打入了保守的电影圈。"左联"的文学创作和文学批评也有了飞速的发展,一大批有成就的作家和有影响的作品不断涌现。"左联"的杂文,犹如一把锐利的匕首,直指国民党的心脏。"左联"还塑造了一批觉醒起来的新农民形象,这些农民已经不是

---

① 中央文献研究室、新华通讯社编:《毛泽东新闻工作文选》,新华出版社2014年版,第37页。
② 郑伯奇:《左联回忆散记》,载于《新文学史料》1982年第1期。
③ 中共北京市委党史研究室、中共天津市委党史资料征集委员会编:《北方左翼文化运动资料汇编》,北京出版社1991年版,第413页。

鲁迅笔下逆来顺受的闰土了,"他们对社会的不公,现实的残酷,充满着强烈的不满意识和反抗精神,而且趋于自觉的有组织的斗争。"①"左联"的成立,是中国共产党在国统区构建文化领导权的最初尝试,它解构了国统区国民党的文化领导权,有力地推动了中国共产党文化领导权构建的步伐。

西安事变后,国共两党加快了合作的步伐。鉴于第一次国共合作时的经验教训,中国共产党在这次合作之际,多次强调了坚持国共合作中的领导权问题。1937年5月3日,中国共产党召开了苏区代表会议,毛泽东在题为《中国共产党在抗日时期的任务》的报告中,要求中国共产党担负起抗日民族统一战线的政治领导责任,"中国反帝反封建的资产阶级民主革命的任务,历史已判定不能经过资产阶级的领导,而必须经过无产阶级的领导,才能够完成。"②毛泽东和中国共产党其他领导人此时强调的领导权,主要是指政治领导权。如何实现中国共产党对全国人民的政治领导权,毛泽东提出了四个条件:紧跟形势的动员口号、中国共产党党员的先锋模范作用、建立与同盟者适当的关系、中国共产党组织的优势。可以看出,要实现这样的政治领导权,中国共产党必须重视自己的文化领导权构建。不管是随着形势变动的动员口号、中国共产党党员的先锋模范作用,还是中国共产党的组织优势,都需要中国共产党有良好的政党形象、突出的宣传能力、卓越的动员能力。这些要求考验着中国共产党构建文化领导权的水平与能力。

在中国共产党苏区代表会议结束之际,毛泽东作了结论性报告《为争取千百万群众进入抗日民族统一战线而斗争》。在这个报告中,毛泽东指出,"从资产阶级占优势到无产阶级占优势,这是一个斗争的长过程,争取领导权的过程,依靠着共产党对无产阶级觉悟程度组织程度的提高,对农民、对城市小资产阶级觉悟程度组织程度的提高。"③这一斗争过程,可能是暴力斗争,也可能是非暴力的和平转变。毛泽东告诫全党,"不流血

---

① 张小红:《左联与中国共产党》,上海人民出版社2006年版,第140页。
② 《建党以来重要文献选编》第14册,中央文献出版社2011年版,第187页。
③ 《建党以来重要文献选编》第14册,中央文献出版社2011年版,第207页。

的转变是我们所希望的,我们应该力争这一着。"① 这说明,在第二次国共合作之前,毛泽东已经有了通过和平的方式壮大中国共产党力量,实现革命转变的设想。这一转变是通过构建文化领导权的方式,提高无产阶级、农民和城市小资产阶级的阶级意识和革命觉悟来实现的。通过不流血的方式取得领导权,这一思想深深影响了抗战时期中国共产党的整体策略。抗战时期,中国共产党面临力量数倍于自己的民族敌人和阶级敌人,采用自己比较擅长和熟悉的文化宣传策略,即文化领导权构建策略,成功地赢得了民众。

纵观抗战之前中国共产党对文化领导权构建的探索,可以看出:

首先,中国共产党对文化领导权工作是异常重视的。在中国共产党一大上,各个地方共产主义小组向中共中央进行了工作汇报。北京共产主义小组的负责人在汇报时,提出了两个问题,"第一,怎样使工人和贫民阶级对政治感兴趣,怎样用暴动精神教育他们,怎样组织他们和促使群众从事革命工作;第二,怎样打消他们想成为学者并进入知识界的念头,促使他们参加无产阶级的革命运动,怎样使他们成为工人阶级的一员。"② 这实际上提出了文化领导权构建的两个基本问题,即教育民众的问题和无产阶级必须培育自己的知识分子的问题。可以说,从中国共产党一大开始,党的历届全国代表大会决议案和宣传工作决议案都强调了文化领导权工作的重要性。不过,中国共产党的文件没有直接使用"文化领导权"的表述,更多的是通过"宣传""鼓动"等词来体现的。中国共产党在这一时期之所以重视文化领导权问题,更多的是把文化领导权构建作为一种为革命斗争服务的手段,希望借助建构文化领导权,实现动员民众、争取民众的目标。

其次,中国共产党构建文化领导权,从一开始就受到了联共布和共产国际的影响。中国共产党作为无产阶级政党,本来就是在列宁主义的影响下,在共产国际的帮助下成立的。中国共产党文化领导权构建,不可避免地会受到联共布和共产国际的影响。中国共产党成立初期,"宣传和鼓动"工作的部署、出版物的"党性"原则都带有明显的俄国烙印。在中国共产

---

① 《建党以来重要文献选编》第14册,中央文献出版社2011年版,第207页。
② 《建党以来重要文献选编》第1册,中央文献出版社2011年版,第9页。

党二大确定要加入共产国际后,中国共产党必须接受加入共产国际的二十一个条件。这二十一个条件包括"一切定期的或其他的报纸与出版物,须完全服从党的中央委员会","在军队中传播共产主义的理想"等,都是关于构建文化领导权部署的,这些条件甚至还包括向农村的宣传:"系统的合理的宣传,在乡村是必要的,工人阶级,若是至少得不到乡村劳动者(农业的雇工和极贫的农人)一部分赞助或至少不能使一部分落后乡村在政治上守中立,他是不能胜利的。"① 联共布和共产国际的影响使中国共产党构建文化领导权从一开始就有了一个相对较高的理论起点。

---

① 《建党以来重要文献选编》第1册,中央文献出版社2011年版,第142页。

第二章
抗日战争时期中国共产党文化领导权构建的动因

抗战时期是中国共产党文化领导权构建的重要时期。卢沟桥事变爆发后的第二天，中共中央在关于日军进攻卢沟桥的通电中呼吁："只有全民族实行抗战，才是我们的出路！我们要求立即给进攻的日军以坚决的反攻，并立刻准备应付新的大事变。"[①] 高举爱国抗日旗帜的中国共产党，在和国民党合作抗击日本帝国主义的同时，在抗日根据地和国统区进行了文化领导权的构建。构建文化领导权，是一项复杂又艰巨的系统工程，在政治至上、军事至上的战争时期，中国共产党为什么进行这项工作呢？

中国共产党构建文化领导权源于抗战建国的需要，抗日根据地文化发展的需要，中国共产党形象塑造的需要。苏联、共产国际的介入也成为中国共产党构建文化领导权的重要动因。

第一节 抗战建国的需要

1938年3月29日至4月1日，国民党在武昌召开了临时全国代表大会。这次大会一致通过了《抗战建国纲领》，纲领明确提出要以"三民主义暨总理遗教，为一般抗战行动及建国之最高准绳"。[②] 中共中央多次发表

[①] 《建党以来重要文献选编》第14册，中央文献出版社2011年版，第356页。
[②] 武月星编：《中国现代史资料选辑》（第5辑）上册，中国人民大学出版社1989年版，第159页。

宣言并表态拥护《抗战建国纲领》。但随着抗战局势的发展，国民党不断挑起针对中国共产党及其军队的摩擦，直至发生震惊中外的皖南事变。国民党的挑衅、中国共产党组织的不断壮大，促使中国共产党的建国蓝图不断调整，从三民主义共和国到新民主主义共和国，从新民主主义共和国到中国共产党居于领导地位的联合政府。每一次建国蓝图的调整都和当时复杂的国际、国内局势紧密结合，和中国共产党实力增长相适应。中国共产党建国目标的实现，首先需要抗战胜利。中国共产党此时构建文化领导权正是基于以上原因。

一、中国共产党建国构想脉络图

毛泽东在《湖南农民运动考察报告》一文中曾指出，"革命不是请客吃饭，不是做文章，不是绘画绣花，不能那样雅致，那样从容不迫，文质彬彬，那样温良恭俭让。革命是暴动，是一个阶级推翻一个阶级的暴烈的行动。"[①] 如此非雅致的暴力革命，中心问题就是夺取政权，建立自己的政权。中国共产党从一开始成立，就致力于建立自己政权的不断尝试和实践之中。

（一）抗战前中国共产党的建国构想与实践

在抗日战争之前，中国共产党的建国目标与构想经历了一个长期摸索和调整的过程。1922年7月，在苏俄的帮助下，中国共产党二大宣言提出了民主革命阶段的斗争目标："消除内乱，打倒军阀，建设国内和平；推翻国际帝国主义的压迫，达到中华民族完全独立；统一中国本部（东三省在内）为真正民主共和国。"[②] 和中国共产党一大纲领相比，中国共产党二大纲领更为切合中国国情实际。中国共产党二大纲领也说明中国共产党在创党初期，已经明确提出建立民主共和国这一政权目标。

1927年，大革命失败后，中国共产党相继开展了以建立"工农苏维埃"为目标的武装起义，并且建立了根据地政权。1931年11月，中华苏

[①]《毛泽东选集》第1卷，人民出版社1991年版，第17页。
[②]《建党以来重要文献选编》第1册，中央文献出版社2011年版，第133页。

维埃第一次全国代表大会在江西瑞金召开，大会选举产生了中华苏维埃共和国临时中央政府。这是中国共产党在土地革命战争时期建立的中央政权机关，它在政治上产生了广泛而深远的影响，它是中国共产党管理和建设国家政权的初步尝试。

1935年七八月间，共产国际召开第七次代表大会，季米特洛夫在报告中号召各国无产阶级团结起来建立世界反法西斯统一战线。中国共产党驻共产国际代表团也开始调整中国共产党在国内的政策。10月1日，中国共产党驻共产国际代表团在自己的机关报《救国时报》上，以苏维埃中央政府和中共中央名义发表了《为抗日救国告全体同胞书》，"无论各党派间在过去和现在有任何政见和利害的不同，无论各界同胞间有任何意见上或利益上的差异，无论各军队间过去和现在有任何敌对行动，大家都应当有'兄弟阋于墙外御其侮'的真诚觉悟，首先大家都应当停止内战，以便集中一切国力（人力、物力、财力、武力等）去为抗日救国的神圣事业而奋斗。"[①] 之后，"人民苏维埃"取代了"工农苏维埃"。

1935年12月25日，中共中央在陕北瓦窑堡召开了重要会议。毛泽东提出了建立以共产党和红军为领导的包括工人、农民、城市小资产阶级和一切其他阶级中愿意参加民族革命的分子的统一战线，"工农民主共和国"也改变为"人民共和国"。为什么改变这个口号？毛泽东指出，"这是因为日本侵略的情况变动了中国的阶级关系，不但小资产阶级，而且民族资产阶级，有了参加抗日斗争的可能性。"[②] 这一政策的转变改变了中国共产党在土地革命战争前期的被动和孤立，中国共产党开始把民族资产阶级和地方实力派中的反蒋分子作为统战对象。这对刚刚结束完长征、处于绝对劣势的中国共产党人有非常重大的意义。这项策略很快促成中国共产党和负责陕甘地区剿共行动的国民党将领张学良、杨虎城有了联系与合作。

共产国际七大召开后，中国共产党的统战策略相比土地革命前期发生了很大的变化。但无论是《八一宣言》还是瓦窑堡会议上的反对日本帝国主义的统战策略，国民党蒋介石是被排除在统一战线之外的。1936年12

---

① 北京大学马列主义教研室：《中国革命史教学参考资料选编》第2册，北京大学马列主义教研室1984年，第568页。

② 《毛泽东选集》第1卷，人民出版社1991年版，第158页。

月12日，西安事变促成了近十年来势不两立的国民党和中国共产党化干戈为玉帛，双方再次走上了合作的道路。

（二）抗战时期中国共产党的建国构想与调整

抗战时期，中国共产党的建国思路不断调整。这种调整，一方面是缘于苏联、共产国际的指示和要求，另一方面也是中国共产党根据自身实力、复杂的国际国内背景、国共关系现状灵活调整的结果。

1937年7月7日，日本侵略军悍然发动了震惊中外的"七七事变"。7月8日，中共中央发布通电号召全中国军民团结起来，抵抗日本的侵略。7月15日，中共中央将《为公布国共合作宣言》送交蒋介石。9月22日，国民党中央通讯社发表了《中共中央为公布国共合作宣言》。9月23日，蒋介石发表谈话，承认了中国共产党的合法地位。第二次国共合作正式形成。

为了发动更多民众支持和参与抗战，南京国民政府以前所未有的姿态提出了抗战建国的目标。1938年3月，国民党临时全国代表大会通过了《抗战建国纲领》。对于国民党的这一建国纲领，武汉的中共中央长江局以中央委员会的名义向国民党临时全国代表大会发出了电报，电报在承认中国国民党、蒋介石领导全国抗战的前提下，提出了加强团结、扩大国民革命军、改善政治机构、全国动员等建议。4月18日，延安的中央书记处发表对国民党抗战建国纲领的拥护立场，表示将"用一切方法推动其具体实施，并自己提出实施的具体办法，表示出我们是实施纲领的最积极的力量"。[①] 同年10月，中国共产党召开六届六中全会，毛泽东在《论新阶段》的报告中就抗战后建立什么样的国家特别作出了解释："建立一个什么国呢？一句话答复：建立一个三民主义共和国。"[②] 这个三民主义共和国，就是真正三民主义的中华民国。它既不是苏维埃，也不是社会主义。可以看出，这时中国共产党所提出的三民主义共和国是承认国民党的领导地位的。在共产国际关于国共合作的指示下，在国共处于合作的蜜月期，在中国共产党自身实力还远未达到能和国民党一较高低的背景下，中国共产党

[①]《建党以来重要文献选编》第15册，中央文献出版社2011年版，第255页。
[②]《建党以来重要文献选编》第15册，中央文献出版社2011年版，第632页。

对抗战建国中的领导权问题并没有特别坚持。

　　国共双方合作的良好局面并没有能维持太久。1939年1月，国民党在五届五中全会上提出了全面防共、限共、溶共的方针。对此，毛泽东强调在坚持统一战线中的独立性原则的同时，必须对敌人进行反摩擦，人若犯我，我必犯人。1940年1月，毛泽东的《新民主主义论》吹响了中国共产党与国民党争夺领导权的号角。在《新民主主义论》的报告中，毛泽东提出了建立一个新中国，这个新中国就是新民主主义共和国。它"只能是在无产阶级领导下的一切反帝反封建的人们联合专政的民主共和国，这就是新民主主义的共和国，也就是真正革命的三大政策的新三民主义共和国"。① 毛泽东提出的新民主主义思想的实质，归结到一点，就是由无产阶级的共产党来领导中国革命走向社会主义。新民主主义"不仅排除了资产阶级领导革命和建立资产阶级民主共和国的可能性，而且事实上也排除了任何以资产阶级的国民党作为主体的和基干的领导力量，建立一种既不标明社会主义也不纯粹是资本主义的中性政权的可能性"。② 从承认南京政府和国民党的领导地位到提出新民主主义共和国，这是抗战期间中国共产党建国构想的重大调整。

　　1945年4月，中国共产党七大召开。毛泽东在七大的开幕词中，指出了"两个中国"的命运。日本打败之后，我们的任务是什么呢？毛泽东指出，"我们的任务不是别的，就是放手发动群众，壮大人民力量，团结全国一切可能团结的力量，在我们党领导之下，为着打败日本侵略者，建设一个光明的新中国，建设一个独立的、自由的、民主的、统一的、富强的新中国而奋斗。"③ 在国共实力发生显著变化的背景下，毛泽东提出了成立联合政府的主张。这一联合政府是"一个以全国绝对多数人民为基础而在工人阶级领导之下的统一战线的民主联盟的国家制度"。④ 这时中国共产党所提出的联合政府直指毛泽东提出的新民主主义，只不过此刻中国共产党已经强势提出，此时的联合政府是中国共产党领导的新政府了。

---

① 《毛泽东选集》第2卷，人民出版社1991年版，第675页。
② 杨奎松：《革命》第1册，广西师范大学出版社2012年版，第449页。
③ 《毛泽东选集》第3卷，人民出版社1991年版，第1026页。
④ 《毛泽东选集》第3卷，人民出版社1991年版，第1056页。

第二章　抗日战争时期中国共产党文化领导权构建的动因

纵观中国共产党建国构想的脉络，可以看出，伴随着中国共产党组织发展及其领导下的军队壮大，中国共产党在建国之路上越来越自信。这种自信的外在表现就是中国共产党提出在政权构成中的领导地位。有建国梦，必然有领导权之争。这种领导权最初表现为在抗日民族统一战线中国共两党谁领导谁的问题，这种领导既有军事领导，又有政治领导。但是占有军事领导权，并不代表着在建国的政权构成中居于领导地位。抗战时期，在统一战线中，国民党是处于军事领导地位的。毛泽东也多次提到并承认国民党的领导地位。1942年7月7日，中共中央发表了《为纪念抗战五周年宣言》。《宣言》声明："中国共产党承认，蒋委员长不仅是抗战的领导者，而且是战后新中国建设的领导者。"[①] 但是1949年之后，中国共产党何以成为新中国建设的领导者？这种成功绝不是中国共产党在解放战争的短短三年时间通过军事胜利就能赢得的。毫无疑问，这是中国共产党在抗战时期有效发挥其宣传优势和动员群众的结果。这一目标的实现是中国共产党通过文化领导权构建所达成的。

二、抗战精神保障需要文化领导权构建

中国共产党要想建国，必须首先争取抗战胜利，必须要同日本帝国主义作斗争。20世纪30年代的抗日战争是半殖民地半封建的中国与日本帝国主义进行的一场殊死的较量，这场战争的残酷性、长期性、艰巨性世所罕见。1937年7月7日，日军发动了全面侵华战争。仅仅几个月的时间，日军即攻陷了南京。随后，日军对南京城内的百姓和已经放下武器的国民党军人进行了惨无人道的大屠杀。"他们杀死30多万人，强奸2万多名女性，城内73%的房屋遭抢劫，89%的房屋被破坏，损失总价值达2.46亿元。"[②] 从日军侵华推进速度上，可以看出日军良好的武器装备和训练有素的作战能力；从日军对所侵占地方的烧杀抢掠上，可以看出日军的野蛮和

[①] 中共党史教研室、社会科学资料室编：《中国共产党历史参考资料》第4册，中共中央高级党校1957年版，第115页。

[②] 王天平：《史实：日本三代天皇侵华内幕》，辽宁教育出版社2007年版，第183页。

残暴。

面对这样强大的对手，可以想象中国共产党所面临的困难。这些困难既包括八路军、新四军武器装备的落后，也包括抗日根据地经济上的匮乏。1938年11月，晋察冀边区的聂荣臻在给延安毛泽东等人的报告中，谈到了边区刚刚初创时期的困难：当地政权瓦解后，原有工作人员逃散一空。市镇萧条，县城空虚，城镇上留下的多是年老的汉子和婆婆。这样的的严冬季节，"大多数指战员还没有棉衣，赤裸的双脚穿着草鞋，寒冷刺骨的风雪，打着每一个人的肌肤"。①虽然战士都有杀敌勇气和救国热情，"然而部队的给养，毕竟使得当时供给部的同志经常感到苦恼。因为没有一定的供给来源，顾得今天，顾不得明天"。②

1939年3月10日，叶挺、项英向中共中央汇报他们所领导的新四军进入江南第一年抗战的情况。由于新四军所处地区狭小，地形交错，前后方交通线长，加之临近友军常限制通过，前方物质、弹药不能得到及时供给，伤病员有时赖民力掩护诊治，送后不易；物质困难，经济无法维持，米价上涨，日不饱食，"水土不合，指战员生病者极多，伤者逐增，因无药治疗，经济不支购买，伤病者不能立愈"③。纵然面临如此困难，新四军还要勤练夜战、白刃战、跳跃、携枪游泳、爆破、爬城等军事动作，以提高战斗力。

晋察冀边区和新四军所汇报的困难是抗战初期的八路军、新四军都必须面对的困难。抗战是持久的，这样的困难也是持久的。虽然在抗战初期，国民政府也承担八路军、新四军的武器装备和物质供给，但因为惧怕共产党在抗战中的发展和壮大，拨给共产党的军饷不是克扣就是截留，在部队给养问题上极为吝啬。抗战初期，苏联虽然也给了一定的经济支援，但苏联多从自身外交利益考虑，他所能提供的援助也是非常有限的。

面对如此困难，中国共产党要想达成持久抗战后的建国伟业，就必须构建文化领导权。构建文化领导权，是通过将中国共产党的意识形态传达给民众，使民众产生对中国共产党的认同。"意识形态包含了对现状的看

---

① 《建党以来重要文献选编》第16册，中央文献出版社2011年版，第209页。
② 《建党以来重要文献选编》第16册，中央文献出版社2011年版，第209页。
③ 《建党以来重要文献选编》第16册，中央文献出版社2011年版，第137页。

法，以及对未来的憧憬。这个未来被描述成在物质上优于现状；而且根据意识形态的说辞，这个值得期待的未来境况通常在人的有生之年可望达到。"① 抗战时期，中国共产党给自己的将士们、民众们展示的图景是什么呢？长远图景是共产主义，这是中国共产党成立以来就已经明确的，近期图景是新民主主义。这样的主义，犹如一面旗帜，让中国共产党员有所遵循，有所信仰。中国共产党在抗战建国中遇到如此的困难，"但他们为了国家、民族，虽然辗转呻吟于床榻，却能含辛茹苦，没有丝毫怨叹。"② 支撑这些优秀中华儿女克服困难、心系民族解放的动力是什么？就是建立一个独立、自由、民主、富强的新中国，就是实现共产主义。中国共产党构建文化领导权，就是希望以共产主义和新民主主义"召唤"民众，让民众追随中国共产党的抗战建国伟业。

三、中国共产党未来执政合法性需要文化领导权构建

通过中国共产党在抗战时期的建国路线图，可以看出，中国共产党的革命目标是非常明确的。抗战初期，中国共产党虽然提出了抗日民族统一战线的"共同领导、共同帮助"原则，虽然也承认国民党和南京政府在国家中的领导地位，但中国共产党在抗战时期就从来没有放弃过夺取政权的目标。随着中国共产党组织的发展和队伍的壮大，也随着中国共产党对国民党反共、剿共本质的认识，毛泽东在新民主主义国家的憧憬中，在未来联合政府的勾画中，明确提出了中国共产党在新国家中的领导地位。中国共产党虽有这样的目标和初露的实力，但还必须为新中国成立后中国共产党新政权寻找到合法性支持。

政权"合法性"概念是政治学上一个重要的概念。每个政权都会在建立前或者建立后寻找合法性支持。什么是政权合法性？简单点说，就是民众的认同和支持。美国《政治学分析辞典》指出，合法性是"被治者认为是正当的或自愿承认的特性，它将政治权力的行使变成了'合法'的权

---

① [美]利昂·P.马拉达特：《意识形态起源和影响》，张慧芝、张露璐译，世界图书北京出版公司2010年版，第9页。

② 《建党以来重要文献选编》第16册，中央文献出版社2011年版，第211页。

威。合法性反映了一种认识上的一致,这种一致赋予领导者和国家以权威,合法性也反映了对个别领导者、机构和行为规范的尊重和承认"。① 一个政权,只有得到民众支持和同意,当政者的统治才具有合法性,当政者才能有效化解内部的冲突,保持政局的稳定。政党的价值观在促使政权合法性方面扮演着重要的角色。政党价值观可能是对现实的捕捉和真诚的渴求,在它们被表达为一套具有道义内容的理想后就可以来捕捉人的想象力,塑造人的情感,从而为政党建立的政权合法性提供意义诠释。

抗战时期的中国共产党虽然没有使用"政权合法性"这一概念,也不知道有关政权合法性的理论,但中国共产党知道民众的价值。抗战之前,中国共产党以土地改革赢得了民众的认同;抗战时期,中国共产党选择以文化感召来赢得民众支持。这里的民众,不仅包括中国共产党抗日根据地可以直接领导的民众,还包括国统区民众。1940年9月,在中央关于发展文化运动的指示中,中国共产党不仅要求加强根据地文化工作,还要求加强国统区的文化工作,"这项工作的意义在目前有头等重要性,因为他不但是当前抗战的武器,而且是在思想上干部上准备未来变化与推动未来变化的武器。因此在国民党统治区域的党(敌占大城市亦然)应对发展文化运动问题特别提起注意,应把对文化运动的推动,发展及其策略与方式等问题经常放在自己的日程上。"② 在国统区中国共产党权力无法触及的地方,中国共产党通过文化工作来和国民党争取民众,这是较为明智的策略。

和军队工作、政治工作相比,构建文化领导权这一工作并不轻松。因为中国共产党所面对的民众主要是文化水平较低、革命觉悟也不高的农民群体。可以想象,中国共产党通过文化感召的方式让群众认同中国共产党抗日根据地政权和未来政权合法性的工作难度。民众不识字,中国共产党通过创立各级识字班教他们识字;民众读不了报纸,中国共产党通过民革室将民族英雄、抗日故事、防空防毒等知识以演讲的方式传达给他们;给民众的戏剧不切合抗战实际,中国共产党要求文艺工作者创作民族化的、

---

① [美]杰克·普拉诺等:《政治学分析辞典》,胡杰译,中国社会科学出版社1986年版,第82页。
② 《建党以来重要文献选编》第17册,中央文献出版社2011年版,第526页。

人人看得懂、人人感兴趣的作品。这些细致入微的工作使得民众能更近距离地审视这一政党，并和处于国家领导地位的国民党进行对比。无疑，通过文化领导权构建使中国共产党政权合法性得到了最大程度的认可。

第二节 抗日根据地文化发展的需要

半殖民地半封建的特殊国情决定了中国革命必须走一条农村包围城市、武装夺取政权的道路，这条道路要求中国共产党在自身实力不足的劣势下扎根物质匮乏、条件艰苦的农村建立根据地以蓄积力量。所以在土地革命战争时期，中国共产党在全国建立了大大小小十几个根据地。抗战时期，对日战争的长期性和残酷性要求中国共产党必须开辟根据地作为游击战的依托和基地，中国共产党在全国各地农村先后建立了陕甘宁、晋察冀、晋西北和大青山、晋冀豫、晋西南、苏南、皖中、豫东等十多个抗日根据地。

一、抗日根据地文化发展的状况

中国共产党所建立的根据地一般有山地、平地、河湖港汊地等几种类型。除去少数经济较为发达的平原根据地外，大多数根据地经济衰败、交通不便，而且还是文化的荒漠。以根据地中建设得较早较好的晋察冀抗日根据地为例，冀西、晋东北、雁北、察南、平西和北岳等地区，土地贫瘠，经济落后，文化教育事业十分落后，学校甚少，文盲所占比例极高。其中，阜平、灵丘、黎城等县的荒僻山沟，"一连几个村庄没有一个识字的人；写一张文契、一封书信，要跑到一二十里外去求人。封建迷信也特别严重，据晋冀鲁豫边区涉县的弹音、七原等四个行政村的调查，一千个人中就有十一个巫婆。"[①] 根据地文化的落后表现在以下几点。

---

① 《人民教育》社编：《老解放区教育工作经验片断》，上海教育出版社1979年版，第220页。

第一，学校数量不足，教学设施落后。

抗日根据地建立之初，普遍存在学校少，学生人数少的问题。比如，中共中央所在的陕甘宁边区，"学校稀少，知识分子若凤毛麟角，识字者亦极稀少。在某些县如盐池一百人中识字者有两人，再如花池等县则两百人中仅有一人。平均起来，识字的人只占全人口百分之一。至于小学，全边区过去也仅有一百二十个，并且主要是富有者的子弟。"① 再比如，抗战前，淮北抗日根据地的小学校大概有二百四十所。抗战后，在匪伪摧毁之下，多陷停顿，只余小学二十余所。有的小学、中学没有书桌、凳子，没有纸张、墨水等学习用品，教学条件异常简陋。学校教材非常重要，它直接关系着教育的内容，但根据地普遍存在着教材数量不足，质量参差不齐的情况。有的教材没有经过专家编审，随编随印随用，没有印刷教材设备，竟然用两块石印石头来供给儿童教材。除此，在同一抗日根据地内部，"教材杂乱，量太少（只灵寿县印了一万多册识字课本），多数不够用，教员和学生抄写，有的地方还念百家姓。"② 教学设施的落后和教材的匮乏严重影响了根据地文化的发展。

第二，师资力量严重不足。

抗日根据地文化要发展，急需大量教师。过去有点文化、会识字会读报的老师经过抗战动员后大多参加了抗日武装、政权和群众团体工作。"据曲阳、阜平等县调查，抗战前小学教师参加抗战工作的有 80% 左右。"③ 进步老师参加了抗战和政权工作，自然造成了小学、中学教师的匮乏。一些在岗的老师，没有经过系统、专业的教育学学习，上课全凭经验和常识，对抗战知识知之甚少。一些老师对自己的工作没有信心，认为教书是知识分子的末路，教书是身不由己，无路可走才会干这行。冬学（农村在冬天农闲时开办的季节性学校）的教师更是量少质差，延安一些中学的学生还有被下派去参加冬学教学的，但毕竟数量有限。有的小学生识得几个字后，就在自己所在的村里担任冬学老师了。冬学老师不经集体培训

---

① 《陕甘宁边区政府文件选编》第 1 辑，档案出版社 1986 年版，第 142 页。
② 河北省社会科学院历史研究所、河北省档案馆编：《晋察冀抗日根据地史料选编》（上册），河北人民出版社 1983 年版，第 94 页。
③ 谢忠厚、肖银成：《晋察冀抗日根据地史》，改革出版社 1992 年版，第 111 页。

就开始教学,这都导致教学质量的落后。

第三,出版事业落后。

出版事业的发展,"是推动大众文化运动的杠杆,是团结与联系一切抗日文化工作者的枢纽,也是提高创作与写作积极性,培养大批优秀的文化人的实际步骤。"[1] 但当时一些抗日根据地因为物质条件的匮乏,印刷器材短缺,边区出版物质量不高,而且还存在很大的浪费现象。以当时的淮北抗日根据地为例,"出版所需器材,均系自敌占区购来。由于敌人封锁,价格昂贵,购买颇不易。现购存油墨钢板足够一年用,洋油、新闻纸则只够一个月用,尚需大量购买。"[2]

第四,面向群众的文化作品严重不足。

晋察冀边区三省七十二县十万平方公里,一千二百余万人口的广大地域,只有屈指可数的几种出版物,它们所拥有的读者还不及人口的百分之二。文学创作与戏剧运动,也还只是在比较狭小的范围里活动,还没有能够深入到广大的群众中。抗日根据地广大民众的文化生活非常单调,即便有一些简单的文化活动,也大多充斥着迷信、粗俗的内容。

二、抗日根据地文化状况的影响

第一,抗日根据地文化的落后,影响了抗战时期的民众动员。抗日战争是持久战,普遍、深入的民众动员对于战争胜利起着关键作用。"动员了全国的老百姓,就造成了陷敌于灭顶之灾的汪洋大海,造成了弥补武器等等缺陷的补救条件,造成了克服一切战争困难的前提。"[3] 如果民众有点文化素质,对于国家或政党的政治动员较易理解和接受,反之,民众会麻木和无动于衷。比如中国共产党在抗日根据地开展的冬学运动既是弥补学校教育不足的社会教育,也是中国共产党进行政治教育和抗

---

[1] 河北省社会科学院历史研究所等编:《晋察冀抗日根据地史料选编》(上册),河北人民出版社1983年版,第433页。

[2] 豫皖苏鲁边区党史办公室、安徽省档案馆编:《淮北抗日根据地史料选辑》第7辑,豫皖苏鲁边区党史办公室、安徽省档案馆1985年版,第105页。

[3] 《毛泽东选集》第2卷,人民出版社1991年版,第480页。

日动员的有效形式。当中国共产党党员和部分基层干部到农村进行学习动员时，部分群众对冬学运动持有一种怀疑与应付的态度。怀疑的群众，他们也知道日本鬼子打来了，也知道应该抗战，可是动员他们去直接参加抗战，去当抗日军人，他们还是很不愿意的。因为他们对于抗战的意义尚未深刻了解。"这不只是目前的欠缺，而且是我们争取抗战胜利的极大障碍。所以扫除文盲，给他们以生活中必须的书写阅读能力和政治认识，是抗战建国工作中紧要的任务。"① 部分民众对冬学运动的排斥和对当抗日军人的淡漠说明他们缺少文化知识，难以提高政治觉悟，难以产生爱国热情。另外，要动员民众起来进行抗战，常常需要基层干部参与。但基层干部文化素质低下，不会写报告，不会看通知，开会时不会做记录，在征收公粮时，还不会记账。这样的文化素质状况严重影响了中国共产党在根据地的民众动员能力。

第二，抗日根据地文化的落后制约了根据地的"三三制"政权建设。1940年3月，中共中央发出了关于抗日根据地政权问题的党内指示，第一次提出了"三三制"政权建设原则。"三三制"政权下，"共产党员占三分之一，非党的左派进步分子占三分之一，不左不右的中间派占三分之一。"② 1941年5月，边区政府颁布了《陕甘宁边区施政纲领》，决定在陕甘宁边区实行"三三制"普选。中国共产党在抗日根据地实行的"三三制"政权是几个革命阶级对汉奸反动派的民主专政，是统一战线性质的政权。这一政策表明中国共产党随着国内外局势的发展越来越灵活、包容和自信。"三三制"要求在政府人员或民意机关中，共产党员只占三分之一。这三分之一的中国共产党党员，必须是政治上、工作能力上、群众关系上、统一战线作风上很优秀的党员干部。但抗战初期，党内干部的文化素质是很不乐观的。由于文化程度低下，党内干部的思想觉悟、政治觉悟和工作能力就不容易提高，干部们在执行政策时往往出现错误和偏差。这既影响中国共产党在基层的形象，又不能充分发挥党员的模范作用。此外，根据地文化落后必然带来民众觉悟低下，这也在一定程度上影响到了民众对"三三制"政权的参与。有些民众认为"三三制"政权就是哥老会、佛

---

① 谢忠厚、肖银成：《晋察冀抗日根据地史》，改革出版社1992年版，第112页。
② 《毛泽东选集》第2卷，人民出版社1991年版，第742页。

教和共产党合作的大杂烩；有的民众认为选举某人就是惩治他一下，所以就把一些平时不受群众欢迎的人选上去。

第三，抗日根据地文化的落后也严重影响了民众的生活。中共中央在陕北建立边区政府后，边区的政治有了飞速的发展，但由于文化的落后和恶劣的环境，民众的生活长期没有改善，老百姓平时不洗澡、不洗脸、不常换衣服，有了病也不找医生看，而是求神拜佛，求老天爷保佑。边区人口出生率虽然并不低，但死亡率却很高，当时的《解放日报》对此就有报道。在边区卫生行业的工作人员设立的文化棚里，从庙里进完香的妇女会羞羞答答地前来咨询一些卫生知识，比如，怎样接生？为什么小孩夭折率很高？这些问题反映出老百姓文化知识匮乏对生活的影响。

三、抗日根据地文化建设需要文化领导权构建

对于发展根据地文化的重要性，毛泽东曾指出，"如果不发展文化，我们的经济、政治、军事都要受到阻碍，现在我们是被拖住了脚，落后的东西拖住了好的东西，比如不识字、不会算账，妨碍了我们的经济、政治、军事的发展。假如我们都能识字，文化高一点，那我们就会更快地前进。"① 文化落后的掣肘促使中国共产党在注重根据地军事、政治、经济建设的同时，将注意力部分地投放到了文化方面，并且采取了一系列举措加紧文化建设。众多举措中，文化领导权的构建是较为关键的一步棋。

首先，只有构建文化领导权，才能提高抗日根据地民众的政治觉悟和文化水平。构建文化领导权，主要是将中国共产党的意识形态传达给民众，使民众对中国共产党产生好感、认同，并能参加中国共产党主导的革命工作。中国共产党采取了多种方式，向抗日根据地民众进行意识形态教育和渗透。这种渗透和教育多管齐下，形式多样，报刊宣传、民众教育、党员示范、文学艺术、意识形态斗争等都成为构建文化领导权的有效方式。以冬学教育为例，冬学教育实质是对成年民众进行政治教育和抗战动

---

① 《建党以来重要文献选编》第 21 册，中央文献出版社 2011 年版，第 112 页。

员的一种教育形式，在当时的冬学课程设置中，政治教育始终是排在第一位的。这种教育主要是要提高民众的抗战热情和爱国情怀，再产生对中国共产党及抗日根据地政权的认同。各抗日根据地的冬学教育并不单纯只开设政治课，还普遍开设了识字课、算术课等。经过冬学学习，许多民众识得了几百个字，可以看报纸了；一些民众会记账打算盘了。在文化领导权构建中，民众的政治觉悟和文化水平得到了一定程度的提高。

其次，构建文化领导权，可以提供抗日根据地文化建设所需要的知识分子。构建文化领导权，必须造就无产阶级化的知识分子。中国共产党通过对延安文艺界的整风和实践锻炼，成功地将来自国统区的四万知识分子改造成了无产阶级化知识分子，这些知识分子成为中国共产党夺取文化领导权的主要战斗力量，他们也成为中国共产党在各抗日根据地开展文化工作的主力军。经过思想改造后，这些知识分子奔走在田间地头、抗日前线，搜集新素材，学习工农兵的语言，创作出了一批反映根据地人民生活的优秀作品。《兄妹开荒》走向延安街头，受到了毛泽东的高度赞扬，面向民众的墙报、街头诗、街头画受到了群众的喜欢，《白毛女》《王贵与李香香》《李有才板话》《李家庄的变迁》《种谷记》《高干大》《太阳照在桑干河上》《暴风骤雨》《原动力》等作品真实反映了抗日根据地民众的生活。经过改造后的知识分子有力地推动了抗日根据地文化的发展与繁荣。

第三，构建文化领导权，可以推进抗日根据地文化的协调和快速发展。构建文化领导权，需要有中共中央的重视和统一部署。文化建设，各自为政，只会造成民众思想的混乱，影响文化发展的速度。1939年5月，中国共产党决定建立各地方党的宣传部，在宣传部下组织宣传委员会。中央还要求从中央局起一直到省委区党委，以至比较带有独立性的地委中心县委止，均应出版地方报纸。中央明确要求一切对外宣传必须服从于党的政策和中央决定，要求各根据地宣传工作统一由各地宣传部领导，要求各地经常接收延安新华社的广播，各地电台内容和广播方法均须由延安新华社直接领导。中央宣传部还针对各根据地报纸质量差、内容贫乏、彼此重复等问题专门下发了《关于各抗日根据地报纸杂志的指示》，这一指示要求各抗日根据地的报纸杂志必须遵从党的政策与原则，必须"反映现实，反映当地社会情况与工作情况，反映大众呼声"。① 这样的统一要求是必要的，它推进了抗日根据地文化的协调和快速发展。

第三节　中国共产党形象塑造的需要

政党形象，又称政党的公众形象或组织形象，是一定的组织在社会公众心目中的一种整体印象，具体表现为民众对政党的整体看法和评价。好的政党形象，会赢得民众的高度认同和信赖，有利于政党目标的实现；反之，差的政党形象，会遭到民众的唾弃，政党会缺乏感召力和认同感。抗战时期，中国共产党特别重视自身的政党形象，并通过多种路径塑造自身形象。众多路径中，最为重要的是构建文化领导权。中国共产党形象塑造和文化领导权构建之间是怎样的一种关系呢？

一、文化是政党形象的基础

形象对一个政党而言，至关重要。好的政党形象，会成为一个政党无形的政治资源，会让它吸引到越来越多的民众。所以，任何一个政党都非常注重自身形象建设。

文化成为政党形象的基础，主要是因为影响政党形象的意识形态因素具有文化属性。影响政党形象的因素有意识形态、执政绩效、党群关系、清廉程度、大众传媒等。政党意识形态是政党识别的身份证，不同的政党，不管是无产阶级型的还是资产阶级型的政党，都有着由不同的思想基础、政治纲领所构成的意识形态。政党的意识形态成为政党的精神构成，成为一个政党特有的文化底蕴。党外的人们判断一个政党往往也是以其外在的文化形态来作出决定，这促使政党重视自己文化系统的表现形式。政党通过构建文化领导权，努力形成既批判继承本国优秀传统文化和世界各国优秀文明，又结合时代和本国国情的新文化，并且通过大众传媒的宣

---

① 《中国共产党宣传工作文献选编》（1937—1949），学习出版社1996年版，第264页。

传、各种形式的教育，将政党文化传达给民众，使民众对这个政党产生良好的印象，并且固化这个印象。

另外，文化领导权也是政党领导权的重要组成部分。一个政党的领导权，不仅包括政治领导权，经济领导权，还包括文化领导权。西方文化领导权理论的鼻祖葛兰西也不是仅就文化领导权谈领导权。国内学者张一兵曾指出，"葛兰西的霸权概念并不像一些学者所认为的那样，只关注市民社会中的文化霸权，霸权的这种含义虽然在葛兰西思想中占据着主导地位，但霸权概念本身却有着总体性的意蕴，即是对政治、经济、文化霸权的总体性建构。"① 葛兰西领导权核心是文化领导权。抗战时期，中国共产党构建文化领导权，是为了获得完整的领导权。

中国共产党对文化领导权的认识伴随着民主革命的进展不断深化。建党初期和北伐时期，中国共产党重视政治领导权的争夺；土地革命时期，中国共产党注重军事领导权；抗战时期，中国共产党较为重视文化领导权，中国共产党对知识分子政策的调整和在抗日根据地、国统区实行的一系列文化政策，无不体现了这方面的重视。1937年5月2日，在中国共产党苏区代表会议上，张闻天指出中国共产党在新时期，需要以十倍的努力去完成文化教育工作的加强、群众生活的改善、群众组织的改造、新的民主制度的建立等任务。"只有实现上述任务，共产党才能在民族统一战线中取得自己的领导权。取得共产党在民族革命运动中的领导权，是目前一切工作的中心。"② 1937年5月3日，毛泽东在苏区党代表会议上，也强调了无产阶级领导权问题。毛泽东还希望通过不流血的方式，提高无产阶级和同盟者的阶级意识后，实现领导权从资产阶级到无产阶级的转变。可以看出，毛泽东已经有了构建文化领导权的初步战略思考。

随着抗战的进展，中国共产党对构建文化领导权在抗战中的重要性的认识越来越深刻，在多种场合，开始提出加强对文化工作的领导。1939年3月22日，中央下发了建立发行部的通知，决定加强对发行工作的领导，"各级发行部直接受同级党委之领导，但上级发行部应经常给下级发行部

---

① 张一兵：《当代国外马克思主义哲学思潮》上卷，江苏人民出版社2010年版，第127页。

② 《建党以来重要文献选编》第14册，中央文献出版社2012年版，第175页。

以工作上的指示，检查其工作，下级则应经常给上级做工作报告。"① 1939年5月17日，中共中央在关于宣传工作的指示中，要求地方各级党委加强宣传组织工作，中央到地方一级（较重要的县委）必须出版地方党报，"各级宣传部必须经常注意对于文化运动的领导，积极参加各方面的文化运动，争取对于各种文化团体与机关的影响，特别对于各种文化工作团，在必要时，可吸收一部分文化工作的同志，在区党委、省委以上的宣传部下组织文化工作委员会。"② 可以看出，这时中共中央强调加强对文化工作的领导，更多是从组织方面加强党的控制和统一领导。

1940年1月，毛泽东发表了《新民主主义论》。在关于新民主主义社会的构想中，毛泽东指出了新民主主义文化的内涵，"所谓新民主主义的文化，就是人民大众反帝反封建的文化；在今日，就是抗日统一战线的文化。这种文化，只能由无产阶级的文化思想即共产主义思想去领导，任何别的阶级的文化思想都是不能领导了的。所谓新民主主义的文化，一句话，就是无产阶级领导的人民大众的反帝反封建的文化。"③ 这一构想既表明中国共产党对文化领导权的重视，也在民众面前展示了抗日、民主、爱国的政党形象。

二、面对国民党的诋毁需要文化领导权构建

四一二政变后，国共合作破裂，中国共产党开始了与南京国民政府长达十年的对峙。这十年，南京政府实行新闻封锁和管制，对中国共产党和红军不断攻击，多方诬蔑，诋毁中国共产党形象。

1934年3月，国民党中央宣传委员会召集各省市（除边远省）党部代表在南京举行文艺宣传会议，陈立夫代表国民党中央进行了题为《确立唯生为文艺理论的中心》的报告。训词本要文艺界遵从总理民生为本的理

---

① 《中国共产党宣传工作文献选编》（1937—1949年），学习出版社1996年版，第38页。

② 《中国共产党宣传工作文献选编》（1937—1949年），学习出版社1996年版，第47页。

③ 《毛泽东选集》第2卷，人民出版社1991年版，第698页。

念，但不少篇幅却大谈对付共产党，诬蔑共产党"毁灭中国民族的历史"，共产党的最高艺术是"杀人放火"①。

抗战爆发后，国共合作抗日。相比土地革命战争时期，国民党对中国共产党形象的攻击有所减弱。但合作初期，国民党中还是有人说"共产党同国民党合作是假的，共产党的目的是要在合作的中间削弱国民党的影响与力量，是在利用合作的名义同国民党争取领导权"。② 还有人说"共产党人总是要反对政府，总是不拥护政府"，而且甚至说"共产党人把现在的政府看做俄国的克伦斯基政府，因而共产党人要推翻现在的政府另行组织新的政府"。③ 这样攻击中国共产党形象的言语是不利于国共合作的。

1939年，随着日本对华方针的转变，两党合作中的摩擦现象时有发生，国民党对中国共产党的攻击也不断增多，中共中央在国民党五届五中全会召开前向蒋介石进行了抗议，"查禁敝党书报，诬蔑敝党言论之事，尤层出不穷。"其他歧视共产党员与八路军将士之事，不一而足。"特别在冀鲁等地敌后游击区域中，各种排挤、诬蔑八路军与共产党之行为，几乎每日皆有。"④ 1941年，国民党中央宣传部拟定了《特种宣传纲要》，关于对中国共产党的宣传如下，"中共之肇始为一学术团体（马克思主义研究会）而非革命团体，即在现在，其领导人犹十九为支配欲极强之小资产阶级而非现代式之无产大众。中共之主义为马克思主义之抄袭，而非基于本国之需要，故不适合国情。中共之成长完全靠第三国际之支持，其后台老板为外国人，而非中国人，故难望其始终为祖国之利益而奋斗。"⑤ 国民党中央宣传部通过这样的恶意攻击企图败坏共产党在民众心目中的形象。

国民党还通过中央宣传部下设的国际宣传处在海外攻击中国共产党。国际宣传处下设的驻美办事处主要任务名义上是"与美国一切亲华团体保持联

---

① 唐纪如：《国民党1934年〈文艺宣传会议录〉评述》，载于《南京师大学报（社会科学版）》1986年第3期。
② 《建党以来重要文献选编》第14册，中央文献出版社2011年版，第746页。
③ 《建党以来重要文献选编》第14册，中央文献出版社2011年版，第749页。
④ 《建党以来重要文献选编》第16册，中央文献出版社2011年版，第32—33页。
⑤ 《中华民国史档案资料汇编》第5辑第2编文化1，凤凰出版传媒集团、凤凰出版社1998年版，第7页。

络并推动其开展抵制日货及促使美国政府对日实行禁运军用品,利用美国宣传机构和各大报刊发表宣传抗战的文章,联络美国上层人物,在各地举行集会演讲;推动侨胞工作,以及协助对美广播和电影宣传"。① 但实际上,这些机构常常突破上述工作范围,在外国报刊上发表反共文章,诋毁中国共产党形象,像《中共党不是普通政党》《中共破坏币制的统一》《第三国际解散后中共之动态及重庆舆论》《中共祸乱豫西南之阴谋》等。

国民党的造谣诬蔑和反共宣传给中国共产党带来了很多不利影响。

首先,增加了中国共产党在农村开展工作的阻力。按照中国共产党最先的认识,农民深受地主、军阀剥削和压迫,应该会积极响应中国共产党在农村的革命,但"红军所到之处并未出现预想中的'干柴烈火'之效果,相反,当地群众对红军往往持一种警惕与排斥的态度,并担心革命会影响到他们正常的生活秩序。"② 土地革命战争时期,福建省委在给中央的报告中也指出:"农民对我们很坏,要撑做农运同志出北乡之外,恐怕因我们引起了剿乡的危险。"③ 因此,红军这一时期每到一地,都会遇到"群众冷冷清清"④ 的情况。初建根据地时,一般是中国共产党经济最为困难时期,也是最需要民众支持的时期。但因为国民党的误导和反共宣传,民众常常还有叛逃的情况。湘赣边界特委书记杨克敏指出:"因为经济如此的崩溃,经济恐慌到了如此程度,一般民众感觉得非常痛苦,而找不到出路,所以富中农多反水,中农动摇,贫农不安,农村中革命战线问题发生了严重的危机。比如去年8月失败之时,宁冈农民受了反派的宣传,富农的欺骗,居然有逃出境外的(都县、茶陵),其数目达4000之多。"⑤

埃德加·斯诺到陕北采访时,博古也向他谈到过中国共产党在农村工作时的阻力与工作难度,"民众由于文化和政治落后,对一些新思想不能

---

① 武燕军:《抗战时期国民党政府的国际宣传处》,载于《历史档案》1990年第2期。
② 杨会清:《中国苏维埃运动中的动员模式研究(1927—1937)》,浙江大学2007年博士学位论文,第53页。
③ 中共福建省委党史研究室、中共浙江省委党史研究室编:《闽浙皖赣革命根据地》上册,中共党史出版社1991年版,第91页。
④ 《毛泽东选集》第1卷,人民出版社1991年版,第78页。
⑤ 《井冈山革命根据地》上册,中共党史资料出版社1987年版,第250页。

一下子就欣然接受,也使农民,尤其是妇女,对红军先是抱怀疑态度;稍后则只是冷眼旁观,感到新奇。起先很难找到人来开会;然后来一些男人,之后他们又去劝说妇女们也来。大约要经过六个月(的占领),才能达到使那里的男子和妇女一起敢于争得脸红耳赤。一旦分田真正付诸实施,他们才开始相信我们是说到做到的。在这之前他们什么也不信。大约得花六个月时间,才能把抱怀疑态度的农民们转变成为积极负责的工作人员。"① 耗费这么长的时间才能使民众认可和接受红军和中国共产党,可见,国民党对中国共产党的妖魔化程度之深。

第二,国民党的新闻管制和封锁影响了中国红军的对外形象,不利于中国共产党获得国际援助。因为南京方面的负面宣传,所以国统区民众和一些外国人一般对中国共产党都没有较好的评价和印象。比如,曾经采访过陕北工农红军的美国记者埃德加·斯诺在没有接触工农红军之前,他一直好奇中国共产党究竟是一个怎样的政党:"他们同其他地方的共产党人或社会党人有哪些地方相像,哪些地方不同?旅游者问的是,他们是不是留着长胡子,是不是喝汤的时候发出咕嘟咕嘟的响声,是不是在皮包里夹带土制炸弹。"② 外国人对红军的这种负面认识影响了中国共产党的对外交往,非常不利于中国共产党获得国际援助。1941年12月,太平洋战争爆发,美国成为第二次世界大战反法西斯同盟的主要成员国。美国出于国家利益的考虑,面对国民党在正面战场的大溃败,美国需要在中国寻找坚定的抗战力量。而这种妖魔化的宣传只能让国际社会望而却步。所以,中国共产党必须构建自己的文化领导权。只有构建文化领导权,才能处于积极和主动地位。

三、和国民党进行形象较量需要文化领导权构建

抗战时期,国民党也极为重视自己的形象建设。国民党通过种种举措,努力保持在国际社会、国内民众面前的形象。

---

① [美] 埃德加·斯诺:《红色中华散记》(1936—1945),奚博铨译,江苏人民出版社1991年版,第25—26页。
② [美] 埃德加·斯诺:《西行漫记》,董乐山译,解放军文艺出版社2002年版,第2页。

首先,国民党坚持积极抗战维护自己的正面形象。卢沟桥事变爆发后,蒋介石发表庐山谈话,蒋表示,"如果战端一开,那就是地无分南北,人无分老幼,无论何人,皆有守土抗战之责,皆抱定牺牲一切之决心。我们只有牺牲到底,抗战到底,惟有牺牲的决心,才能博得最后的胜利。"[①]蒋介石庐山谈话表明了国民党抗战的决心。抗战初期,国民党在正面战场进行了顽强的抵抗。正如国民政府在移驻重庆办公的宣言中所指出的"其在前线以血肉之躯,筑成壕堑,有死无退。暴日倾其海陆空军之力,连环攻击,阵地虽化煨烬,军心仍如金石。"[②] 国民党的积极抗战在国内外引起强烈反响,国内外重要报纸纷纷报道,国民党形象迅速提升。即便是曾经的对手的毛泽东对蒋介石和国民党也毫不吝啬赞美之词,蒋介石在国防上的措施"是值得赞许的","所有前线的军队,不论陆军、空军和地方部队,都进行了英勇的抗战,表示了中华民族的英雄气概"。[③]

其次,国民党在政治上实行了一些民主改革。虽然中国共产党对国民党在政治改革、政府机构改变上还有一些不满意的地方,但国民党较抗战前还是开明、民主了很多。抗战进行不久,国民党就声称将对言论、出版、集会、结社当予以合法的充分保障。国民党也采取了一些实际的措施。例如,释放政治犯、同意各地建立动员委员会、同意建立战地服务团等组织和团体。1938年7月6日,国民党在汉口正式成立了有中国国民党、中国共产党、各抗日民主党派以及各界爱国人士参加的国民参政会,各个党派和民主人士可以在此发表政见。这是国民党推动中国民主的重要步骤。中国共产党曾高度肯定了国民参政会的作用和意义,即"进一步团结全国各种力量为抗战救国而努力的作用,企图使全国政治生活走向真正民主化的初步开端的意义"[④]。

最后,国民党也非常重视借助思想文化建设提升自身形象。1938年3月,在中国国民党临时全国代表大会上,蒋介石针对党内信仰缺失,痛心

---

① 魏宏运:《中国现代史资料选编》第4册(抗日战争时期),黑龙江人民出版社1981年版,第587页。

② 《中华民国史档案资料汇编》第5辑第2编政治1,凤凰出版传媒集团、凤凰出版社1998年版,第1页。

③ 《建党以来重要文献选编》第14册,中央文献出版社2011年版,第478页。

④ 《建党以来重要文献选编》第15册,中央文献出版社2011年版,第491页。

地指出,"我们的党差不多已成为一个空的躯壳而没有实质了,党的形式虽然存在,但党的精神差不多是完全消失了!"① 在这次大会上,蒋介石在中国国民党临时全国代表大会上作了《对日抗战与本党前途》的讲演,蒋介石指出了精神在中日战争中的重要性,"物质和武力不过是胜败所关的条件之一,而决定战争胜败的主要条件,还是精神——就是革命的主义。只要我们对于主义的信仰不动摇,主义的力量不消灭,任何暴力,都不能灭亡我们。"② 三民主义是国民党的理论基础,是国民党的价值观和意识形态。蒋介石希望全党反思并能树立坚定的三民主义信仰以坚持抗战。针对党内信仰缺失,蒋介石希望国民党党员多加反省能够从自身寻找责任。蒋介石指出,"这个与其说别人树立党派的不对,毋宁反躬自省,承认自己不争气之所致!假使我们真已尽到了党员的责任,在这十年很长的时间以内,很可以把我们的主义宣传到穷乡僻壤,深入人心,也早就应该把我们的主义和总理遗教,全部实施,当然不会再有别的主义存在,也不会再有别的党派活动的余地了。"③ 的确,共产主义在中国之所以有市场,除了国民党自身的不争气,对农村没有进行有效宣传也是一个重要原因。正是因为意识到国民党三民主义信仰缺失的现状,蒋介石认为必须加强国民党的文化领导权建设,以从农村、城市和共产党争夺更多的民众。蒋介石要求国民党在完成抗战建国的大业中,心理建设必须和经济建设、政治建设并重。"所谓心理建设者,必当根据总理知难行易之学说,发挥总理军人精神教育之主旨,普及国民军训,增进教育效能,推广战时服务,使全国同胞,无一不为三民主义之革命战士,以不成功即成仁之精神,求得最后之胜利。"④ 通过心理建设,使全国民众成为三民主义信仰者,这是国民党文化领导权的目标。

---

① 《中华民国史档案资料汇编》第5辑第2编政治1,凤凰出版传媒集团、凤凰出版社1998年版,第374页。
② 《中华民国史档案资料汇编》第5辑第2编政治1,凤凰出版传媒集团、凤凰出版社1998年版,第396页。
③ 《中华民国史档案资料汇编》第5辑第2编政治1,凤凰出版传媒集团、凤凰出版社1998年版,第401—402页。
④ 《中华民国史档案资料汇编》第5辑第2编政治1,凤凰出版传媒集团、凤凰出版社1998年版,第435页。

第二章 抗日战争时期中国共产党文化领导权构建的动因

蒋介石已经意识到国民党在农村的宣传不及共产党，所以蒋介石构建文化领导权的思路转向了农村，"过去本党组织仅偏重城市而忽略乡村，致广大之农民群众易为异说所乘。今后及应以乡村为发展组织与宣传之主要对象。"① 这一思路无疑是正确的，问题的关键是国民党是否有能力和耐心去和农村的普通民众沟通，推动三民主义的大众化进程。这是国民党构建文化领导权的重大挑战。此外，国民党也决定加强革命理论之领导，"党的革命理论之发展，其目的在求主义阐扬，以端正全国思想之趋向而实现本党的政纲政策。因此，今后本党应着重革命理论之宣传与领导，而使违反主义之思想无从流布于社会，而于战区及敌人后方，尤应特别注意。"②

正是因为国民党在上述方面的努力，蒋介石、国民党和战时中国的国内形象和国际地位得以大幅提升。1938年9月29日，毛泽东曾给蒋介石一封书信，在信中，毛泽东说，"恩来诸同志回延安称述先生盛德，钦佩无余。先生指导全民族进行空前伟大的民族革命战争，凡我国人无不崇仰。"③ 毛泽东这封信中对蒋介石的赞美是否发自内心，我们无法求证，毕竟蒋介石将毛泽东和中国共产党围追堵截了十年之久。但在中国共产党六届六中全会上，毛泽东在《论新阶段》的政治报告中，对蒋介石的赞美可以说是真诚的，"去年七月七日卢沟桥事变发生之后，全中国就在民族领袖与最高统帅蒋委员长的统一领导之下，发出了神圣的正义的炮声，全中国形成了一个空前的抗日大团结，形成了伟大的抗日民族统一战线。"④ 曾经的对手成为"民族领袖和最高统帅"，对曾经的敌人如此评价，也说明当时蒋介石在国内形象甚好。正因为此，国民党人称蒋介石为"中国人的救星"和"世界的救星"，还有称他是"千古完人"。1939年初，国民党中央执行委员会任命他为国民党"总裁"。1941年12月，太平洋战争爆发后，蒋介石成为具有世界声望的领袖和中国抗日的象征。

蒋介石和国民党形象的提升，固然有利于南京政府凝聚民气坚持抗

---

① 《中华民国史档案资料汇编》第5辑第2编政治1，凤凰出版传媒集团、凤凰出版社1998年版，第452页。
② 《中华民国史档案资料汇编》第5辑第2编政治1，凤凰出版传媒集团、凤凰出版社1998年版，第452页。
③ 章小鹏：《第二次国共合作》，文物出版社1984年版，第139页。
④ 《建党以来重要文献选编》第15册，中央文献出版社2011年版，第575页。

战，但对延安的毛泽东和中国共产党却构成了极大的挑战。政党形象意味着政党影响民众的能力。国民党良好的政党形象自然会吸引更多的民众追随，更容易扩大国民党组织和军队。费正清曾就抗战期间蒋介石威望和官方权力的提高对中国共产党的影响指出，这是"一个令人担忧的发展"①。因此，中国共产党在此时期也必须通过各种途径，尤其是文化领导权构建的路径来塑造良好的政党形象。

第四节　来自苏联的指示和帮助

中国共产党在抗战时期进行文化领导权构建，既有抗战建国的需要、根据地文化发展的需要、中国共产党形象塑造的需要，也有来自苏联的因素。苏联和抗战时期中国共产党文化领导权构建有着怎样的互动？

一、来自苏联的指示和建议

中国共产党构建文化领导权本是一种自主行为，但因为中国共产党和共产国际、苏联的特殊关系，中国共产党构建文化领导权还是或多或少受到了共产国际、苏联的影响。这一影响与其说是来自共产国际，还不如说是来自苏联。斯大林时期，联共（布）中央其实已成为共产国际的实际决策机构。共产国际七大以后，联共（布）中央政治局虽然很少就共产国际政策问题通过决议，通过重大决议的全权正式授予共产国际执委会主席团和书记处。"然而在实践中，每个重要决议都是与联共（布）中央政治局或者斯大林协商的。共产国际执委会支持克里姆林宫的一切内外政策活动，这一点也反映在共产国际就中国问题所通过的决议中。这一点尤其可以从季米特洛夫的日记中和他给斯大林的信中清楚地看出。"② 抗战时期，

---

① ［美］费正清：《剑桥中华民国史》（1912—1949）下卷，杨品泉等译，中国社会科学出版社1994年版，第661页。
② 《联共（布）、共产国际与抗日战争时期的中国共产党》（1937—1943.5）第18册，中共党史出版社2012年版，前言第2—3页。

第二章 抗日战争时期中国共产党文化领导权构建的动因

共产国际给中国共产党关于构建文化领导权的指示、建议实际上就出自克里姆林宫。

1937年7月7日,卢沟桥事变爆发。一周后,中国共产党向国民党递交了《中国共产党中央为公布国共合作宣言》,提出了三个奋斗目标和四项保证,愿意和国民党团结合作,共同抗日。这一次国共合作后,苏联也关注着合作的双方,一方是相同意识形态的共产国际成员,一方是需要苏联援助抗日的国民党。中国共产党在抗日战争中制定什么样的策略?国共双方如何在现实中共同合作抗日?中共党组织在抗日战争中如何发展?这些问题令苏联渴望及早知道答案。

1938年3月,任弼时作为中共驻共产国际代表被派往莫斯科并向共产国际汇报中国抗战形势与中国共产党的工作和任务。任弼时此时被派往莫斯科还有另外一个原因,即向共产国际解释中国共产党在抗战时期的新政策。抗战爆发后,王明和康生被派回中国帮助中共中央实行新的方针。1937年12月,在延安召开的中央政治局会议上,王明作了题为《如何继续全国抗战和争取抗战胜利呢?》的主题报告。王明在报告中批评了洛川会议上中国共产党制定的一系列方针,坚持"一切经过统一战线""一切服从统一战线"。王明认为,在抗战中,不应该说谁领导谁,而是国共两党"共同负责,共同领导"。在这次政治局会议上,张闻天在报告中也不点名地批评了毛泽东独立自主的山地游击战,在随后召开的党的活动分子会议上,张闻天重申了王明关于国共关系的新论断,"我们今天同国民党的合作是'共同领导''共同负责'。"[①] 政治局会议后,王明、周恩来等人被派往武汉领导长江局,王明继续坚持自己的主张。然而经过几个月的抗战,中国共产党领导层中逐渐形成了一种意见,认为共产国际不了解中国的现实情况。所以此时,中共中央派任弼时前往莫斯科,"说明中国抗战和国共两党关系的情况,以使共产国际更多地了解中国的实际和中国共产党的政策,争取共产国际的支援。"[②]

1938年6月11日,共产国际执委会主席团就任弼时报告通过决议。

[①] 《建党以来重要文献选编》第14册,中央文献出版社2011年版,第761页。
[②] 《中国共产党历史》(1921—1949)第1卷(下册),中共党史出版社2002年版,第655页。

决议认定抗战以来中国共产党的政治路线是正确的，共产国际特别提醒中国共产党在抗日战争的复杂局势下要加强党的政治、思想和组织建设。决议指出："在加强党的工作方面，刻不容缓的任务是根据马克思恩格斯列宁斯大林的学说来加强对党的干部和党员的教育工作。"①

共产国际对抗战初期中国共产党加强理论教育这一工作部署可谓切中要害。抗日时期，民族矛盾、阶级矛盾交织，中国共产党面临前所未有的复杂形势。中国共产党要在这样的背景下争取抗日民族统一战线的领导权，就必须构建自己的文化领导权，塑造良好的政党形象。而在当时中国共产党还偏居一隅，无法对更多民众发挥影响力的情况下，注重干部和党员的马列理论教育无疑是一个塑造政党形象的重要突破口。共产国际这一指示直接影响了中国共产党在六届六中全会上的工作部署，即党员的学习任务和干部教育，"一般地说，一切有相当研究能力的共产党员，都要研究马克思、恩格斯、列宁、斯大林的理论，都要研究我们民族的历史，都要研究当前运动的情况与趋势；并经过他们，去教育那些文化水准较低的党员。特殊地说，干部应该着重地研究这些东西，中央委员会与高级干部尤其应该加紧研究。"②

1938年10月，《联共（布）党史简明教程》在莫斯科出版。该书是斯大林亲自主持编写的，1938年9月，经联共中央审查通过。作为联共（布）党史的官方正本，这部书一经问世就具有了特殊的权威性。联共（布）中央对此书出版后的宣传和学习非常重视，于1938年11月14日专门通过了一个有关如何学习《联共（布）党史简明教程》的决议。决议对联共（布）在宣传工作中的手工业方式和无组织状态提出了批评，对于过度依赖口头宣传而忽视党的报刊的现象也提出了批评，决议对如何在苏联有效宣传《联共（布）党史简明教程》还进行了部署。

共产国际对于《联共（布）党史简明教程》中文版本的出版也非常重视。1938年11月，共产国际负责编辑出版事务的领导人曼努意斯基要求苏联外国文书籍出版局在年底之前用各大语种出齐《教程》的外文译本，这其中就包括中译本。1939年1月，《教程》中译本正式出版并很快传入

---

① 《联共（布）、共产国际与抗日战争时期的中国共产党》（1937—1943.5）第18册，中共党史出版社2012年版，第101页。
② 《建党以来重要文献选编》第15册，中央文献出版社2011年版，第650页。

中国。1939年7月15日，任弼时从莫斯科给中共中央发来经季米特洛夫签字的电报，请求中共中央回答几个问题："（1）是否收到了中文版《联共（布）党史》1万册以及该书纸型？（2）此书发行如何，卖出了多少本？（3）为学习该书你们采取了哪些措施？（4）对此书有什么评论？"①

　　从这一电报可以看出，共产国际为了推进中国共产党的马列理论学习，不仅从莫斯科寄来了理论书籍，还注重对学习过程的监督和反馈。其实，在《联共（布）党史简明教程》苏联版本到来之前，中国就已经把该书译成了中文，并在重庆、香港、上海和延安出版了第一卷两万五千册，大部分已经售完。《解放》杂志还刊登了第一卷的两章。中国共产党六届六中全会后，延安掀起了大规模的学习运动，苏联提供的《联共（布）党史简明教程》成为干部教育的必修科目，该书还是延安所有学校的教科书。延安还成立了由王明领导的《联共（布）党史简明教程》学习委员会。党的报纸和《解放》《群众》等杂志上还经常刊登介绍性的文章和学习《联共（布）党史简明教程》必备的材料。在延安整风时期，中央要求学习马克思列宁主义，必须以《苏联共产党（布）历史简要读本》为中心材料，因为"《苏联共产党（布）历史简要读本》是一百年来全世界共产主义运动的最高的综合和总结，是理论和实际结合的典型，在全世界还只有这一个完全的典型。"②延安掀起学习《联共（布）党史简明教程》的热潮。

　　随着国共关系越来越复杂，国民党军队和共产党军队之间的军事摩擦越来越多，共产国际执委会书记处利用中国共产党负责人身在莫斯科的机会，决定成立专门的中国问题研究小组。中国问题研究小组由莫尔德维诺夫（共产国际执委会干部部高级顾问）、切贝金、王明、师哲、林彪、刘亚楼、任弼时等十三人组成，主要研究以下问题：如何巩固民族统一战线，制止投降？需要如何加强抗日战争？需要如何加强八路军和中国共产党？如果投降和与国民党决裂成为事实——在这种最坏的情况下，我们应该怎么办？③

---

① 《联共（布）、共产国际与抗日战争时期的中国共产党》（1937—1943.5）第18册，中共党史出版社2012年版，第237页。

② 《毛泽东选集》第3卷，人民出版社1991年版，第802—803页。

③ 《联共（布）、共产国际与抗日战争时期的中国共产党》（1937—1943.5）第18册，中共党史出版社2012年版，第154页。

中国问题研究小组虽然研究的是中国共产党在抗战时期一些关于军事、政治整体部署的问题,但是对于中国共产党的文化领导权也给予了一定的关注。1939年6月5日,中国问题研究小组第一次会议在莫斯科召开。小组认为,中国共产党历史上有许多杰出的人民英雄和将领,但中国共产党的思想工作是落后的,应该学习《联共(布)党史简明教程》的撰写方法和丰富思想,阐明并撰写一部中国共产党的真正历史。一个政党如果没有一部好的历史书,将无法对党员进行自己历史的相关教育,无法使党员产生对党的认同,更不要说民众对该政党的认同了。所以,共产国际的这一建议和帮助有助于中国共产党系统总结自己的政党历史,为文化领导权构建提供了理论基础。

1939年12月29日,在苏联治病的周恩来向共产国际执委会主席团作了关于中国问题的报告。周恩来报告的主要内容是关于抗日统一战线和国共关系、中国共产党和八路军新四军工作。在介绍中国共产党工作时,周恩来向主席团顺便汇报了中国共产党的教育工作和宣传工作。周恩来指出,"党的宣传鼓动书籍,在延安及在武汉,在重庆,在华北都出版得很多,各地翻印的也很多。有些书籍在抗战中的销路几乎压倒一切。特别是毛泽东同志的论持久战及论新阶段,单在上海便各销行了10万部上下。"[①]教育方面也取得了一定的成绩,但"党内关于马列主义及新党员的教育不够,许多新党员对党的认识甚差,党对他们缺乏适当的训练材料及训练方法。马列主义的书籍亦缺乏普遍的课本供给中下级干部及一般党员"[②]。

共产国际于1940年3月3日通过了周恩来关于中国问题的报告,同一天,共产国际执委会主席团通过了《关于中共进行马列主义的报刊宣传和口头宣传的决议》,这一决议对中共文化领导权构建的许多重要问题给予了直接指示。比如要求中共中央派遣三名通晓俄中两种语言的高水平专家来莫斯科参加马列经典著作的翻译和出版工作,要在中国出版新加印的《联共(布)党史简明教程》,"要在上海组织出版日文版《联共(布)党

---

① 《联共(布)、共产国际与抗日战争时期的中国共产党》(1937—1943.5)第18册,中共党史出版社2012年版,第332页。
② 《联共(布)、共产国际与抗日战争时期的中国共产党》(1937—1943.5)第18册,中共党史出版社2012年版,第322页。

史简明教程》","要扩大对高水平宣传干部的培训规模,为此要在延安马列学院设立宣传部。"①

这些文件表明,共产国际、联共(布)是非常关心中国共产党的理论教育的。对党员、干部进行理论教育是中国共产党文化领导权构建的重要策略。文化领导权构建主要是为了让民众从思想上认同中国共产党及其建立的抗日民主政权,所以推进马克思主义大众化、对普通民众进行马列理论教育是文化领导权构建的主要路径。但对一个长期扎根农村、以农民为主要成分的政党而言,首先通过党内理论教育使党员和干部具有一定的马列理论素养,从而发挥党员和干部对一般民众理论学习的模范带头作用,无疑是一个重要方法。苏联和共产国际对中国共产党理论学习的重视、指示和部署,客观上促使中国共产党加强了对党员和干部的马列理论教育,在一定程度上加速了中国共产党文化领导权构建的进程。

二、来自苏联的支持和帮助

抗战时期,苏联不仅对中国共产党文化领导权构建给予了直接指示和建议,还提供了直接支持和物资帮助。这些支持和帮助对于需要构建文化领导权而缺乏权威领导核心、经济匮乏的中国共产党而言,无疑是雪中送炭。

第一,苏联支持毛泽东。构建文化领导权,必须要有一个既重视文化领导权构建又能进行构建战略部署的领袖集体。这样的领袖群体不仅要有对马克思主义的信仰、对中国人民革命事业的忠诚,还需要有一定的文化战略眼光。毫无疑问,二十世纪三十年代初苏联留学回来的教条主义者们不具备这样的能力。历史把这一任务交给了以毛泽东为核心的领袖群体。

抗日战争爆发后,国共正式合作。从土地革命时期武装推翻国民党反动派的总方针转变到合作抗日,这是一个一百八十度的大转弯,中国共产党干部如何完成思想上的这一转变?季米特洛夫是非常担忧的。另外,抗战爆发后,中国共产党扩充了很多新的干部。新干部在国共合作的新时期

---

① 《联共(布)、共产国际与抗日战争时期的中国共产党》(1937—1943.5)第19册,中共党史出版社2012年版,第53页。

是否会解除思想上的武装？为了避免这些担忧，共产国际执委会书记处决定派王明和康生回中国帮助中共中央实行新的方针。

1937年11月29日，王明、康生、陈云等在苏联顾问的陪同下乘苏联大型军用飞机抵达延安，在机场受到毛泽东、张闻天等领导人的热烈欢迎。毛泽东在机场举行的欢迎大会上发表讲话，将王明等人回到延安称作是"马克思给我们送来了天兵天将"①。然而，12月的政治局会议彻底暴露了王明和毛泽东在抗战与国共合作问题上的分歧。王明受过高等教育，表达能力强，成年后的生活大部分是在苏联度过，"他的随和的世界主义和毛的地方主义和急躁的性情恰成对比，而且他远比毛更精通正统的马克思理论。"② 加之，有苏联和共产国际的背景，在12月的政治局会议上，王明的报告得到了大多数与会中国共产党高层的支持。12月政治局会议后，王明、周恩来、博古等人作为中国共产党代表团成员被派往武汉负责和国民党谈判，王明兼任长江局书记，全面落实、贯彻12月政治局会议关于"加强国共合作、巩固与国民党的统一战线的方针"。王明与毛泽东的矛盾进一步扩大。

1938年3月，任弼时从延安出发前往莫斯科汇报中国共产党抗战以来的工作情况。1938年5月8日，任弼时在共产国际执委会主席团作了《中国的抗战形势及中共的工作和任务》的报告。任弼时汇报了中国抗战形势、抗日民族统一战线情况、八路军在抗战中的作用及其当前状况、群众运动状况和中国共产党的工作情况。任弼时也肯定了12月政治局会议的精神，指出了抗日民族统一战线中的各党派应该在共同纲领下相互帮助、共同领导、共同负责。对于国共合作中的障碍，任弼时也如实向共产国际指了出来，"国民党一方面表现得高傲自大，不愿在平等的基础上同共产党合作，另一方面又害怕共产党发展壮大和可能夺取它在抗日运动中的领导，从而影响国民党的统治地位。因此，它竭力要削弱共产党的力量。"③

---

① 刘家栋：《陈云在延安》，中央文献出版社1995年版，第1页。
② ［美］费正清：《剑桥中华民国史》（1912—1949）下卷，杨品泉等译，中国社会科学出版社1994年版，第614页。
③ 《联共（布）、共产国际与抗日战争时期的中国共产党》（1937—1943.5）第18册，中共党史出版社2012年版，第57页。

蒋介石为了削弱中国共产党，企图在自己的掌控下由国共两党成立一个共同的政党，每个共产党员和国民党员都可以加入这个共同的党，由两党相等的党员人数组成最高委员会，蒋介石担任主席，拥有最后决定权。蒋介石的这一企图也被任弼时如实地向共产国际做了汇报。面对蒋介石在国共合作中向中国共产党提出的无理要求和对中国共产党形象的攻击，任弼时重点突出了毛泽东的巧妙解释和斗争的效果，"毛泽东同志的谈话给人留下了很好的印象。"[①]

任弼时的汇报使共产国际对中国共产党抗日工作和国共合作情况有了一个比较全面的了解。1938年6月11日，共产国际执委会主席团就任弼时的报告通过了决议。共产国际决议指出，"中共的政治路线是正确的"。[②] 这一论断尽管有点模糊（到底是指王明回国前毛泽东所坚持的国共合作主张还是指王明回国后的路线？），但一定意义上也可以解释成赞成毛泽东的主张。尤其任弼时在工作报告中对毛泽东的突出强调使共产国际总书记季米特洛夫对毛泽东不免更增添了几分好感。在王稼祥回国前夕，季米特洛夫向任弼时和王稼祥指示："应该告诉全党，应当支持毛泽东为中国共产党的领导人，他是在实际斗争中锻炼出来的领袖。其他的人，如王明，就不要再争了。"[③] 1938年10月，《共产国际》杂志发表了《毛泽东和世界学联代表团的谈话》。1939年4月，《共产国际》（俄文版）又刊载了毛泽东在六届六中全会上的报告《论新阶段》一文。1939年6月，《共产国际》刊载介绍毛泽东生平的文章，文章高度评价毛泽东为"真正的布尔什维克，学者，杰出的演说家，军事战略家和天才的组织者"。同时，苏共驻共产国际代表团在联共（布）第十八次代表大会上的报告也高度称赞了毛泽东和朱德。

诚然，中国共产党和莫斯科的关系微妙而复杂。因为中国共产党和苏共拥有共同的意识形态，苏联对中国共产党多有支持和帮助，即便抗日战争时期，苏联和南京国民党政府保持了友好关系，苏联还是尽可能地给予

---

① 《联共（布）、共产国际与抗日战争时期的中国共产党》（1937—1943.5）第18册，中共党史出版社2012年版，第60页。

② 《联共（布）、共产国际与抗日战争时期的中国共产党》（1937—1943.5）第18册，中共党史出版社2012年版，第97页。

③ 中共中央文献研究室：《文献与研究》，人民出版社1988年版，第437页。

中国共产党以实际支援。然而，莫斯科对从中国革命实际斗争中锻炼出来的毛泽东的怀疑、不信任从来就没有消减过，尤其对毛泽东作为中国共产党意识形态构建者的地位在新中国成立前从未认同过。1958年7月22日，毛泽东在和苏联驻华大使尤金的谈话中道出了他多年所受的委屈。"为什么当时我请斯大林派一个学者来看我的文章？是不是我那样没有信心，连文章都要请你们来看？没有事情干吗？不是的，是请你们来中国看看，中国是真的马克思主义，还是半真半假的马克思主义。"① 1958年，中苏关系紧张之际，毛泽东说出这话或许带有一些主观色彩，但道出的却基本是实情。苏联对毛泽东马克思主义者地位的评价并不是从毛泽东在中国化马克思主义形成中的实际贡献出发，而是从苏联的国家利益出发进行考量的。不过，尽管苏联在抗战时期不认同毛泽东马克思主义者的地位，但苏联对毛泽东军事路线、政治路线上的倾向性支持还是在客观上促成了中国共产党党内高层的团结和毛泽东在党内权威地位的确立。正因为有这样的政治基础和思想基础，才有了20世纪40年代初延安整风运动的顺利开展和中国共产党自己的意识形态——毛泽东思想在党内指导地位的确立。

第二，苏联为中国共产党文化领导权构建提供马列理论书籍。抗战时期，中国共产党的财政异常紧张。中国共产党所在地区的老百姓都非常贫困，老百姓自己的粮食一般只能勉强维持到每年的四五月份，所以中国共产党无法从老百姓那里得到多少经费。国共合作后，中国共产党的经费主要来自南京政府的拨款，中国共产党每月从蒋介石那里总共得到五十万墨西哥元，这些钱中的二十五万元用于前线需要，剩余二十五万元用于后方需要、党务工作、报纸和杂志的经费。1938年2月，毛泽东曾向到访延安的苏联上尉安德里阿诺夫详细说明了中国共产党的经费困难："从蒋介石那里我们每月得到五十万墨西哥元，仅养活四万五千人。因此，我们的物质条件极端困难。平均每月每个战士的开支只有四到五个墨西哥元。这太少了。从蒋介石那里我们得不到一支步枪和一挺机枪，更谈不上大炮了。我们从蒋介石、阎锡山和其他人那里得到的弹药总共只有三百万发子弹。"②

---

① 《毛泽东文集》第7卷，人民出版社1999年版，第388页。
② 《联共（布）、共产国际与抗日战争时期的中国共产党》（1937—1943.5）第18册，中共党史出版社2012年版，第33—34页。

第二章　抗日战争时期中国共产党文化领导权构建的动因

中国共产党财政如此困难，所以争取得到苏联的援助一直是其努力的目标。但因为抗战初期苏联和南京政府签订的《中苏互不侵犯条约》的限制，苏联对中国共产党的军事援助是极为有限的。苏联出于自身国家利益考量，对中国共产党不能进行直接军事援助，但却提供了大量的马列理论书籍、药品等。对于这些中文版的斯大林、列宁著作，大型无线电台，中国共产党颇有微词。这是因为在抗战时期，军火武器无疑比马列理论书籍更有吸引力、更受欢迎。但是，苏联虽然不能满足中国共产党的军火需求，但对中国共产党提供的马列理论书籍却发挥了比军火更有威力的作用。在这一时期，中国共产党急需加强党员的马列理论教育，中国共产党财政已如此困难，更不要说印刷马列著作了。所以，苏联和共产国际提供的马列书籍对于亟需加强马克思主义理论教育的中国共产党无疑是解了燃眉之急。

1939 年 3 月 17 日，在莫斯科的任弼时在给中共中央的电报中说明，"已通过方林寄给你们 1 万册中文版联共（布）党史。"[①] 方林即邓发，邓发时为中国共产党驻新疆代表。1941 年 8 月 1 日，共产国际执委会书记处给中共中央的电报中告知，"最近三个月，我们通过蒙古人民共和国给你们寄去了拍照的《列宁主义问题》的一些章节、其他作者的著作，以及给李奎的铅字。"[②]

共产国际寄给中国共产党的马列书籍有些是主动寄出，需要中国共产党学习和了解的，有些是应中国共产党的请求而寄出的。1941 年 10 月 3 日，中共中央在发给季米特洛夫的电报中说到："请给我们寄更多的书籍、杂志、小册子和单篇文章。"[③] 同年 10 月 10 日，中共中央又在给季米特洛夫的电报中请求寄来关于西方国家兄弟党的状况和活动的正式材料。这些材料是中国共产党比较欠缺的，但它们有助于中国共产党了解抗战期间其他国家共产党的情况。

[①] 《联共（布）、共产国际与抗日战争时期的中国共产党》（1937—1943.5）第 18 册，中共党史出版社 2012 年版，第 125 页。

[②] 《联共（布）、共产国际与抗日战争时期的中国共产党》（1937—1943.5）第 19 册，中共党史出版社 2012 年版，第 213 页。

[③] 《联共（布）、共产国际与抗日战争时期的中国共产党》（1937—1943.5）第 19 册，中共党史出版社 2012 年版，第 238 页。

可见，抗战时期苏联对中国共产党提供马列书籍是实实在在的。中国共产党虽然没有得到想要的军火，但得到的马列书籍却从另一个方面帮助了中国共产党。在当时来看，马列书籍似乎并不是最重要的，然而中国共产党却通过马列理论书籍加强了高层的整风学习和全党的学习运动。这是中国共产党意想不到的收获。中国共产党要构建自己的文化领导权，必须要有一定的理论基础，即文化领导权构建理论。中国共产党文化领导权构建理论一是来源于中国文化中的"治国以文"传统，二是来源于马列理论中的文化领导权理论。中国共产党革命"以俄为师"，在文化领导权构建上自然也是如此思维。这就使得中国共产党文化领导权构建从一开始就打上了苏联印记。1921年7月，在有共产国际代表参加的中国共产党一大通过的第一个决议中，关于宣传方面，明确提出："不论中央或地方出版的一切出版物，其出版工作均应受党员的领导。任何出版物，无论是中央的或地方的，均不得刊登违背党的原则、政策和决议的文章。"① 这是文化领导权方面明显的俄国烙印。列宁在十月革命前就强调出版物应当成为党的出版物，"无党性的写作者滚开！超人的写作者滚开！写作事业应当成为整个无产阶级事业的一部分，成为由整个工人阶级的整个觉悟的先锋队所开动的一部巨大的社会民主主义机器的'齿轮和螺丝钉'。"② 六届六中全会后，马克思主义中国化虽然成为理论创新和革命指导的主题，但"中国化"必须要有"源"。这个"源"在抗战时期更多是来自列宁和斯大林发展了的马克思主义文艺理论和领导权理论。抗战时期，苏联和共产国际提供给中国共产党的马列理论书籍必然对中国共产党文化领导权构建产生影响。《在延安文艺座谈会上的讲话》是抗战时期中国共产党构建文化领导权的重要文献，毛泽东在《讲话》中就直接引用了列宁的"齿轮和螺丝钉"来比喻党的文艺工作和党的全部工作的关系。另外，《讲话》所确立的文艺为千千万万劳动人民服务的原则、文艺的现实主义写作原则等，都是对列宁关于党的文化领导权思想的继承和发展。这一继承使中国共产党文化领导权构建从一开始就有较高的起点和较成熟的理论基础。

第三，苏联为中国共产党文化领导权构建提供经费和其他支持。抗战

---

① 《建党以来重要文献选编》第1册，中央文献出版社2011年版，第5页。
② 《列宁选集》第1卷，人民出版社1995年版，第663页。

时期，苏联给国民政府提供了大量经济、军事援助，但这些援助很难分拨给共产党，更不要说用很少的经费进行文化建设了。所以，延安多次请求苏联和共产国际给予支持。1939年3月5日，邓发和斯克沃尔佐夫在给季米特洛夫的电报中指出，"在中国各地开展了大量工作，需要大量开支。特别是用于宣传教育工作的开支增加了……请您提供资金上的帮助。"[①] 1940年初，中共中央委托在苏联治病的周恩来向共产国际、苏联要求提供资金援助，并附上了中国共产党和军队的开支预算。党的开支预算清单中，排在第一位的是报刊开支180000中国元，其中，《新华日报》（重庆）60000中国元，北方版《新华日报》（上海）25000中国元，《新中华报》（延安）15000中国元，《抗敌报》晋察冀边区报纸10000中国元，给五种报纸的补贴20000中国元，出版杂志10000中国元，出版图书补贴40000中国元；排在中共开支预算第二位的是培训干部开支216060中国元。[②]

对于中国共产党的财政请求，季米特洛夫也向周恩来作了说明，希望中国共产党动员国内现有一切资源来抵补这个巨大的赤字，不要指望外来援助。不过，1940年2月23日，季米特洛夫还是建议斯大林向相关机构作出指示援助中国共产党，"考虑到党的处境和保证党的报刊、宣传及培训党和军队干部的现有党校网络的迫切需要，我们认为，为此目的，一九四〇年度向中国共产党提供三十五万美元的援助是适宜的。我们请求您，如果您认为在目前条件下可以这样做的话，向相关机构作出指示，给中国共产党拨去某个数额的资金援助。"[③] 抗战期间，苏联不方便向中国共产党提供军事援助，但对于这些要求苏联一般都会尽可能地答应。斯大林就此次援助回复季米特洛夫说："我很忙，很多文件都来不及看，请你们自行决定。我们将提供三十万美元的援助。"[④] 这笔钱最终通过汇款和专人递交

[①]《联共（布）、共产国际与抗日战争时期的中国共产党》（1937—1943.5）》第18册，中共党史出版社2012年版，第123页。

[②]《联共（布）、共产国际与抗日战争时期的中国共产党》（1937—1943.5）》第19册，中共党史出版社2012年版，第28页。

[③]《联共（布）、共产国际与抗日战争时期的中国共产党》（1937—1943.5）》第19册，中共党史出版社2012年版，第27页。

[④]［保］季米特洛夫：《季米特洛夫日记选编》，广西师范大学出版社2002年版，第107页。

构建文化领导权，还需要有构建设备、基本物资、技术支持等，比如印刷机器、电台、无线电发报机、马达、制锌版材料、纸张等。这对急需构建文化领导权的中国共产党来说是必需品，但又是遥不可及的东西。1939年4月7日，中国共产党在给季米特洛夫的电报中指出，"印刷厂的新闻纸快用完了。这对党的宣传和出版工作有很大意义。这里不可能搞到。请寄来5000包新闻纸。"① 1940年2月23日，周恩来和任弼时在给季米特洛夫的信中请求将在苏联电影学院学习电影摄影专业，夏天即将毕业的苏秋秋（已故中共中央政治局委员、共产国际执委会主席团委员苏兆征儿子）派给中共中央安排任用，"并向他提供电影摄影机、配件和必要资料，以期他到中国后能从事电影摄影。"② 1940年2月29日，中共中央在给季米特洛夫、周恩来和任弼时的电报中，请求苏联帮助将中国电影摄影师袁牧之等人拍摄的两万米电影胶卷"延安与八路军"在莫斯科显影以制成电影。中共中央本打算将这些胶卷寄往美国或香港，但担心途中因海关警察监督和检查导致受损或被没收，所以决定还是送往莫斯科显影。中国共产党对这部影片显影非常重视，因为这是第一部真实反映中国人民、共产党和八路军反对日本侵略者英勇斗争的战斗影片，它有益于扩大八路军和共产党在国内外的影响，所以中共中央专门派摄影师袁牧之和著名音乐家冼星海去苏联协助完成这一工作。1941年7月3日，南方局的周恩来致电毛泽东，在分析了美国对日本可能采取的新政策之后，建议中国共产党应该多学习自然科学、俄文和近代军事知识等，提高自身接受新武器的条件。对于周恩来的建议，中共中央进行了讨论，决定听从周恩来建议，在军事准备上从学俄文、学自然科学和准备东北干部着手。③ 中国共产党要学俄文、学自然科学，党内急需一批掌握俄语的人才，这就要求有相关的俄语语法教科书和俄文铅字。1941年10月10日，中共中央在给季米特洛

---

① 《联共（布）、共产国际与抗日战争时期的中国共产党》（1937—1943.5》第18册，中共党史出版社2012年版，第131页。
② 《联共（布）、共产国际与抗日战争时期的中国共产党》（1937—1943.5》第19册，中共党史出版社2012年版，第32页。
③ 《周恩来年谱》（1898—1949），人民出版社1989年版，第509页。

夫的电报中请求给延安最好寄来金属铸造字模，或尽可能寄来少量铅字。

对于中国共产党的这些请求，共产国际和苏联一般都会尽可能满足。1940年7月16日，共产国际执委会书记处发给中共中央和毛泽东电报，告知"在门址积压了大量我们给你们的重要包裹和材料，包括无线电发报机、无线电器材、纸张和帐目"。① 共产国际要求中国共产党采取有力措施接收莫斯科寄来的东西。1941年5月21日，共产国际执委会书记处在给中共中央的电报中指出，"从兰州发出我们700公斤物资——纸张、书籍等。现这些物资已抵达西安，但你们的人拒绝接收。"②

苏联提供的这些经费和设备、物资不仅有助于中国共产党领导的抗战事业，而且还大大支持了中国共产党文化领导权的构建。

由上可见，抗战时期，苏联和共产国际不仅对中国共产党文化领导权构建给予了指示和建议，还提供了各种帮助和支持。苏联的个别指示和建议可能并不符合中国共产党文化建设的状况，但苏联作为一个成功了的社会主义国家，他的文化领导权建设经验给中国共产党构建文化领导权提供了不少的启示；他所提供的书籍帮助和各种经费支持、物资支持实实在在推进了中国共产党文化领导权构建的进程。探究抗战时期中国共产党文化领导权的构建，绝不能绕开苏联因素。

---

① 《联共（布）、共产国际与抗日战争时期的中国共产党》（1937—1943.5》第19册，中共党史出版社2012年版，第76页。
② 《联共（布）、共产国际与抗日战争时期的中国共产党》（1937—1943.5》第19册，中共党史出版社2012年版，第186页。

第三章
中国共产党在抗日根据地文化领导权的构建

构建文化领导权，不仅是个重大的理论问题，而且更是一个技术性的实践问题。抗战爆发后，随着日军向中国内地的逐渐推进，中国共产党根据自己在各地区的影响和控制，把全国分为抗日根据地、国统区和沦陷区。抗日根据地是中国共产党权力可以直接控制的区域，主要分布在农村；国统区是国民党直接控制的地区，除东北、华北、华东地区及武汉、广州之外的大城市，主要代表城市有重庆、桂林；沦陷区是被日本侵略军占据的地区。中国共产党在不同的地区采取了不同的策略。由于在沦陷区，日本帝国主义对民众的思想控制非常严密，中国共产党难以开展文化工作，其文化影响比较有限。所以本章主要选取抗日根据地和国统区来分析中国共产党文化领导权的具体构建。本章主要论述抗日根据地文化领导权的构建。

第一节　领袖宣讲

中国共产党构建文化领导权实质上是要民众接受中国共产党倡导的意识形态，从而对中国共产党产生认同，在中国共产党的感召之下，参与中国共产党领导的新民主主义革命。构建文化领导权主要还是解决一个民众认同问题。民众如何对政党产生认同？这既是政治学研究的问题，也是心理学要研究的问题。所谓的政党认同主要是民众在政治生活和社会生活中

第三章 中国共产党在抗日根据地文化领导权的构建

对政党产生的一种情感,一种精神上的归属感,是对政党作出的一种肯定性的心理反应和行为表达。民众对政党产生认同由多种要素所决定,其中主要有四个要素:政党意识形态、政党组织、政党领袖和政党革命绩效。纵观四要素,政党领袖以主体身份和其他三要素交叉,成为政党认同效果的主导因素,因为政党领袖的一项常规工作就是劝导追随者信奉他们所提倡的意识形态和价值观。美国学者詹姆斯·麦格雷戈·伯恩斯在《领袖论》中曾指出,领袖是这样一些人,"领袖劝导追随者为某些目标而奋斗,而这些目标体现了领袖以及追随者共同的价值观和动机、愿望和需求、抱负和理想。领袖的才能在于领袖看问题及行为方式以及其追随者的价值观和动机。"[①] 这项劝导性的常规工作要求领袖具有极强的感召力,能够运用通俗的语言向党内成员和普通民众解释需要做的事情,进而使他们追随左右,这项工作就是宣讲。抗战时期,中国共产党的领袖们常常借助宣讲,传播中国共产党的意识形态,扩大中国共产党的影响力和吸引力。

一、领袖宣讲的优势

首先,中国共产党的领袖群体是中国共产党意识形态体系的主要建构者。意识形态是政党产生的前提,先有意识形态和意识形态认同,才会有政党。"意识形态把政党当做自己的物质武器,任何政党的产生和存在都有自己的意识形态前提,从逻辑上说,先有意识形态和意识形态认同才可能有政党。"[②] 中国共产党的成立也是如此的逻辑。十月革命后,李大钊、陈独秀等人在认同马克思主义的基础上,将马克思主义介绍到了中国,把建立一个物质产品极大丰富、人人觉悟得到提高,没有剥削、没有压迫,每个人都能得到自由且全面发展的理想社会作为共产党人奋斗的目标。马克思主义在中国的传播促成了中国共产党的成立。马克思主义是中国共产党成立的思想基础,但中国共产党绝不仅仅局限于此思想基础。中国共产

[①] [美] 詹姆斯·麦格雷戈·伯恩斯:《领袖论》,刘李胜等译,中国社会科学出版社1996年版,第21页。

[②] 王邦佐:《中国政党制度的社会生态分析》,上海人民出版社2000年版,第235页。

党要想吸引更多民众，它必须保持自己意识形态的与时俱进，必须解决马克思主义在中国的发展问题。这一问题的实质就是在利用马克思主义解决中国实际问题的过程中，形成中国共产党结合国情实际和时代特征的中国化的马克思主义。"在马克思主义中国化过程中，领袖群体在吸收全党、全社会理论智慧与实践经验的基础上，形成了一系列中国化马克思主义的文献，建构了较为完整的中国化马克思主义理论体系。"①

中国共产党第一代领袖群体是以毛泽东为首的。遵义会议之前，毛泽东已经从实践上开辟了一条农村包围城市、武装夺取政权的道路，并写下了《中国的红色政权为什么能够存在》《井冈山的斗争》《星星之火，可以燎原》等文章，从理论上论证了中国革命的新道路。遵义会议后，毛泽东总结了土地革命战争和抗日战争时期的实践经验，在同党内"左"右倾错误作斗争的过程中写下了《抗日游击战争的战略问题》《论持久战》《〈共产党人〉发刊词》《中国革命和中国共产党》《新民主主义论》等文章，科学地阐述了中国新民主主义革命的总路线、基本纲领、革命道路和三大法宝，这标志着中国化的马克思主义——毛泽东思想走向成熟，中国共产党已经形成了切合国情实际，具有中国特色的意识形态体系。当然，在这一新意识形态体系形成过程中，中国共产党的其他领导人，如周恩来、刘少奇、朱德、任弼时、陈云等也都在理论和实践上做出了各自的贡献。中国共产党领袖群体站在新民主主义革命实践的最前沿，不断加强自己的理论素养，创作出了能够号召民众和影响民众的新思想、新理论、新价值观等在内的意识形态体系。

作为中国共产党意识形态的主要建构者，他们熟悉自己理论的内在逻辑和话语特征，加上长期的革命实践，使得他们在宣讲中国共产党的意识形态过程中能够理论结合实际、深入浅出地向党内干部和普通党员、党外人士、普通民众进行传达。同时，中国共产党领袖群体作为中国共产党意识形态的主要建构者，相对于其他理论工作者和宣传人员，他们的理论宣讲更精准。

其次，领袖权威使他们的宣讲在抗日根据地范围更有成效。领袖是有

---

① 陈金龙：《马克思主义中国化的主体探析》，载于《马克思主义研究》2010年第5期。

权威的。领袖的权威来自领袖手中握有的权力和领袖的个人魅力。政党领袖是什么？中国的大百科全书曾如此定义：政党的主要领导人，可以是一个人，也可以是一个集团；或者在党内有正式领导职务，或者虽无职务但有实际领导地位。① 领袖的素质、能力、智慧决定着政党路线、方针和政策的科学性，也决定一个政党对民众的引领能力。

不管政治学家和学者对领袖进行怎样的界定，领袖总是和权力结合在一起的，所有的领袖都拥有实际或潜在的权力。领袖是有权威的。领袖权威是一种力量，是领袖权力力量和威望力量的结合，但领袖权威绝不仅仅来自领袖权力力量。政党领袖的权威对政党来说非常重要，它是维持政党内部秩序的手段，它的存在促使党内成员不断调整自己的行为。领袖权威的树立更多地是靠领袖自身的能力、魅力使政党成员追随并一起为政党目标的实现而奋斗，而不是靠领袖手中所拥有的权力。但不容置疑，领袖手中握有的权力的确是领袖实现自己政党宏图的基础，尤其是对处在革命艰苦历程中、还未夺权政权的革命党而言。

抗战时期，中国共产党经过延安整风，已经形成了以毛泽东为核心的稳固的领袖群体和相应的领袖权威。中国共产党之所以能在抗战时期形成以毛泽东为核心的第一代领袖群体的权威，主要源于大革命和第五次反围剿失败的教训，党内越来越深刻地认识到以毛泽东为首的领袖群体在解决中国革命实际问题中的能力和水平。在中国共产党直接控制的抗日根据地、国民党控制的国统区、日本人控制的沦陷区，中国共产党领袖权威的程度是不同的。在中国共产党可以直接掌控的抗日根据地内，领袖群体的权威较国统区、沦陷区更实在、更具体。这种权威使得领袖群体在抗日根据地进行的各种宣讲更有实效。

最后，领袖魅力使党员和民众易于接受他们所宣讲和倡导的理念和价值观。领袖魅力是领袖在领导活动中，以自己卓越的领导能力与水平、伟大的人格和外在形象，对追随者所产生的一种吸引力、凝聚力、感召力。这种吸引力、感召力使追随者自愿而无悔地跟着领袖去实现他们共同的目标。领袖魅力对一个组织、一个团体的发展具有重要价值。领袖的本质工

---

① 中国大百科全书总编辑委员会编：《中国大百科全书·政治学卷》，中国大百科全书出版社1992年版，第323页。

作就是谋略和劝说，领袖魅力使得他们面向内部成员和民众的劝说工作更有感召力。

抗战时期，中国共产党在延安已经形成了以毛泽东为核心，包括周恩来、朱德、刘少奇、张闻天等在内的领袖群体。这一领袖群体有较高的马克思主义理论素养，有对中华民族解放事业的无比忠诚，有驾驭抗日战争复杂局势的能力水平，他们还非常熟悉中国的传统文化。这就使得这一领袖群体具有独特的魅力。采访毛泽东的斯诺曾经这样描述毛泽东，"不可否认，你觉得他身上有一种天命的力量，这并不是什么昙花一现的东西，而是一种实实在在的根本活力。"[①] 这种"天命的力量""实实在在的根本活力"就是毛泽东身上所具有的领袖魅力。同样的，朱德身上也散发着极具感召力的领袖魅力。埃德加·斯诺曾经如此描述朱德的领袖魅力在红军第五次反围剿失败后战略转移中所发挥的作用，"他部下的军队在西藏的冰天雪地之中，经受了整整一个严冬的围困和艰难，除了牦牛肉以外没有别的吃的，而仍能保持万众一心，这必须归因于纯属领导人物的个人魅力，还有那鼓舞部下具有为一个事业英勇牺牲的忠贞不贰精神的罕见人品。"[②] 这种领袖魅力使得他们的演讲极易打动民众。史沫特莱曾经详细描述过到中国红色圣地及开赴八路军抗日前线沿途观看到的群众大会场景和朱德进行的抗日演讲。在一次欢迎朱德的群众大会上，朱德介绍了八路军和其他部队在山西北部各地的战斗状况、建立各地游击队和其他武装的有关情况，在介绍了八路军抗日的战果后，群众高呼，"打倒日本帝国主义"，"中、日两国人民团结起来！"朱德的演讲声音不大，但很有感情，充满了赤诚、伤感和爱。朱德指出，"中国人民千千万万，日本军队就那么一些。如果我们的人民觉醒起来，组织起来，并把自己武装起来，那我们就能够打败敌人。中国是个穷国家。处在这种形势下，……那么我们就会使他们越来越虚弱，直到最后战胜他们。"[③] 在朱德继续宣讲世界形势的

[①] [美]埃德加·斯诺著：《西行漫记》，董乐山译，中国人民解放军战士出版社1979年版，第62页。

[②] [美]埃德加·斯诺著：《西行漫记》，董乐山译，中国人民解放军战士出版社1979年版，第312—313页。

[③] [美]《史沫特莱文集》第4册，陈文炳译，新华出版社1985年版，第141页。

时候，天色已全黑。朱德站在黑夜里讲话，场下的人聚精会神地倾听着。

二、领袖宣讲的场合与内容

抗战时期，中国共产党领袖在多种场合，就中国共产党抗日、统一战线、民主、新民主主义、共产主义等进行了大规模和多角度的宣讲，通过宣讲，中国共产党有效构建起在抗日根据地的文化领导权。

（一）通过中国共产党会议进行宣讲

构建文化领导权，是为了让民众在思想上认同中国共产党，并能响应中国共产党号召，在实践上和中国共产党一起为民族解放、共产主义事业而奋斗。而要让民众认同，就必须充分发挥中国共产党党员在思想理论上的模范带头作用。抗战时期，中国共产党常常借助各种党内大会和干部大会，向中国共产党党员传达党的各种纲领、路线、方针、政策。

1938年10月，中国共产党扩大的六届六中全会召开。毛泽东在《论新阶段》的报告中，针对国共合作后，部分党员对三民主义和共产主义关系的错误认识，集中向中国共产党党员和干部们进行了二者关系，以及共产党员对三民主义应该持有的立场和态度的宣讲。毛泽东在报告中指出，"共产党决不抛弃其社会主义与共产主义理想，他们将经过资产阶级民主革命阶段达到社会主义与共产主义的阶段。共产党有自己的党纲与政纲，其党纲是社会主义与共产主义，这是与三民主义有区别的。其民主革命政纲，亦比国内任何党派为彻底，但对于国民党第一次及第二次代表大会所宣布的三民主义纲领，则是基本上没有冲突的。因此我们不但不拒绝三民主义，而且愿意坚决实行三民主义……"[①]

1941年，中国共产党开始在延安进行整风。延安整风是中国共产党在全党范围内开展的一场马列主义学习运动，它对解决全党思想统一和党内团结有重要作用。在这次整风之前，毛泽东曾在延安干部大会上多次进行

[①] 《建党以来重要文献选编》第15册，中央文献出版社2011年版，第626页。

宣讲，为延安整风作动员准备。1941年5月19日，毛泽东在《改造我们的学习》报告中号召全党，研究马列主义，必须将马列主义和中国革命实践相结合，必须以解决中国革命实际问题为中心，必须采取实事求是的态度。实事求是态度，"就是党性的表现，就是理论和实际统一的马克思列宁主义的作风。"① 1942年2月1日，毛泽东在中共中央党校开学典礼上进行了《整顿党的作风》的演讲。中央党校是中国共产党对其中高层干部集中进行马克思主义教育的地方，学员为来自延安和各抗日根据地的中高级党政干部。在这次干部会上，毛泽东号召全党集中反对主观主义、宗派主义、党八股以整顿党风。毛泽东面对来到中央党校的干部们，语重心长地告诫："学风和文风也都是党的作风，都是党风。只要我们党的作风完全正派了，全国人民就会跟我们学。"② 毛泽东的讲话通俗易懂，风趣诙谐，常常引得干部们大笑。在轻松的氛围中，领袖对中国共产党干部不断进行着党的政策教育。

（二）在抗日根据地的中国共产党干部学校进行宣讲

抗战开始后，中国共产党紧抓教育，以适应全面抗战和中国共产党组织发展的需要。陕甘宁边区先后建立了各类学校。"除去红军大学改为抗日军政大学外，陆续创办了陕北公学、安吴堡青年训练班、延安工人学校、延安鲁迅艺术学院、中国女子大学和马列学院；此后，还成立了社会科学院、自然科学院、行政学院（后三院合并为延安大学）；还有鲁迅师范、卫生学校、通讯学校、摩托学校等等。培养军事、政治、文化艺术、科学工程、医务卫生、社会科学理论、青年妇女工作等各方面的干部。"③

陕北公学是中国共产党在抗战初期成立的一所培养干部的学校。最初的学员来自抗大和延安各单位送来的部分工作人员。在面向全国的陕北公学和抗大联合招生广告公布后，全国各地的青年奔赴延安。"一时间，西安到延安300多公里的大路上，穿着各式服装，背着简单行李的青年，络

---

① 《毛泽东选集》第3卷，人民出版社1991年版，第801页。
② 《毛泽东选集》第3卷，人民出版社1991年版，第812页。
③ 成仿吾：《战火中的大学》，人民教育出版社1982年版，第15页。

绎于途，源源不绝。"① 到1937年10月，陕北公学已有学员六百余人。他们来自全国二十五个省和北平、天津、南京、上海等地，还有从南洋、越南、朝鲜等地归国的爱国华侨青年。对于这些来自全国各地的学生，中共中央和毛泽东特别重视，毛泽东常常亲自到校授课。1938年4月5日，毛泽东来到了陕北公学。这是毛泽东第七次到陕北公学来上课。毛泽东向学员们介绍了国共为什么能再度携手合作，如何巩固和扩大抗日民族统一战线，统一战线是否需要一个共同纲领，国共两党应当如何互相尊重等问题。毛泽东在讲演中驳斥了有人要借"统一"取消共产党的谬论，指出"共产党的存在是有它的阶级基础的，中国现在有地主、资本家、工人、农民等，因此有国民党和共产党的存在，目前谁也不能吞并谁，国民党要取消共产党是不可能的"。② 1939年7月9日，陕北公学一批学生即将开赴华北抗日前线，党中央书记处的几位负责同志毛泽东、周恩来、博古，以及中央干部教育部部长李维汉、中央统战部部长王明等前来看望出征师生，并给他们作报告。对于如何坚持"统一战线"，毛泽东在演讲中作了最通俗的解释，"凡是可以多留一天的，我们就留他一天，能够争取他半天一夜都是好的，甚至留他吃了早饭再去也是好的。"③

中国人民抗日军政大学是一所专门为中国共产党培养军事干部的学校。从第二期开始，抗大面向全国招生。各地爱国青年、抗日军人、进步学生克服各种艰难险阻，冒着生命危险，奔赴延安。为了加强对这批学生的教育，提高他们的政治觉悟，毛泽东、张闻天、朱德、刘少奇、董必武、徐特立等中国共产党干部多次到抗大演讲。毛泽东每周二、四到抗大讲解《中国革命战争的战略问题》《矛盾论》《实践论》等，每次四个小时，毛泽东还参加学员们的讨论会。1938年4月9日，毛泽东在抗大第四期第三大队开学典礼上发表演讲，告诫抗大学员要学到坚定正确的政治方向，艰苦朴素的工作作风，灵活机动的战略战术，这样便能够最后战胜日

---

① 宋荐戈、李冠英：《成仿吾教育实践与教育思想》，湖南教育出版社1997年版，第40页。
② 《毛泽东年谱》（1893—1949）中卷，中央文献出版社2013年版，第63—64页。
③ 《毛泽东年谱》（1893—1949）中卷，中央文献出版社2013年版，第132页。

本帝国主义;要学作干部,干部要把成千成万的广大人民变为有组织的队伍;还要有不怕牺牲,向前迈进的决心。

抗战时期,延安的马列学院也是中国共产党领袖们集中宣讲抗战时局和中国共产党意识形态的重要地方。担任院长的张闻天常常亲自上台讲课,他总能通过通俗的语言把深奥的道理阐述清楚。针对有些干部军功显赫,但对于马列理论学习的重要性不屑一顾的现象,张闻天在课堂上指出,"机关枪能打死人,这是事实,但是革命不能光靠机关枪,没有马列主义,分不清敌我,你就不知道该向谁扫射,乱打一通,可能打不准敌人,反而伤了自己的同志。所以有了机关枪,也还需要马列主义,才能认清方向。"[①] 除了张闻天,毛泽东、刘少奇、陈云、李富春也多次来校讲课。毛泽东曾在此讲了《战争和战略问题》《新民主主义论》。毛泽东在讲解新民主主义理论时,不仅驳斥了《新民主主义论》发表后国民党的攻击,还系统、通俗地讲述了新民主主义的有关内容。陈云在马列学院讲了《怎样做一个共产党员》。陈云联系党实际斗争中涌现出来的可歌可泣的案例,向学员们进行了一场共产党员要学"到底"的教育。接受教育的学员对陈云同志的这个"到底",刻骨铭心。"从那天起,50年来,首先是常常告诫着自己,要记住,要做到'到底'。从而,虽然有时难堪,有时憋气,有时创痛酷烈,总由于警惕这点而绕过暗礁,度出险境。"[②] 可见,领袖宣讲的影响不是一时的,而是一辈子的。

特别值得一提的是刘少奇在马列学院的演讲。1939年7月8日,刘少奇在延安蓝家坪马列学院作了题为《党员思想意识的修养》的报告。刘少奇具体阐释了加强共产党员思想修养的必要性、修养内容和提高修养的方法。刘少奇指出,"我们共产党员,要有最伟大的理想、最伟大的奋斗目标,同时,又要有实事求是的精神和最切实的实际工作。这是我们共产党员的特点。"[③] 刘少奇的这一演讲给迅速扩大中的中国共产党找到了一剂良药,也给思想上没有马克思主义信仰的新党员提出了新任务。抗战进入相持阶段以后,中共中央作出了《关于大量发展党员的决议》,决议指出,

---

① 吴介民:《延安马列学院回忆录》,中国社会科学出版社1991年版,第14页。
② 吴介民:《延安马列学院回忆录》,中国社会科学出版社1991年版,第125页。
③ 《建党以来重要文献选编》第16册,中央文献出版社2011年版,第494页。

"大胆向着积极的工人，雇农，城市中与乡村中革命的青年学生，知识分子，坚决勇敢的下级官兵开门，把发展党的注意力放在吸收抗战中新的积极分子与扩大党的无产阶级基础之上。"[1] 新党员的加入给党的肌体注入了活力，但也把各种非无产阶级思想带入了党内。刘少奇在马列学院做了两次演讲，后又到中央党校演讲，刘少奇的演讲在学员中引起了很大的反响，关于共产党员如何加强自我修养的理论成为党员思想建设的重要武器。

延安中央党校也是中国共产党对干部进行政治教育，集中传播中国共产党价值观的地方。毛泽东也多次到中央党校来上课。1939年初，日军在军事进攻的同时，加紧了对国民党的诱降活动，并把这种诱降活动放在了对华战略第一位。国民党内部的一些投降分子、反共分子，不断制造与八路军、新四军的摩擦，挑衅边区，汪精卫派也加紧了卖国谈判活动。为了打击投降派的反共卖国活动，提高中国共产党干部的警惕性，1939年2月5日，毛泽东到中共中央党校作了《反对投降主义》的报告。针对国民党采取的防共政策，毛泽东提出了中国共产党的斗争原则：人不犯我，我不犯人；人若犯我，我必犯人。毛泽东号召干部们"要记取陈独秀投降主义使大革命遭受失败的教训，反对政治上的软弱症，使自己的力量增强起来，才能巩固与扩大抗日民族统一战线，战胜日本帝国主义"。[2]

可以看出，1938年上半年，毛泽东到陕北公学、抗大、鲁艺等中国共产党干部学校的讲演是较为频繁的。为什么此时毛泽东到这些中国共产党干部学校的讲演如此频繁？一是因为经过几个月的抗战，中国共产党对中日战争的进展和前景有了较为自信的认识和把握。在客观事件的发展还没有完全暴露其固有性质，还没有将其面貌鲜明地摆在人们之前时，人们是无法较为准确地把握的。中国共产党对中日战争的认识即是如此。经过几个月的抗战，中日各方面力量因素的展开，使中国共产党能较客观地认识中日战争。正因为这样，毛泽东才在抗战后有了很多关于抗战分析和研究的文章，比如《反对日本进攻的方针、办法和前途》《为动员一切力量争取抗战胜利而斗争》《和英国记者贝特兰的谈话》《抗日游击战争的战略问

---

[1]《建党以来重要文献选编》第15册，中央文献出版社2011年版，第186页。
[2]《毛泽东年谱》（1893—1949）中卷，中央文献出版社2013年版，第111页。

题》和《论持久战》。二是中国共产党在抗战初期就确立了组织发展、军队发展的任务。中国共产党组织和军队的发展需要大批懂得政策和策略的干部，需要干部去教育民众、引导民众。中国共产党和毛泽东对来自全国的青年学生、抗日军人等寄予厚望，希望他们能通过短暂的政治学习后，奔赴抗日根据地各战场，充分发挥对群众和一般战士的带动作用。1938年8月5日，毛泽东在对抗大第四期毕业学员所做的演讲中告诫学员，出了校门后不仅要先当学生，还要当教员。"全国四万万五千万人都是学生，要团结他们，组织他们，向他们学习，同时又教育他们。"[①] 直接的、面对面的演讲可以高效地传达中国共产党的战略意图，教育干部、争取民众。

（三）借助各种纪念活动进行宣讲

抗战时期，延安举行过许多纪念活动，比如"九一八"周年纪念、抗战周年纪念、"三八"国际妇女节纪念、五四运动纪念、孙中山和马克思逝世的纪念、斯大林生日纪念等活动。中国共产党常常借助这样的纪念活动，阐发自己的政治主张和政策。在这些众多纪念活动上，毛泽东和中国共产党其他领袖常常莅临讲话。

1938年3月12日，孙中山逝世十三周年，全国上下举行了隆重的纪念活动，武汉的纪念活动尤为隆重。国民政府军事委员会政治部部长、武汉卫戍总司令陈诚在武昌各界纪念会上发表了演讲。陈诚指出"我们在沉痛的悼念中，想到国父生前伟大的革命经历，最令人景仰的是他那坚苦卓绝、百折不挠、屡败屡战的大无畏之精神。这种精神，正是我们目前驱除倭寇复兴民族的基础，每个同胞同志都能继承这种精神，则最后的胜利必属于我们"[②]。延安也举行了纪念孙中山逝世十三周年活动。毛泽东亲临大会并发表了演说。毛泽东在纪念会上总结了孙中山留给中国人民的遗产：三民主义的纲领、统一战线的政策和艰苦奋斗的精神。毛泽东号召中国人民继承孙中山遗产并发扬光大。抗战时期，中国共产党对孙中山的纪念既有整合全国人民高举抗日旗帜的意义，更有借助这一活动加强国共合作关

---

① 《毛泽东年谱》（1893—1949）中卷，中央文献出版社2013年版，第87页。
② 《政治部陈部长昨在武昌中山先生逝世纪念会讲抗日建国建军之任务》，载于《新华日报》1938年3月13日。

系的价值。

"一二·九"运动是国统区广大青年学生不满蒋介石的不抵抗政策，不满反动当局对他们的迫害而发起的一场爱国运动。毛泽东高度评价这场运动是"动员全民族抗战的运动，它准备了抗战的思想，准备了抗战的人心，准备了抗战的干部"。① 抗战时期，中国共产党在每年的这一天都进行各种纪念活动。1939年12月9日，"一二·九"运动四周年，延安各界举行纪念大会。毛泽东亲自参加并发表了演讲。毛泽东在大会上指出了"一二·九"运动和中国共产党的关系，号召青年学生、知识分子跟着共产党走。毛泽东号召"知识分子要同共产党结合，要同广大的工农群众结合，要同革命武装队伍结合，要同八路军新四军结合"。② 毛泽东还告诫全体党员，"一切共产党员要向所有非党的同情者说清楚，我们共产党是非常欢迎知识分子的，是团结知识分子的。"③ 毛泽东借助"一二·九"周年纪念活动，阐明了中国共产党的知识分子政策，希望广大青年学生、知识分子拥护中国共产党。

（四）通过一般的群众大会宣讲

在中国共产党各抗日根据地，一般民众的文化素质并不高，在报纸、广播无法普及的情况下，群众大会在中国共产党文化领导权构建中往往有着举足轻重的作用。一般来说，当有群众大会召开时，部队或地方宣传部门都会对会场进行精心布置，悬挂主题图像，张贴各种标语口号。"在延安，所有重大事件都会在这样的群众大会上予以宣布。"④ 这样的群众大会自然也成为领袖们发表时局演说的重要舞台。

1938年5月8日，平汉铁路工人破坏大队千里迢迢奔赴延安参观。毛泽东百忙之中抽出时间接待了队员们并对他们发表了讲话。毛泽东指出，"现在全国团结抗日，工农是其中的大多数，担负着艰苦的工作，责任很大。现在的缺点是工农还没有普遍组织起来，对自己的使命认识不够。希

---

① 《建党以来重要文献选编》第16册，中央文献出版社2011年版，第788页。
② 《建党以来重要文献选编》第16册，中央文献出版社2011年版，第791页。
③ 《建党以来重要文献选编》第16册，中央文献出版社2011年版，第791页。
④ [美]《史沫特莱文集》第4册，陈文炳译，新华出版社1985年版，第2页。

望工农迅速组织起来，工人要在抗日中做先锋。"①1937年8月1日，陕甘宁边区军民抗战动员体育大会召开，毛泽东出席开幕式并发表了演讲，张闻天等人也发表了演讲。张闻天分析了平津重镇失陷的原因，即事前政府和华北当局没有坚决抗战的决心；军事上没有对日采取进攻的战略；没有发动广大民众起来抗战。最后，张闻天号召，"我们这里每一个人都是坚决主张抗战的。我们的红军也在集中待命出发。我们的苏区更早已发动了广大的群众准备参加抗战。"②

三、领袖宣讲与中国共产党文化领导权构建

抗战时期，以毛泽东为首的中国共产党领袖们在党员大会、中国共产党干部学校、纪念活动、群众大会上开展的演讲到底有多少场次，今天无法进行一个准确的统计。但不容置疑的是，这种方式在中国共产党构建文化领导权方面发挥了重要作用。

（一）在传播马克思主义过程中构建文化领导权

中国共产党要构建文化领导权，必须向党员和民众传播中国共产党的意识形态——马克思主义，以获取民众对中国共产党的支持和认同。马克思主义是指导世界无产阶级解放运动的学说，是科学的世界观和方法论，是中国共产党立党的理论基础。抗战时期，中国共产党虽然承认孙中山的三民主义，但从未放松对马克思主义、共产主义的介绍与宣传。1939年5月17日，中共中央《关于宣传教育工作的指示》要求各抗日根据地"坚持公开宣传马列主义，出版翻印各种关于马列主义刊物与书籍，组织各种社会科学的研究会与读书会等"③。宣讲、宣传马列主义、共产主义是中国共产党领袖们的重要任务。

1939年12月，毛泽东出席中共中央、陕甘宁边区党委、陕甘宁边区

---

① 《毛泽东年谱》（1893—1949）中卷，中央文献出版社2013年版，第69—70页。
② 《张闻天年谱》上册，中共党史出版社2000年版，第475页。
③ 《中国共产党宣传工作文献选编》（1937—1949），学习出版社1996年版，第48页。

政府等联合举行的斯大林诞辰六十周年庆祝大会。毛泽东在会上用简练的几句话概括了马克思主义的精髓:"马克思主义的道理千条万绪,归根结底,就是一句话:'造反有理'。几千年来总是说,压迫有理,剥削有理,造反无理。自从马克思主义出来,就把这个旧案翻过来了。这是一个大功劳。"[1] 毛泽东用简练质朴的话语对参加宴会的干部和民众进行了直接的马克思主义教育。1940年1月,陕甘宁边区文化协会第一次代表大会在延安召开,毛泽东在会上作了《新民主主义的政治与新民主主义的文化》的重要讲话。毛泽东在对共产主义和其他意识形态进行全面、深入比较的基础上,指出了共产主义的先进性:"共产主义是无产阶级的整个思想体系,同时又是一种新的社会制度。这种思想体系和社会制度,是区别于任何别的思想体系和任何别的社会制度的,是自有人类历史以来,最完全最进步最革命最合理的。"[2] 毛泽东在揭示了共产主义的科学性和进步性后,进一步指出:"中国的民主革命,没有共产主义去指导是决不能成功的,更不必说革命的后一阶段了。"[3]

除此之外,中国共产党领袖们还在纪念中国共产党成立二十周年大会、中共中央西北局高级干部会议、中国共产党七大等重要会议上对中国共产党干部、党员和根据地民众进行了马克思主义和共产主义的宣讲。这些宣讲传播了马克思主义,提高了民众对共产党和共产主义理论的认知,推动了中国共产党在抗日根据地文化领导权的构建。

(二)在重塑和提升中国共产党形象中构建文化领导权

第一次国共合作破裂后,南京政府实行新闻封锁和管制,对中国共产党和红军不断攻击,矮化中国共产党形象。抗战时期,国民党继续从思想文化上攻击中国共产党。面对国民党的攻击,中国共产党急需借助宣讲和媒体予以澄清并在国内外民众面前重塑自己的形象。

首先,塑造中国共产党坚持抗战的形象。1937年8月1日,毛泽东在陕甘宁边区体育运动大会上批评了华北当局委曲求全、压制民众抗日的错

---

[1] 《毛泽东年谱》(1893—1949)中卷,中央文献出版社2013年版,第152页。
[2] 《毛泽东选集》第2卷,人民出版社1991年版,第666页。
[3] 《毛泽东选集》第2卷,人民出版社1991年版,第686页。

误做法，呼吁全国各阶层一致联合起来，与日本帝国主义作殊死的斗争。1938年2月，延安举行反侵略大会，毛泽东到会发表演讲，呼吁不愿做亡国奴的国人，不分党派、信仰、男女、老幼，一致团结起来打倒侵略者。1945年4月，毛泽东在中国共产党七大《论联合政府》的报告中，驳斥了国民党对中国共产党的各种污蔑和谩骂，指出解放区军民实际承担了侵华日军百分之六十五和伪军百分之九十五的抗击任务。这些宣讲展示了中国共产党坚持抗战的爱国形象。其次，塑造自身民主的政党形象。1939年11月，毛泽东在中国共产党陕甘宁边区第二次代表大会上指出：中国缺少两样东西，一是独立，一是民主。而要独立又必须首先要民主，离开民主就不能独立。1944年6月，毛泽东在接见中外记者西北参观团时阐释了中国共产党对民主的理解，"民主必须是各方面的，是政治上的、军事上的、经济上的、文化上的、党务上的以及国际关系上的。"① 这些宣讲展示了中国共产党追求民主的现代政党形象。最后，中国共产党还塑造自身团结合作的良好形象。抗战时期，国共抛弃过去的恩怨，携手合作，共同抗日。两党因为不同的意识形态，加之十年内战的冲突，一些共产党员的思维一直停留在土地革命战争时期阶级斗争层面。中国共产党急需转变党内阶级斗争的思维，唯有此，才能和国民党真诚合作，顺利开展工作。为此，中国共产党多次借助党内大会和群众大会，强调国共两党合作过程中的团结问题。在国民党屡屡挑起反共摩擦后，毛泽东虽然要求共产党员做好坏的准备，随时应付可能出现的事变，但同时在许多场合强调了和国民党团结合作的重要性。1939年6月，在延安党的高级干部会议上，毛泽东针对国民党的挑衅，告诫全党，"不论何种情况，党的基本任务是巩固扩大抗日民族统一战线，坚持国共合作与三民主义"②。皖南事变发生后，中国共产党在进行有理、有力、有节的斗争的同时，反复强调团结的重要性。1941年11月，毛泽东在陕甘宁边区第二届参议会开幕会上指出，中国共产党要和全国一切坚持抗日的党派、阶级、民族合作，团结一切力量，抗击日本帝国主义。

---

① 《毛泽东年谱》（1893—1949）中卷，中央文献出版社2013年版，第519—520页。

② 《毛泽东年谱》（1893—1949）中卷，中央文献出版社2013年版，第129页。

借助宣讲，中国共产党领袖们向根据地的共产党员和民众传播了抗战、民主和团结的理念，改变了被国民党妖魔化的中国共产党形象，拉近了中国共产党和民众的距离，推动了中国共产党文化领导权的构建。

（三）在展示中国共产党领袖魅力中构建文化领导权

领袖是政党的形象，他们的个性和领袖魅力会增加政党对民众的吸引力，促进民众对政党的认同。毛泽东、朱德、刘少奇等人作为中国共产党的领袖，他们的宣讲不仅代表着个人的魅力，也直接展示着中国共产党政党的魅力。

1937年7月中旬，毛泽东在延安出席延安市援助平津抗战将士市民大会，到会者数千人。在大会上，毛泽东汇报了卢沟桥事变的经过和近况。据当时报纸记载，毛泽东的演讲富有激情，"听众均摩拳擦掌，热血沸腾，愿赴抗日战场，与日寇决一死战"[①]。1939年8月底，毛泽东出席在乔儿沟天主教堂举办的陕甘宁边区小学教员暑期培训班毕业典礼。当天下午三时许，当毛泽东徐步迈上演讲台时，没有任何号令，全体学员起立鼓掌热烈欢迎。"讲台上放一张小桌，几把硬板凳。毛泽东没有坐，也不拿书本，像面对面拉话一样就开讲了。他的语言通俗、幽默，不断地打着手势，做形象的比喻，使大家时尔大笑，时尔鼓掌。"[②] 对毛泽东演讲中展示的魅力，学员们有着深刻的印象："毛主席分析国际国内形势深刻透彻，比喻生动，妙趣横生，又能结合学员的思想认识回答问题，非常受欢迎。毛主席讲演后，常常被学员团团围住，要求签名留念。"[③] 领袖宣讲中的领袖魅力对中国共产党构建文化领导权到底发挥了怎样的作用，史沫特莱曾如此报道："群众大会一结束，大家就回家拿起棍棒、绳子，向很远的地方走去。没有八路军人员跟着他们一起走。他们只是照着别人指点的方向出发，翻山找伤员去了。"[④]

总之，领袖宣讲是中国共产党在抗日根据地构建文化领导权方面卓有

---

① 金冲及：《毛泽东传》（1893—1949），中央文献出版社2004年版，第470页。
② 延泽民：《延泽民文集》第8卷，黑龙江人民出版社，2000年版，第4页。
③ 成仿吾：《战火中的大学》，人民教育出版社2014年版，第30页。
④ [美]《史沫特莱文集》第4册，陈文炳译，新华出版社1985年版，第151页。

成效的一种方式。中国共产党领袖借助宣讲传播了马克思主义,传播了中国共产党倡导的抗战、民主、团结理念,提升了中国共产党在民众中的形象,使民众认同中国共产党并与之一致行动。相当一部分已经加入中国共产党的党员过去对共产党、对马克思主义并没有一个深刻的认识,他们加入共产党,或是因为仰慕共产党的声望;或是想依靠共产党减轻捐税,将来能够"吃得开";或是在社会上前途无望,到共产党中寻找出路。一部分普通民众靠近共产党或许也只是出于一种朴素的情感,"只知道共产党好,对抗战有办法,是中华民族希望所在,祖国希望所在"①。听过领袖宣讲后,一部分党员在和国民党作为的比较中,从思想上真正加入了中国共产党,树立了坚定的马克思主义信仰;一部分民众逐渐消除了对中国共产党的偏见,改变了对中国共产党的模糊认知,他们义无反顾地站在中国共产党新民主主义旗帜之下,投入到抗战的洪流中。

第二节 知识分子思想改造

抗战时期,知识分子在中国共产党文化领导权构建中扮演着极为重要的角色。来到抗日根据地的知识分子不仅参与了中国共产党意识形态体系的建构,在各种报纸、刊物上发表文章阐释中国共产党的意识形态,还在多种场合宣讲中国共产党的意识形态。知识分子承担这一角色,不是一个自觉、自发的过程,而是经历了一场脱胎换骨的蜕变——知识分子改造。知识分子何以汇聚延安?他们和中国共产党需要的无产阶级化知识分子有哪些距离?中国共产党如何造就无产阶级化的知识分子?

一、知识分子汇聚延安

延安,陕北一个偏远的城市,在历史上曾经是那么的不起眼,到抗战初期,它竟然成为"群贤汇集"的地方。抗战爆发,大批知识青年、文化

---

① 吴介民:《延安马列学院回忆录》,中国社会科学出版社1991年版,第236页。

人，不远万里，跋山涉水，来到了这片土地。宝塔山下，欢歌笑语，人山人海，盛极一时。根据1943年12月任弼时在中共中央书记处会议上的发言，"抗战后到延安的知识分子总共四万余人，就文化程度而言，初中以上71%（其中高中以上19%，高中21%，初中31%），初中以下约30%"。① 延安何以吸引如此之多的知识青年？

知识青年奔赴红色圣地，不是中国独有的现象，是20世纪30年代整个世界的特征。法西斯主义的崛起和对西方制度的怀疑，促使西方一部分知识分子将人类的前途寄托于苏联的社会主义实践。延安，成为中国的莫斯科，也成为知识分子和青年学生无限向往的地方。

"九一八"事变爆发后，国民党坚持"攘外必先安内"的政策，对外妥协，对内剿共。卢沟桥事变后，日本帝国主义的铁蹄长驱直入，占领华北，逼近中原，祖国大片江山惨遭蹂躏，中华民族处于水深火热之中。在平津沦陷、太原济南失守后，可以"看到大批大批的难民，拖儿带女，扶老携幼，沿许（昌）南（阳）公路南逃"②。国民党整师整团的军队，也在不停地向大后方溃退。残酷的现实，使有良心的中国人，尤其是知识分子和青年学生无法在校园继续学习下去。谁愿意坐以待毙？谁愿意做亡国奴？

国民党一向在学校实行文化专制。土地革命战争时期，"学校里每逢星期一举行'总理纪念周'时，国民党省党部要派人来向学生作'江西剿匪大捷'的报告，来人身穿呢衣，足登马靴，肩挎武装带，腰挂成仁刀，神气活现地走上讲台，一开口就说什么'共产党杀人如割草'、'共产共妻'等一类的鬼话"③。当时学校里还规定，报告人讲道"蒋委员长"时，所有学生必须立正表达敬意。学校对中国共产党的妖魔化宣传不仅没有使学生惧怕中国共产党，反而推动学生通过其他一些秘密渠道了解到了中国共产党和延安，从而对延安无比憧憬和向往。

---

① 胡乔木：《胡乔木回忆毛泽东》，人民出版社1994年版，第279页。
② 八路军西安办事处纪念馆：《红色桥梁七贤庄》，陕西人民出版社1982年版，第21—22页。
③ 八路军西安办事处纪念馆：《红色桥梁七贤庄》，陕西人民出版社1982年版，第12页。

1936年7月，美国记者埃德加·斯诺越过重重阻挠，怀着冒险的心情迈进了那扇神秘的大门。门内会是怎样的景象呢？门内的人是否如外界所描述的"共产共妻"？经过几个月的采访，斯诺带着他的十几本日记和笔记、几十卷胶卷、共产党的报纸、书籍和刊物离开了陕北。不久，斯诺的《西行漫记》在国统区出版。这本书介绍了中国共产党领袖毛泽东、朱德、周恩来等人，介绍了中国共产党的统一战线政策和抗日政策。这本书使国统区民众尤其是青年学生对中国共产党、对"赤匪"头目毛泽东有了一个全新的认识，他们对延安充满了好奇和渴望。通过一些回忆录可以看出，不少青年学生北上延安，就是受到了斯诺《西行漫记》的影响。"1937年暑假返校后，我读了斯诺的《西行漫记》，并听到陕北将吸收进步青年参加革命的消息，心情为之振奋。"① "通过阅读钱俊瑞、艾思奇以及斯诺、丁玲等人的著作，使我对社会发展规律、唯物论辩证法等有了初步认识，并知道了中国共产党、红军、长征、抗日根据地、边区、延安的一些情况和消息。这真如黑夜中出现一盏明灯，照亮了我的前进道路。我一心想到由毛主席、朱德总司令领导的革命圣地延安参加革命和抗战。"② 1940年12月底，"六个上海青年学生在偷读了斯诺的《西行漫记》，并通过地下党组织了解到抗日革命根据地办起了鲁迅艺术学院（鲁艺）、抗日军政大学（抗大）等学校，欢迎知识青年去学习、工作的消息后，筹划着离家出走。"③ 斯诺的《西行漫记》不仅在国内有影响，在东南亚华侨青年中也很有影响。还有一些华侨青年也是在阅读了《西行漫记》之后踏上回国奔赴延安的征程。

青年学生们经过重重关卡，克服了万重困难，到达了心中的圣地——延安。踏上了新的土地，有的人竟跪在地上，亲吻这片黄土地。青年们毫不吝啬自己对延安发自内心的赞美，"延安！多么庄严美丽的古城，我们朝盼夜想的革命的母亲啊！毛主席在这里指挥全国的抗日战争。这里的天是碧蓝蓝的，地是金灿灿的，红光满面的青年，吃着香喷喷的小米，伴着

---

① 中共重庆市江北县委党史工作委员会编：《江北县党史资料汇编》第1辑，中共重庆市江北县委党史研究室1985年版，第140页。
② 张林苏、黄铁：《闪光的青春》，武汉出版社1995年版，第120页。
③ 朱鸿召：《延安文人》，广东人民出版社2001年版，第35页。

清粼粼的延河,学习革命的真理,研讨解放的道路。"① 有一批十几人的上海青年学生,经过十三个月的长途跋涉,在得知即将踏上延安这片土地时,跪在地上,双手捧起地上的土,紧紧贴在胸口,深情地说,"祖国啊,就剩下这块干净的土地了!"②

中国共产党知识分子政策的改变也是大批文化人和知识青年奔赴延安的重要原因。中国共产党虽然是无产阶级的先锋队,但中国共产党在成立之初,党员主要还是以知识分子为主,中国共产党一大代表,全是知识分子。在那段时期,中国共产党对知识分子的政策还是较为正确的。1925年10月,在中国共产党第二次中央扩大执委会会议上,中央决定,大力发展党的力量,加强党在群众中的宣传教育,"使全党接近无产阶级、农民、知识分子的群众"③。大革命失败后,中国共产党对知识分子的认识发生了变化。1927年11月,中央临时政治局扩大会议认为大革命失败是因为中国共产党在组织上小资产阶级知识分子干部太多,基于这样的判断,必须对全党进行根本的改造,要"将工农分子的新干部替换非无产阶级的知识分子之干部"④。1928年6月到7月,中国共产党在莫斯科召开了第六次全国代表大会,中央临时政治局关于对知识分子的错误政策在这次会议上被强化。六大认定,中国革命的动力只剩下无产阶级和农民。此时,民族资产阶级被从大革命时期的统一战线中排除了出去,小资产阶级因为具有动摇性、妥协性,也被从革命行列中踢了出去,"当反帝国主义运动及土地革命急剧进展之中,这些小资产阶级日益动摇,而终至于投降到豪绅资产阶级的反动营垒中里去。"⑤

1935年12月,瓦窑堡会议成为中国共产党政策的一个重要转折点,也成为中国共产党知识分子政策的一个重要转折点。瓦窑堡会议指出,"新的反日的民族革命高潮,不但推醒了中国工人阶级与农民中更落后的阶层,使他们积极参加革命斗争,而且广大的小资产阶级群众与智识分

---

① 钱韵玲:《忆星海见〈黄河大合唱〉》,人民音乐出版社1978年版,第75页。
② 王云风主编:《延安大学校史》,陕西人民教育出版社1994年版,第16页。
③ 《中国共产党历次重要会议集》,上海人民出版社1982年版,第53页。
④ 《中国共产党历次重要会议集》,上海人民出版社1982年版,第96页。
⑤ 《建党以来重要文献选编》第5册,中央文献出版社2011年版,第382页。

子，现在又转入了革命。"① 在对时局、阶级关系变化正确分析的基础上，中共中央提出了新形势下与一切抗日和反蒋的阶级、阶层、团体、武装派别结成统一战线的策略。对于知识分子，会议指出，"广大的小资产阶级群众，革命的智识分子是民族革命中可靠的同盟者。"② 对于知识分子的政策，也作了不同于土地革命战争时期的大幅调整，优待同情反日反蒋的知识分子，给他们工作，给他们发展文化、教育、艺术、科学及技术的机会，给他们选举权和被选举权。

抗日战争爆发后，一批有影响的知识分子和进步青年学生或因组织派遣或因慕名中国共产党，纷纷奔赴延安和各抗日根据地。1938年11月，刚到延安不久的诗人、散文家何其芳曾如此描述青年奔赴延安的场景，"延安的城门成天开着，成天有从各个方向走来的青年，背着行李，燃烧着希望，走进这城门。"③ 20世纪30年代后期，奔赴延安的文化人成千上万。延安知识分子的聚集，也使得中国共产党开始系统思考知识分子政策。1938年12月1日，毛泽东和王稼祥电告朱德、彭德怀、聂荣臻，"吸收革命知识分子加以教育成为我们的干部，意义实大。"④ 1939年是毛泽东论述知识分子政策较多的一年。在《纪念五四运动》的文章中，毛泽东指出："在中国的民主革命运动中，知识分子是首先觉悟的成分。"⑤ 对知识分子的这一定性显然不同于土地革命战争时期，毛泽东的这番话是出于对抗战时期知识分子整体的一个评价，对于奔赴延安不久的文化人来说，毛泽东代表中共中央的这番话自然令他们无比放心。1939年12月1日，毛泽东起草了《中共中央关于吸收知识分子的决定》。毛泽东批评了军队和党内存在的不愿吸收知识分子入党，轻视、排斥知识分子的现象，还指出了产生这种错误做法的思想根源。毛泽东告诫全党，"一切战区的党和一切党的军队，应该大量吸收知识分子加入我们的军队，加入我们的学

---

① 《建党以来重要文献选编》第12册，中央文献出版社2011年版，第533—534页。
② 《建党以来重要文献选编》第12册，中央文献出版社2011年版，第536—537页。
③ 《何其芳文集》第2卷，人民文学出版社1982年，第174页。
④ 《毛泽东年谱》（1893—1949）中卷，中央文献出版社2013年版，第100页。
⑤ 《毛泽东选集》第2卷，人民出版社1991年版，第559页。

校,加入政府工作。"①

二、知识分子和延安的冲突

奔赴延安的知识分子和青年学生受到了中共中央和毛泽东、朱德、张闻天等中国共产党领袖的热烈欢迎和盛情款待。

1936年11月,著名左翼作家丁玲辗转反侧,历尽艰辛,从国统区来到了陕北保安。中央宣传部随即在一间大窑洞召开了欢迎宴会,张闻天、毛泽东、周恩来、博古等都出席了欢迎晚会。1936年12月,毛泽东为主动请求上前线的丁玲写了一首《临江仙给丁玲同志》:纤笔一枝谁与似?三千毛瑟精兵。阵图开向陇山东。昨日文小姐,今日武将军。②在给陇东前线的聂荣臻将军拍电报时,毛泽东附上了这首词。丁玲收到这首词时兴奋不已。丁玲从前线回延安后,毛泽东还多次找她闲聊。抗战全面爆发后,丁玲请求再次上前线,而后加入了八路军战地服务团。1937年8月15日,以丁玲为首的八路军战地服务团出发之际,延安各界举行了欢送晚会,毛泽东致词:你们要用你们的笔,用你们的口与日本打仗,军队用枪与日本打,我们要从文的方面武的方面夹攻日本帝国主义,使日寇在我们面前长此覆灭下去。③1941年皖南事变后,艾青、张仃、罗烽在周恩来的安排和帮助下,于同年3月8日,来到了抗日民主根据地的首府——延安。两天后,中共中央总书记张闻天、宣传部长凯丰设宴欢迎艾青等人。艾青一家被安排在蓝家坪两个窑洞内,艾青被安排到中华全国文艺界抗敌协会延安分会(简称延安"文抗"分会——下同)工作。除了艾青、丁玲,还有周扬、艾思奇、周立波、冼星海、成仿吾、刘白羽、何其芳、王实味、贺敬之、高长虹等人都来到了延安,也都受到了中国共产党方面的热情欢迎和高规格款待。在延安普遍实行供给制的年代,来到延安的知识分子所受到的待遇较其他党政干部要好很多。据徐懋庸回忆,"红军出身的各级领导干部,一般每月的津贴费,最多不过四、五元,而

---

① 《毛泽东选集》第2卷,人民出版社1991年版,第619页。
② 胡为雄编:《毛泽东诗词鉴赏》,红旗出版社2002年版,第115页。
③ 王一心:《丁玲》,江苏文艺出版社1999年版,第151页。

对一部分外来的知识分子，当教员或主任教员的，如艾思奇、何思敬、任白戈和我这样的人，津贴费每月十元。1938、1939年间，延安的物价很便宜，猪肉每斤只值二角，鸡蛋一角钱可买十来个。所以，这十元津贴费，是很受用的。"[1]

延安知识分子也没有辜负中国共产党对他们的这份厚爱，他们的到来使延安的文化面貌发生了翻天覆地的变化。一个个文艺机构、团体、组织成立，一批批文化文艺刊物开始出现。这些文艺机构、团体、组织、刊物配合中国共产党领导的抗日战争，在一定程度上发挥了文化军队的作用。不过，从整体上来看，这些知识分子并没有充分发挥他们应有的作用，他们的状态始终处于低迷，"虽然他们精神饱满、表现活跃，但在实际成就上却乏善可陈，缺乏建树。"[2] 这和中国共产党欲借助知识分子构建文化领导权的伟业产生了很深的矛盾。

知识分子来延安后之所以缺少建树，最重要的原因是他们不懂得工农兵的语言，不懂得创作的方向。具体一点说，就是知识分子还没有解决好和党的干部、工人、农民、军队相结合的问题。知识分子未来延安之前，大都生活在国统区的大城市，他们有着不同于延安的生活方式、语言风格、思维习惯。进入延安后，这是一个他们不曾接触过的崭新世界，有积极向上的中国共产党党员和干部，还有大量面朝黄土背朝天的质朴农民。在这样的新天地，如何创作？为谁创作？中国共产党认为，知识分子要发挥他们的作用，就必须和工农兵吃住在一起，打成一片。要打成一片，必须得破除他们身上带有的小资产阶级思想的影响。知识分子具有小资产阶级的思想，并不是中国共产党对知识分子的偏见，而是他们确确实实具有这样的局限性。

徐懋庸，当时去延安的动机是想弄清1936年上海文艺界关于抗日民族统一战线中两个口号的论争，于1938年到达了延安。1938年5月中旬，徐懋庸向毛泽东写了一封信，请求接见，想谈谈上海的问题，希望得到主席的指示。毛泽东很快接见了他，并且认真听了徐懋庸关于两个口号之

---

[1] 徐懋庸：《徐懋庸回忆录》，人民文学出版社1982年版，第121页。
[2] 李洁非、杨劼：《解读延安——文学、知识分子和文化》，当代中国出版社2010年版，第55页。

争。毛泽东帮徐懋庸解开心中的疙瘩后,关切地问起徐的工作。毛泽东建议他去鲁艺,徐懋庸说他不想去。当着主席的面,徐懋庸自己说,一则是觉得自己对马克思主义还不是很懂,想到陕北公学去学习,还有一个原因,"根据上海的一段经验,我觉得搞文艺的人很多脾气很怪,鲁迅也认为是这样,我不愿意再同搞文艺的人在一起。"① 当着毛泽东的面说出这番话,并不是徐懋庸政治上不成熟,而是身处文艺圈,太感同身受文人的特性了。

再以萧军为例。作为鲁迅极力推崇的学生,萧军在来延安之前就因为《八月的乡村》而在国统区有了一定的知名度。萧军到延安后,受到了毛泽东的热情款待。1941年8月到1942年5月,不到一年的时间,毛泽东曾写过十封书信给他,交流探讨创作与生活。毛泽东如此礼遇,但萧军仍然桀骜不驯、豪放不羁。在《文学月报》上,萧军尖锐批评何其芳的诗,引起何其芳的反感。当周扬在《解放日报》上发表《文学与生活漫谈》时,萧军和其他几个作家开了个座谈会,然后由萧军执笔撰文反对周扬,《解放日报》不给发表,萧军甚是愤怒,一气之下,准备离开延安。后来又是毛泽东耐心开导了他。这么多次的直接接触,毛泽东自然是了解萧军个性的。1941年8月2日,毛泽东在给萧军的一封信中这样说,"延安有无数的坏现象,你对我说的,都值得注意,都应改正。但我劝你同时注意自己方面的某些毛病,不要绝对地看问题,要有耐心,要注意调理人我关系,要故意地强制地省察自己的弱点,方有出路,方能'安心立命'。"②

除了文学家、艺术家个性上和延安的不适,他们的作品也和中国共产党构建文化领导权所需要的文艺作品产生了深刻矛盾。毛泽东作为理论家、战略家、革命家,深知文艺对革命的重要性。高度紧张的抗战期间,毛泽东专门腾出时间和精力来主抓文艺。同时因为毛泽东自己有很高的文学造诣,他更懂得抗战时期中国共产党构建文化领导权需要怎样的文艺作品。然而,延安当时的文学家们提供了怎样的作品呢?

以这时期比较著名的作家丁玲和王实味的作品为例。1942年3月,丁玲写下了《三八节有感》,发表于3月9日的《解放日报》文艺栏。这篇

---

① 徐懋庸:《徐懋庸回忆录》,人民文学出版社1982年版,第105页。
② 《毛泽东文集》第2卷,人民出版社1993年版,第364页。

文章仔细读来，对于今天的女性也不无启发意义，它唤起了女性的独立和主体意识。但这篇文章写得不是写给国统区的妇女，它是写给20世纪40年代初期延安的妇女。文中对延安一些不好的现象提出了尖锐的批评，"她们都得生小孩。小孩也有各自的命运：有的被细羊毛线和花绒布包着，抱在保姆的怀里，有的被没有洗净的布片包着，扔在床头啼哭，而妈妈和爸爸都在大嚼着孩子的津贴（每月二十五元，价值二斤半猪肉），要是没有这笔津贴，也许他们根本就尝不到肉味。"① 犀利的语言直指延安供给制中的等级制，这惹怒了为延安立下显赫军功的老干部们。

延安中央研究院的王实味发表在《解放日报》上的《野百合花》也对延安的某些"不良"现象提出了批评。王实味借用中国共产党的一个殉道者李芬的惨烈牺牲提醒延安的领袖们，要继承革命先烈遗志，不能"一味歌舞升平"。他还直接批评了延安的干部特殊化、官僚化现象，"动不动，就说人家小资产阶级平均主义；其实，他自己倒真有点特殊主义。事事都只顾自己特殊化，对下面同志，身体好也罢，坏也罢，病也罢，死也罢，差不多漠不关心！"② 在《政治家、艺术家》一文中，王实味分析了政治家和艺术家两者不同的革命职责：政治家改造社会制度，而艺术家改造人的灵魂。王实味号召革命的艺术家应该更多地揭露黑暗，"大胆地但适当地揭破一切肮脏和黑暗，清洗它们，这与歌颂光明同样重要，甚至更重要。揭露清洗工作不止是消极的，因为黑暗消灭，光明自然增长。有人以为革命艺术家只应'枪口向外'，如揭露自己的弱点，便予敌人以攻击的间隙——这是短视的见解。"③

除了丁玲、王实味，萧军、艾青、罗烽等人均发表了类似的"揭露"文章。艾青在《了解作家、尊重作家》一文中指出："作家并不是百灵鸟，也不是专门唱歌娱乐人的歌妓。""希望作家能把癣疥写成花朵，把脓包写成蓓蕾的人，是最没有出息的人——因为他连看见自己丑陋的勇气都没

---

① 郜元宝、孙洁编：《三八节有感：关于丁玲》，北京广播学院出版社2000年版，第4页。
② 王实味等：《野百合花》，花城出版社1992年版，第5页。
③ 王实味等：《野百合花》，花城出版社1992年版，第14页。

有，更何况要他改呢？"① 罗烽在《漫谈批评》一文中指出："批评家的气质，自然是用思想的激烈来表现的，然而若忘记用争论之美，来遮蔽自己的议论之弱，或者有意地怀着恶意加罪于或一艺术家，那都是堕落的行为。"②

中国共产党欲构建文化领导权，必须造就无产阶级化的知识分子。这样的知识分子能将理论和实践相结合，自身和群众相结合。除了农民阶级，每个阶级都有且应该造就自己的知识分子。"任何在争取统治地位的集团所具有的最重要的特征之一，就是它为同化和'在意识形态上'征服传统知识分子在作斗争，该集团越是同时成功地构造其有机的知识分子，这种同化和征服便越快捷、越有效。"③ 中国共产党欲造就无产阶级化的知识分子，也必须对来自统区的传统知识分子进行改造。在延安指挥千军万马将战刀挥向日本帝国主义之际，毛泽东也提出了造就中国共产党自己的知识分子理论，并且提出通过使用传统知识分子来为无产阶级革命事业服务的构想，"任何一个阶级都要用这样的一批文化人来做事情，地主阶级、资产阶级、无产阶级都是一样，要有为他们使用的知识分子。在他们这个阶级完全知识化以前，还要利用别的阶级出身的知识分子。"④

如何充分发挥这些来到延安的知识分子的作用？显然，奔赴延安的青年学生、知识分子身上的小资产阶级通病若没有被有效铲除，中国共产党断然不敢使用他们。中国共产党构建文化领导权是希望民众对中国共产党的马克思主义、共产主义远大理想产生认同，对中国共产党在新民主主义革命时期的反帝反封建纲领产生认同，从而拥护、支持中国共产党。延安知识分子担负着中国共产党和工农群众沟通的桥梁作用。如果艺术家、文学家没有和工农民众打成一片，不熟悉他们的生活，不懂得他们的语言，文艺家们的作品是无法为中国共产党构建文化领导权服务的。如果艺术家、文学家没有端正自己的态度，一味暴露中国共产党和工农大众的缺

---

① 王实味等：《野百合花》，花城出版社1992年版，第39—40页。
② 王实味等：《野百合花》，花城出版社1992年版，第44页。
③ ［意］安东尼奥·葛兰西：《狱中札记》，曹雷雨等译，社会科学文献出版社2000年版，第5—6页。
④ 《毛泽东文集》第2卷，人民出版社1993年版，第432页。

点,却看不到他们身上的优点和可爱,这就不是在帮助中国共产党构建文化领导权。因此,对延安知识分子的改造势在必行。

三、延安知识分子改造路径

对传统知识分子进行改造,就是破除传统知识分子身上的资产阶级思想、小资产阶级思想的影响,使他们树立无产阶级的世界观。这样的改造不是中央一个号令或召开几次文艺座谈会就可以完成的。毛泽东采用了一种"从内到外,从精神到行为,从思想到政治,从个体催化到组织威服,全方位的知识分子改造体系"。[①] 改造的方式不是采取强制和压服,而是采取"转化和推动个体心灵的自觉,确保传统知识分子以心悦诚服方式发生蜕变"[②]。这种"攻心"方式一旦达成,中国共产党文化领导权的构建工程基本上就成功一半了。延安知识分子的思想改造经历了以下路径。

(一)参加领袖现身说法的文艺座谈会

1942年5月2日,中共中央邀请文艺界知识分子一百人左右,召开了延安文艺座谈会。座谈会召开前,毛泽东在文艺界人士中已经进行了大量的调查研究。何其芳、严文井、萧军、周立波、曹葆华、姚时晓、刘白羽、罗烽、欧阳山、草明、艾青、丁玲等人,都曾被邀请到毛泽东住所进行交谈。毛泽东通过大量调研,对延安文艺界的情况已经有了一定的了解,对中国共产党要制定的文艺政策方向也有了一定的把握。这次座谈会有文学、电影、戏剧、美术、音乐等方面的知名人士参加,朱德、陈云、贺龙、王稼祥、博古等中央领导人也参加了座谈会。

在座谈会上,毛泽东首先阐明了召开文艺座谈会的目的,"就是要使文艺很好地成为整个革命机器的一个组成部分,作为团结人民、教育人

[①] 李洁非、杨劼:《解读延安——文学、知识分子和文化》,当代中国出版社2010年版,第108页。

[②] 李洁非、杨劼:《解读延安——文学、知识分子和文化》,当代中国出版社2010年版,第109页。

民、打击敌人、消灭敌人的有力的武器,帮助人民同心同德地和敌人作斗争。"①毛泽东还谈了文艺工作者的立场问题、态度问题、工作对象问题、工作问题和学习问题,工作对象问题是毛泽东谈论较多的一个问题。毛泽东告诫大家,既然作品的对象是工农兵和干部,就要熟悉他们,懂得他们的语言,就得和他们的思想情感打成一片。为了增加对文艺工作者的说服效果,毛泽东谈了自己思想情感转变的过程,"我是个学生出身的人,在学校养成了一种学生习惯,在一大群肩不能挑手不能提的学生面前做一点劳动的事,比如自己挑行李吧,也觉得不像样子。那时,我觉得世界上干净的人只有知识分子,工人农民总是比较脏的。知识分子的衣服,别人的我可以穿,以为是干净的;工人农民的衣服,我就不愿意穿,以为是脏的。革命了,同工人农民和革命军的战士在一起了,我逐渐熟悉他们,他们也逐渐熟悉了我。这时,只是在这时,我才根本地改变了资产阶级学校所教给我的那种资产阶级的和小资产阶级的感情。这时,拿未曾改造的知识分子和工人农民比较,就觉得知识分子不干净了,最干净的还是工人农民,尽管他们手是黑的,脚上有牛屎,还是比资产阶级和小资产阶级知识分子都干净。这就叫做感情起了变化,由一个阶级变到另一个阶级。我们知识分子出身的文艺工作者,要使自己的作品为群众所欢迎,就得把自己的思想感情来一个变化,来一番改造。"②

　　毛泽东的这番话,情真意切。他没有端起领导架子,没有借助领袖权威,去训斥文艺工作者生硬地转变立场和感情,而是通过自己从小资产阶级世界观到无产阶级世界观的转变,告诉文艺工作者,转变是有必要的,是光荣的。因为这次会议是在完全民主的氛围中召开的,大家各抒己见、畅所欲言、无拘无束,与会者都觉得非常周全和亲切。几十年后丁玲还这样评价延安文艺座谈会,"我虽然没有深入细想,但我是非常愉快地、诚恳地用《讲话》为武器,挖掘自己,以能洗去自己思想上从旧社会沾染的污垢为愉快,我很情愿在整风运动中痛痛快快洗一个澡,然后轻装上阵,以利再战。"③

　　1942年5月16日,延安文艺界召开了第二次座谈会。毛泽东、朱德、

---

① 《毛泽东选集》第3卷,人民出版社1991年版,第848页。
② 《毛泽东选集》第3卷,人民出版社1991年版,第851页。
③ 艾克恩编:《延安文艺回忆录》,中国社会科学出版社1992年版,第64页。

林伯渠、谢觉哉等同志参加了会议,并同与会者一起讨论。这次会议,发言依然非常踊跃,气氛活泼热烈。

1942年5月23日下午,举行最后一次座谈会,参加的人数更多。朱德主持了这次会议。朱德首先批评了在前两次会议上提出不但要做中国第一,还要做世界第一,否认鲁迅世界观转变的作家(萧军)。继之,朱德也给与会者讲述了自己世界观转变的心路历程,"我是一个从旧军人出身的人。我就是投降共产党的。我认为共产党好,只有共产党才能救中国。我到上海找党,没有解决参加党的问题,后来到德国才入了党。我投降无产阶级,并不是想来当总司令,后来打仗多了,为无产阶级做事久了,大家看我干得还可以,才推我当总司令的。""共产党、八路军,就是有功有德,为什么不该歌不该颂呢?"①

除了毛泽东、朱德、陈云等领导人也都在文艺界座谈会上讲述了自己世界观转变的过程。在新中国成立后,在改造知识分子的座谈会上,周恩来如法炮制,也采用了这种方式。这种方式最大的优点就是领导人的示范效应。每个人从娘胎出来后,或多或少都会沾染上一些旧社会的毒瘤。有了毒瘤并不可怕,关键是自己对待它的态度,是听之任之呢还是忍痛割掉?领导人的现身说法使与会者首先没有因为小资产阶级的毒瘤而自卑,认为自己有这样的小资产阶级思想,是很正常的,是环境造成的,只要和工农兵结合,毒瘤就会去掉。

(二) 审干的外压

审干是中国共产党进行知识分子改造的另一重要路径。这一路径和其他几种相比,它带有更多的威权色彩,它是借助组织名义进行的一场清理小资产阶级思想影响的运动。

中国共产党发动这场运动基于以下判断:特务是一个世界性的问题,中国共产党的组织中已经潜伏了很多国民党、日本帝国主义派来的经过专业训练的青年特务,他们在中国共产党的各条战线上进行着反共破坏活动,因此,必须把他们清理出党。1942年2月2日,中共中央社会部发出《为反对

---

① 转引自房成祥编:《毛泽东与延安整风运动》,陕西人民出版社1993年版,第137页。

国特高级特情突击运动的指示》，这标志着审干运动的开始。1943年8月15日，中央发出了《关于审干运动的决定》，中央决定在审查干部的同时，进一步审查一切人员。被审查人员中，当然包括从国统区过来的青年知识分子。因为大部分青年知识分子经过政治学习，提高了觉悟，已经加入了中国共产党，在中国共产党的中级干部中，青年知识分子占比达到百分之八十五。

审干分为几个阶段：准备阶段、少数单位内部审干、各机关各学校普遍审干、抢救运动、群众性反特锄奸、甄别等阶段。这一运动开始是在毛泽东的正确指导下进行的。1943年7月1日，毛泽东曾写信给康生，指出了锄奸工作的两条路线，正确路线是"首长负责、自己动手，领导骨干与广大群众相结合，一般号召与个别指导相结合，调查研究，分清是非轻重，争取失足者，培养干部、教育群众。"[1] 错误路线是"逼、供、信"。但康生在接手审干工作后，大搞"逼、供、信"。

1942年11月，康生在社会部所属的陕北公学制造了一桩"张克勤案件"，原属甘肃地下党的张克勤在陕北公学被认定为国民党特务，甘肃地下党是"红旗党"。在12月的一次干部会议上，陕北公学被审查出来的所谓"特务""叛徒"还被拉出来示众。"康生在会上说，我们不能存在麻痹思想了！延安各机关、学校、团体，必须警惕起来，下决心肃清混进共产党内来的国民党特务分子（大意如此）。会场上顿时呈现出紧张的气氛，我至今记忆犹新。"[2] 1943年5月中旬，康生在八路军大礼堂亲自主持召开以各单位审干核心成员为主的干部大会，张克勤在会上作了"坦白"报告。5月22日，边区大礼堂也召开了坦白大会。

来自书斋的青年知识分子，何曾见过这样的架势。在整风前期，他们已经对照中央二十二个整风文件，认真逐条地进行了学习。"张克勤案件"后的审干使知识分子的内心受到了巨大的冲击。在单位查处"小广播"的运动中，有自由主义思想的知识分子受到了极大震撼，在这种强大的外压下，许多知识分子的思想发生了深刻的变化。参与过延安整风的文艺界人士刘白羽几十年后曾这样说，"一个人获得共产主义真理，绝不是书上看

---

[1] 《毛泽东文集》第3卷，人民出版社1996年版，第35页。
[2] 李兆炳：《往事琐记》，中国文联出版公司1992年版，第234页。

看，口头说说，便可摇身一变变成为马克思主义者。我受到审干运动的冲击，才从孤悬万丈高空，落到真正平实的地面。"① 足以看出，审干运动对延安知识分子思想改造的冲击力。

如果不是康生介入，相比于其他柔性的路径，审干不啻为一种较为有效的改造知识分子路径。它借助组织的权威，在将党内"两条心"（既是共产党，又是暗藏的国民党）的干部和党员踢出队伍的同时，给摇摆中、观望中、迷茫中的知识分子上了深刻的一课。

（三）批评与自我批评相结合

批评与自我批评相结合是延安知识分子改造的另一重要路径。

1942年4月初，丁玲在毛泽东主持的高级干部学习会上因《三八节有感》受到了党内的批评。首先提出批评的是曹轶欧。曹轶欧是康生的妻子，当时她并不管文化工作，但她对《三八节有感》和《野百合花》进行了有条理、有系统的批评。贺龙和丁玲是老乡，私交甚好，但在这次会议上，贺龙很不客气地说，"我们的前方打仗，后方却有人在骂我们的总司令……"② 在这次会议上，共有八个人发言，其中七个人对《三八节有感》和《野百合花》提出了批评。虽然毛泽东最后没有将丁玲和王实味相提并论，但如此正式的会议，如此密集的批评还是让丁玲感受到了不小的压力。

正是这些批评造成的外在政治压力和思想压力，丁玲才有了自我反思和自我批评。1942年6月12日，丁玲的《文艺界对王实味应有的态度及反省》发表在了《解放日报》上。丁玲如此剖析自己，"在整顿三风中，我学习得不够好，但我已经开始有点恍然大悟，我把过去很多想不通的问题渐渐都想明白了，大有回头是岸的感觉……我知道，这最多也不过是一个正确认识的开端，我应该牢牢拿住这钥匙一步一步踏实的走快，前边还有九九八十一难在等着呢。"③

---

① 延安中央党校整风运动编写组编：《延安中央党校的整风学习》第1集，中共中央党校出版社1988年版，第135页。
② 艾克恩编：《延安文艺回忆录》，中国社会科学出版社1992年版，第62页。
③ 丁玲：《文艺界对王实味应有的态度及反省》，载于《解放日报》1942年6月12日。

除了丁玲，还有何其芳、刘白羽、萧三、艾青、周立波等人在《解放日报》上也不断发表文章，对自己进行反省。何其芳在《改造自己，改造艺术》一文中对自己进行了深刻的剖析，"整风以后，才猛然惊醒，才知道自己原来象那种外国神话里的半人半马的怪物：一半是无产阶级，还有甚一半至一多半是小资产阶级。才知道一个共产主义者，只是读过一些书本，缺乏生产斗争知识与阶级斗争知识，是很可羞耻的事情。才知道自己急需改造。"① 周立波在《后悔与前瞻》一文中，分析了过去他下乡后所写的文章不能很好地展示边区新农民风貌的原因，"还拖着小资产阶级的尾巴，不愿意割掉，还爱惜知识分子的心情，不愿意抛除。譬如在乡下，我常常想到要回来，间或我还感到寂寞，这正是十足的旧的知识分子的坏脾气。"②

这是否是延安作家们在中国共产党政治压力下虚假的自我贬低？或许有这样的可能。但通过丁玲几十年后对《三八节有感》的反思，或许可以窥见当时自我反省的真诚。丁玲这样说：40 年之后，现在我重读它，也还是认为有错误的。毛主席对我说过：内部批评，一定要估计人家的长处、肯定优点，再谈缺点，人家就比较容易接受了。这话给我印象很深，我一直记在心上。几十年来，我在这一方面就比较审慎了。③ 丁玲这时已不受任何政治压力，没有必要再说违心的话了。可以看出，丁玲当时所作的自我批评都是发自内心的。当然这也是中国共产党造就自己的无产阶级化知识分子所期望达到的效果。

(四) 劳动锻炼

知识分子改造主要是将知识分子的小资产阶级思想转变为无产阶级的思想。要完成这样的改造，知识分子必须要深入到工农群众的生活中，和他们吃住在一起，打成一片，进行劳动锻炼。知识分子的劳动锻炼分为两种：一种是在整风期间，为了打破国民党的封锁围困，在大生产运动中参

---

① 何其芳：《改造自己改造艺术》，载于《解放日报》1943 年 4 月 3 日。
② 周立波：《后悔与前瞻》，载于《解放日报》1942 年 4 月 3 日。
③ 艾克恩编：《延安文艺回忆录》，中国社会科学出版社 1992 年版，第 61—62 页。

与劳动锻炼,一种是在文艺工作者会议后的下乡锻炼。这两种劳动锻炼,都促使五谷不分的知识分子世界观发生了巨大变化。

延安文艺座谈会召开后,文艺工作者们并没有立即下乡锻炼,因为自上而下的整风正在进行,毛泽东要求文艺界还要留在延安参与整风。留在延安的较有名气的文艺界知识分子比如塞克、萧军、刘白羽、欧阳山、草明、叶蠖生等人,被集中在中央党校三部学习。在整风学习中,他们纺棉线、织毛衣,全然放下了知识分子的架子。据当时在三部的一个知识分子学员回顾,他们被派到鲁艺去参观学习纺棉花。有的人心灵手巧,一看就会;有的人手脚笨拙,学得慢。为了加快劳动进展,还实行了更细的专业分工。寒冷的冬天,三部的知识分子学员们还要捡粪积肥,这在过去是无法想象的。"有一次我和几位同志手提粪筐到大路上去抬马粪,马粪已经冻结了,为了加快进度,争取丰收,我毫不迟疑地用双手去抓捧。这时我并不感到臭和脏。而是惜之如黄金,不忍遗弃一块。"[1] 这说明,只有在劳动中,知识分子的感情才会真正地发生变化。

为了进一步推进知识分子和工农兵的结合,1943年3月10日,中共中央文委和中央组织部主持召开了文艺工作者会议,向将要下乡的党员作家深入传达党的文艺政策。凯丰、陈云、刘少奇、博古等领导人都在会议上发了言。凯丰在《关于文艺工作者下乡的问题》的讲话中指出,这次文艺工作者下乡入伍的根本目的是解决"文艺工作者与实际结合,文艺与工农兵结合这两个大问题"[2]。凯丰期待即将下乡的文化人能长期的、老实的工作,在和劳动与群众结合的过程中改造自己的思想情感和生活习惯。组织部长陈云在这次会议上作了《关于党的文艺工作者的两个倾向问题》的报告,陈云在报告中指出文艺工作者们的两个缺点:"一个是特殊,一个是自大"[3],号召他们通过劳动锻炼进行思想改造。

文艺工作者会议后,文艺家们纷纷发表文章,表示拥护党中央号召,

---

[1] 延安中央党校整风运动编写组编:《延安中央党校的整风学习》第2集,中共中央党校出版社1989年版,第68页。
[2] 北京大学等:《中国现代文学史参考资料》文学运动史料选5,上海教育出版社1979年版,第10页。
[3] 北京大学等:《中国现代文学史参考资料》文学运动史料选5,上海教育出版社1979年版,第19页。

并很快付诸行动。文艺座谈会前因《三八节有感》受到批评的丁玲在座谈会后写了一系列自我反省的文章，此时主动提出到群众的实践中去锻炼的要求，"只有在群众斗争生活之中，才能丰富自己的情感，提高自己的情感，才能捐弃那些个人的情感的幻想，看来是细致，其实是微琐的情感，才能养成更高度的热爱人类，热爱无产阶级事业，热爱劳动者的伟大的热情，对这些如不能寄于生命的最高度的情感是不能写出感动人的伟大的作品来的。"① 艾青、萧三、塞克、陈荒煤、刘白羽、陈学昭、高原、柳青等知识分子们纷纷加入了劳动改造的行列，他们或去农村深入群众，体验农村生活；或去战地和部队，了解前线战斗并进行劳军。

经过社会实践锻炼，知识分子们的思想发生了深刻的变化。张闻天在1942年1月26日从延安出发，在神府县、晋西北兴县、警备区米脂县、西川、双湖峪市镇乡、绥德市等进行了长达一年多的社会调查。1943年3月3日，张闻天返回延安。通过这次调查，张闻天深切地感受到他自己知道的中国的事情实在太少，沿途所见的东西，都是新鲜、生疏和不熟悉的，必须经过一番请教之后，才能认识它们。张闻天曾进行这样的总结，"我想，我这次所走的途径，或许是改造像我这类知识分子出身的老党员所应该遵循的途径吧。这就是说，首先应该彻底击破阻止他们走向实际的思想堡垒，如关于'知识分子'与'理论家'之类的错误思想，然后使他们在行动上真正同实际、同群众接触起来，使他们不仅在思想上，而且在切身经验上体验到毛泽东同志所指出的方向的正确，决心来一个彻底的自我改造。"② 通过下乡锻炼的路径，其他知识分子也完成了从生活观念—生活习惯—思想情感的彻底转变。

延安知识分子经过这些路径，丢掉了"面子"，把思想深处的"疮疤"当众抖腾了出来，小资产阶级的"尾巴"被割掉了。延安知识分子割掉"尾巴"的这一过程是一个艰辛的、痛苦的过程，因为"延安文人思维方式的发散性、思想中所具有的强烈的自由主义意识与延安政治主流意识形

---

① 刘增杰、赵明等编：《抗日战争时期延安及各抗日民主根据地文学运动资料》上册，山西人民出版社1983年版，第178页。
② 《建党以来重要文献选编》第20册，中央文献出版社2011年版，第192—193页。

态所固有的严肃性、规范性之间的矛盾决定了这个思想改造的过程不会是一蹴而就的，而是经过了激烈的思想斗争和艰辛的工作磨炼，在灵与肉的'蒸'、'煮'中最终达到'脱胎换骨'的政治预期效果"。① 不过，这一过程无论怎样艰辛，中国共产党此时已经拥有了无产阶级化了的知识分子，借助这些知识分子，中国共产党将要和南京政府争夺文化领导权了。

第三节　媒体利用和改造

作为传递信息的重要工具，媒体在政党文化领导权构建中发挥着重要作用。通过媒体，政党将自己的纲领、路线、方针、政策及时传达给基层民众，对民众进行价值观灌输；通过媒体，政党对反对派意识形态进行揭露与批判，维护政党自身利益和形象；通过媒体，政党对基层民众进行文化启蒙。抗战时期，中国共产党已有的媒体和中国共产党构建文化领导权的目标有着怎样的差距？中国共产党是如何改造媒体的？中国共产党是如何利用媒体构建文化领导权的？

一、抗战初期根据地的媒体

中国共产党是非常善于利用媒体的政党。早在中国共产党成立之初，办报纸、杂志出身的中国共产党领导人，鉴于报纸和刊物宣传在启蒙民众、教育民众、传播本党价值观中的重要性，创党之际就设立了宣传局。之后，中国共产党的秘密出版机构——人民出版社成立。1922年9月13日，中共中央在上海创办了党的第一份公开的机关报纸——《向导》周报。《向导》周报在发刊词中明确提出了报纸的目标将致力于"反抗国际帝国主义的侵略，努力把中国造成一个完全的真正独立的国家"。②《向导》周报辟有"时事评论""寸铁""什么话""肉麻世界""外患日志"等专

---

① 韩晓芹：《体制化的生成与现代文学的转型——延安〈解放日报〉副刊的文学生产与传播》，中国社会科学出版社2012年版，第183页。
② 《建党以来重要文献选编》第1册，中央文献出版社2011年版，第181页。

栏，宣传中国共产党的路线、方针、政策，宣传马克思主义，揭露帝国主义、封建军阀的丑恶嘴脸，指导党的政治斗争。此外，党的宣传刊物还有《先驱》《妇女声》《新时代》等。大革命时期，中国共产党还创办了一些新的报纸和刊物，面向工人阶级的有：全国铁路总工会出版的《工人周刊》，上海创办的《中国工人》月刊，长沙工人的《苦力周报》以及《上海工人》《武汉工人》《山东工人》等。配合着北伐战争的进展，又有一批面向农民的报刊出现，湖南的《农友》、湖北的《湖北农民》和《湖北农民画报》、江西的《江西农民》《锄头》和《血潮画报》等。通过这些媒体，中国共产党及时向党员和民众宣传孙中山的新三民主义，进行统一战线教育。

土地革命时期，中国共产党的报刊宣传工作也开展得有声有色。当时，面向工农兵的宣传报刊有《工农兵报》《右江日报》《红军日报》《红军报》《红星报》和《政治工作》等三十余种。这些报刊启发了群众的阶级觉悟，鼓舞了群众的斗志，也扩大了红军与共产党的影响。"红军报刊的这些宣传成绩，就连当时的《大公报》也不得不感叹道：'红军戎马倥偬犹知注重宣传，不稍疏懈，吾人对之，宁无愧色乎？'"[①]

卢沟桥事变后，国共建立了抗日民族统一战线。虽然毛泽东和中共中央极为重视媒体的作用，但由于环境的限制和经济条件有限，抗战初期，中国共产党在延安的报纸仅有《新中华报》（前身是苏维埃时期的《红色中华》，1936年1月在陕北瓦窑堡复刊，1937年1月29日改为此报名），及《今日新闻》《抗战报》《救国报》《边区群众报》。刊物方面，计有：《解放》《军政杂志》《团结》《共产党人》《中国文化》《中国工人》《中国青年》《中国妇女》《文艺突击》等。这些报刊在延安影响力较大的是《新中华报》《边区群众报》和《解放》周刊。在中国共产党所领导的抗日根据地，也出现了一批歌颂八路军、新四军英勇抗战，揭露日伪暴行和阴谋，反映群众生活的报纸。较有影响力的有：创刊于甘肃庆阳的《救亡报》、皖南的《抗敌报》和江北的《抗敌报》、华中抗日根据地的《江淮日报》、苏豫皖边区的《拂晓报》、山东抗日根据地的《大众日报》、山西

[①] 湖南省博物馆编：《红军日报》，湖南人民出版社1980年版，前言第2页。

抗日根据地的《新华日报》、华北版《晋察冀日报》《西北战线》《新西北》《晋绥日报》等。

虽然条件有限,但中国共产党的媒体事业却开展得有声有色。中国共产党借助延安和各抗日根据地出版的报刊,极力向根据地的八路军、新四军、广大党员和民众进行抗日宣传、统一战线宣传、根据地政权建设等宣传。

关于抗日的宣传。抗战期间,"抗日"是延安和中国共产党抗日根据地报刊宣传的主题。中国共产党的报刊是为中国共产党的政治服务的。抗战时期,中国共产党和国民党的阶级矛盾居于次要地位,中华民族和日本帝国主义的民族矛盾居于首要位置。如何抗日成为中国共产党最大的政治,当然也成为中国共产党报刊宣传的重点。以《新中华报》为例,该报是中共中央机关报,最先是两版,后来改为四版。扩版后的第一版和第三版主要为抗战版面,开设的栏目有:"战争形势""抗战形势""战局一览""战局动向""最后消息""战事报道"等。1940年8月20日,为了打破日伪军队对抗日根据地的封锁和"扫荡",争取华北乃至全国战局的好转,克服国民党的投降退步,八路军前方指挥部在华北敌后领导了一场大规模的破击作战。1940年8月30日,《新中华报》以《八路军在华北反扫荡的百团大战》为标题,对这场战役进行了报道。报道指出,"敌寇在华北常驻的军队原有十个师团和十二个独立旅团(伪军尚不在内)不断地在华北'扫荡',八路军的'反扫荡'工作也是不断在进行的,但像这一次的一百团精兵的反扫荡的战役进攻,目前还在开始,然而根据最近两天的捷报,它已取得了序战的初步的光辉而伟大的胜利,占领了从一九三七年十月廿六日失守后从未曾克服过的太行山上的隘口天险的娘子关。每日杀伤敌军约以千计。"[①] 1941年5月16日创刊的《解放日报》也坚持把抗战宣传放在第一位。《解放日报》先后报道了"八路军策应晋南作战""黄河沿岸炮战激烈""兰州上空开展空战""华北八路军各线出击,破坏交通策应晋南作战""八路军酣战华北各地"等等,几乎每天的新闻都有关于八路军战况的报道。

---

① 周伟:《历史草稿——头条新闻中的事实真相》第1卷,光明日报出版社2002年版,第146页。

关于统一战线的报道。1940年2月7日，《新中华报》创刊一周年纪念日之际，毛泽东在《新中华报》上发表《强调团结与进步》一文。在这篇文章中，毛泽东对《新中华报》作为中共中央机关报改版一年以来的工作提出了表扬，还对新一年报刊的政治方向提出了要求，"我以为就是强调团结与进步，以反对一切危害抗战的乌烟瘴气，以期抗日事业有进一步的胜利。"[1]《新中华报》坚决贯彻毛泽东的关于"团结与进步"的办报方向，报道了不少关于中国共产党对国民党人、其他进步人士的统战工作。《江淮日报》是中共中央中原局的机关报，1940年12月2日，在苏北盐城创立。《江淮日报》报道了中国共产党领袖同爱国人士的友好交往活动、中国共产党和韩紫石之间的友谊，以及对国民党苏鲁皖游击总指挥李明扬的劝导活动。

关于抗日根据地建设的报道。抗日根据地是中国共产党抗战时期开展游击战的战略依托。中国共产党在抗日根据地进行了卓有成效的减租减息、民主选举、文化建设等。这些建设使中国共产党领导的抗日根据地出现了不同于国统区的新气象。延安和各抗日根据地的报刊也对此进行了报道。比如，《解放日报》创立不久，就报道了"林主席报告新施政纲领""施政纲领——到群众中去""加紧推销救国公债""动员边区妇女来参加选举运动""安定选举中的妇女""论经济与技术工作""推行新文字与扫除文盲""选举浪潮中的一角"等。除了报道陕甘宁边区的政权建设之外，还报道了其他抗日根据地的政权建设。1941年6月9日，《解放日报》第二版报道了"晋察冀边区三年来，工业发展突飞猛进"。6月10日，《解放日报》第二版报道了"晋察冀边区合作事业一日千里，人民生活水准空前提高"。6月22日，《解放日报》第二版报道了"晋察豫边区本年生产成绩甚佳"。

除了报刊，中国共产党在这一时期还有了延安新华社广播电台。延安广播电台设备非常落后，当时延安没有交流电，所以电台需要干电池。干电池根据地无法提供，都是从敌后偷运过来的，常常供不应求。所以延安广播电台需要手摇马达来当作电源，保证抄送外电的需要。电台从1940年

---

[1] 王文彬编：《中国现代报史资料汇辑》，重庆出版社1996年版，第727页。

12月30日开始定时广播。每天上午、下午各一次，每次广播一个小时。播送的内容主要有：中共中央重要文件，《新中华报》、《解放》周刊及《解放日报》的重要社论和文章，国际时事新闻，名人讲演，科学常识，革命故事，日语和革命歌曲、戏曲。

上述延安和各抗日根据地的媒体，对于促进抗日民族统一战线的巩固和发展，推动全国抗日救亡运动，扩大延安和中国共产党的影响发挥了重要作用。但是，毛泽东和中共中央此时的目标绝不仅仅是把日本帝国主义侵略者从中国赶出去，其目光已经投向了遥远的未来，即在新民主主义的政府中，中国共产党不仅应占有一席之地，还必须居于领导地位。中国共产党在未来新政权中靠什么居于领导地位呢？1936年2月，毛泽东率兵东渡黄河准备东征，登高望远，茫茫大雪，他写下了《沁园春·雪》。在这首词的最后，毛泽东留下了"惜秦皇汉武，略输文采；唐宗宋祖，稍逊风骚。一代天骄，成吉思汗，只识弯弓射大雕。俱往矣，数风流人物，还看今朝"。[①] 毛泽东写下这首词时距离红一方面军到达陕北仅仅过去四个月左右的时间，经过一年多的长途跋涉，短短几个月的休整，毛泽东对他所领导的中国共产党未来充满了自信。这种自信在于他此时更懂得在中国复杂的政治局面中如何运筹帷幄，把握中国共产党的未来。这首词展示的几位皇帝，都是历史上很有作为的领袖人物，但在毛泽东眼里，却是"略输文采、稍逊风骚"之辈。这从一个侧面折射出毛泽东将对自己领导的中国共产党和中国共产党根据地要加强"文治"。"文治"的加强离不开媒体，显然，中国共产党所掌握和影响的媒体和毛泽东的宏图远略存在着巨大的差距。这种差距若不解决，中国共产党的"风骚"无从展现。

二、延安《解放日报》的改版

中国共产党已有媒体存在着什么问题呢？

首先以延安《解放日报》为例来看。延安《解放日报》创刊于1941年5月16日。这份报纸由新版的《新中华报》和《今日新闻》合并而成，

[①] 罗炽：《毛泽东诗词鉴赏辞典》，华夏出版社1993年版，第143页。

定位为中共中央机关报。对于这份报纸，中共中央极为重视。1941年5月15日，也就是延安《解放日报》创刊前一天，中共中央政治局起草了关于出版《解放日报》等问题的通知。通知指出，"一切党的政策，将经过《解放日报》与新华社向全国宣达。"还指出，"各地应注意接收延安的广播。重要文章除报纸、刊物上转载外，应作为党内、学校内、机关部队内的讨论与教育材料，并推广收报机，使各地都能接收，以广为宣传。至为重要。"① 在创刊之日，毛泽东为该报写下了报名和发刊词。创刊第三天，毛泽东为《解放日报》写了《请看今日之域中竟是谁家之天下》的战斗社论。

可以看出，中共中央是非常重视延安《解放日报》的，中共中央也对这份报纸寄予了厚望。然而，纵观《解放日报》各版面，充斥着的不是欧美国际新闻，就是关于苏联斯大林的报道。八路军、新四军英勇抗战不是报道重点，对延安开展的整风运动也很少进行报道，对已经中国化了的毛泽东思想更缺乏敏感性。延安《解放日报》根本就没有发挥党的喉舌的作用。

1941年9月，中国共产党召开了扩大的政治局会议。会议指出，政治局以后要主抓思想、政治、政策、军事、组织五项工作，而"掌握思想教育是我们第一等的业务"。② 这次会议对《解放日报》的工作也进行了新的部署：《解放日报》扩大为四版，增加党中央正在开展的整风的相关内容；《解放日报》的文字应生动活泼；中央领导要多给《解放日报》提供稿件，善于利用媒体宣传党的政策和开展工作。总之，要使《解放日报》真正成为全党的机关报。1942年1月24日，中共中央政治局会议再次谈到了《解放日报》的工作。毛泽东在会议上强调"社论、新闻、广播三者应并重"③；报纸的三四版应贯穿党的政策，题材切实，文字通俗。

不到半年时间，政治局连续两次会议部署《解放日报》的工作。一则说明《解放日报》对党的工作的重要性；二则也说明《解放日报》存在一些不符合党的要求的问题。在给中宣部拟定的宣传工作的文件中，毛泽东

---

① 《毛泽东年谱》（1893—1949）中卷，中央文献出版社2013年版，第297—298页。
② 《建党以来重要文献选编》第1册，中央文献出版社2011年版，第593页。
③ 《毛泽东年谱》（1893—1949）中卷，中央文献出版社2013年版，第356页。

很不客气地指出了《解放日报》存在的问题："中央的决定及中央同志的演说，在另外许多同志中，并没有引起深刻的注意。"① 这"另外许多同志"就包括《解放日报》的社长博古。

《解放日报》创刊之际，博古担任社长，同时担任新华通讯社社长。在抗战形势紧张、条件异常艰苦之际，要办好这样一张大型日报，确实不易。博古把全部精力都倾注于这份报纸上，"整天劳作，深夜不寐，虽在疾病之时，亦倔强地拒绝休息。"② 报纸前几个月也取得了一定的宣传成绩。博古非常坚持自己的办报思路，"《解放日报》应该有大报作风，不能象苏区打游击时办的小报那样，只登载自己党政军民的活动，而要着眼全世界，把国际新闻放在首位。"③ 博古这样的坚持就导致在《解放日报》的新闻中，国际新闻居于绝对优势，国内新闻很少，并且都是放在了不重要的版面上。1942年2月，整风运动进入全党普遍开展的第二阶段，此时需要党报紧密配合中央部署进行大力宣传，"可是在开始的两个月内，《解放日报》的宣传很不得力，1942年2月1日，毛泽东在中共中央党校开学典礼会上发表整顿三风演说，是全党开展普遍整风运动的重要动员报告，而《解放日报》对此只在第三版的右下角发了个三栏题的消息。2月8日，中共中央宣传部召开整顿文风的会议，毛泽东在延安干部会上作反对党八股的讲演，《解放日报》也只在第三版的左下角登了一条三栏题的消息。"④

1942年2月11日，中共中央政治局会议再次讨论《解放日报》问题。毛泽东在发言中指出，"报纸要以自己国家的事为中心，这正是表现一种党性。现在《解放日报》还没有充分表现我们的党性，主要表现是报纸的最大篇幅都是转载国内外资产阶级通讯社的新闻，散布他们的影响，而对我党政策与群众活动的传播则非常之少，或者放在不重要的位置。"⑤ 会议同意发出《中共中央宣传部关于进行反主观主义反教条主义反宗派主义反

---

① 《毛泽东文集》第2卷，人民出版社1993年版，第389页。
② 华应申：《中国共产党烈士传》，东北新华书店1949年版，第227页。
③ 丁济沧、苏若望：《我们同党报一起成长——回忆延安岁月》，人民日报出版社1989年版，第6—7页。
④ 丁济沧、苏若望：《我们同党报一起成长——回忆延安岁月》，人民日报出版社1989年版，第7页。
⑤ 《毛泽东年谱》（1893—1949）中卷，中央文献出版社2013年版，第362页。

第三章 中国共产党在抗日根据地文化领导权的构建

党八股给各级宣传部的指示》。这次会议对《解放日报》的批评已经非常明确，并且指出了《解放日报》改进的方向。

不过，让中共中央失望的是，旧的问题还没有彻底改正，新的问题又产生了。1942年3月，《解放日报》副刊文艺版又出了一些问题。3月9日，丁玲的《三八节有感》在此发表。3月11日，艾青的《了解作家，尊重作家》在此发表。3月13日，王实味的《野百合花》在此发表。3月20日，罗烽的《还是杂文的时代》在此发表。作家们的初衷都是好的，都是站在党的立场上，希望有关方面能够看到延安存在的问题并加以改进，但是文章却产生了不良的影响，甚至被国统区的国民党拿来攻击延安和中国共产党。作家们的文艺观需要规范，这是一方面；但身为前中国共产党领袖、《新华日报》社社长的博古，怎么能同意在党报上刊登如此没有党性的文章呢？

中国共产党的宣传工作一开始就受到了列宁"文艺必须坚持党性"原则的影响。大革命时期和土地革命时期，中国共产党一直坚持此原则。抗战时期，中共中央就宣传工作也多次发布加强党性的指示。显然，博古没有尽到把关的责任。

1942年3月16日，中宣部发布了改造党报的通知。通知指出，"报纸是党的宣传鼓动工作最有力的工具，每天与数十万的群众联系并影响他们。因此，把报纸办好，是党的一个中心工作。各地方党部应当对自己的报纸加以极大注意，尤应根据毛泽东同志整顿三风的号召，来检查和改造报纸。"对于党报的任务，通知指出，"报纸的主要任务就是要宣传党的政策，贯彻党的政策，反映党的工作，反映群众生活，要这样做，才是名副其实的党报。"[①] 通知也明确指出了《解放日报》存在的问题，即充当了别的通讯社的"义务宣传员"。

1942年3月31日，《解放日报》改版座谈会在杨家岭中央办公厅举行，毛泽东、朱德、徐特立、谢觉哉、李鼎铭等党内外负责人和作家共七十多人参加了会议。博古在会上诚恳地就《解放日报》存在的问题作了自我批评。大家纷纷发言之后，毛泽东作了总结，"利用《解放日报》，应当

---

① 《建党以来重要文献选编》第19册，中央文献出版社2011年版，第162页。

是各机关经常的业务之一。经过报纸把一个部门的经验传播出去，就可推动其他部门工作的改造。我们今天来整顿三风，必须要好好利用报纸。"①那么，《解放日报》的文艺栏作家们可否对延安存在的问题提出批评？可以，不过，"批评应该是严正的、尖锐的，但又应该是诚恳的、坦白的、与人为善的。"②

座谈会后的第二天，《解放日报》就发表了博古撰写的社论《致读者》。博古指出，党报应该具有党性、群众性、战斗性和组织性，然而《解放日报》没有完成党报责任，没有成为党中央传播党的路线、贯彻党的政策与宣传组织群众的锐利武器。应该说，博古所作的自我批评是非常诚恳的。此后，《解放日报》的风格果然有了较大的改变。博古的努力在几个月后得到了中央的肯定："《解放日报》今年四月改版后是有进步的，要执行党的日常政策。《解放日报》社论及广播消息，是中央向人民说话，个人发表的文章也有很大的影响。"不过，中央还是提出了一点委婉的批评，"今后日常政策问题报社应请示中央。要使《解放日报》成为中共中央的机关报，还需要作很大的努力。"③

中央对报纸宣传的要求并不仅仅局限于《解放日报》。在《解放日报》创刊不到十天之时，中共中央书记处曾下发一个关于统一各根据地对外宣传的指示。中央从中国共产党在全国的重要地位、中国共产党负责同志在全国乃至全世界的重大影响、党派斗争的激烈背景出发，要求党统一对外宣传并采取慎重处事的态度。中央批评了一些根据地违反党的政策和中央指示的对外广播与宣传工作中独立无政府的状态。中央决定加强对外宣传工作的领导和监督，要求"一切对外宣传均应服从党的政策与中央决定"④，还要求"各地应经常接收延安新华社的广播，没有收音机的应不惜代价设立之，各地报纸的通讯社，应有专门同志负责接收与编辑的工作，应同延安新华社直接发生通讯关系，并一律改为新华社某地分社"⑤。可以

---

① 《建党以来重要文献选编》第 19 册，中央文献出版社 2011 年版，第 181 页。
② 《建党以来重要文献选编》第 19 册，中央文献出版社 2011 年版，第 181—182 页。
③ 《毛泽东年谱》（1893—1949）中卷，中央文献出版社 2013 年版，第 400 页。
④ 《建党以来重要文献选编》第 18 册，中央文献出版社 2011 年版，第 305 页。
⑤ 《建党以来重要文献选编》第 18 册，中央文献出版社 2011 年版，第 306 页。

看出，中央此时就已经在考虑延安和各根据地对外宣传的统一与党性问题了。在《解放日报》改版后，中共中央对各根据地报刊的统一领导与要求也迅速被提了出来。1942年9月15日，毛泽东在写给凯丰的信中指出，"各根据地当局也还未把报纸看作自己极重要武器，我想要写一电报（或须用书记处名义），提出此种任务。"① 曾经主管过中共中央宣传工作的毛泽东，此刻身居中国共产党领袖位置，他当然比党内的任何领导人更懂得报刊宣传对中国共产党文化领导权构建的重要性。除了要求各抗日根据地重视报刊作用，毛泽东还要求加强抗日根据地报纸的党性原则。在给凯丰信后的一个月，毛泽东在《通讯社和报纸的宣传应符合党的政策》一文中要求各根据地向西北中央局效仿学习，并且要求各根据地注意"改正过去不讨论新闻政策及社论方针的习惯，抓紧对通讯社及报纸的领导，务使通讯社及报纸的宣传完全符合于党的政策，务使我们的宣传增强党性"。②

可以看出，毛泽东此时对报刊工作的指导和部署绝不仅仅停留在抗战这一阶段，也绝不仅仅局限于延安《解放日报》的改版，他是着眼于抗战胜利后中国共产党的未来，着眼于中国共产党在全国的大局。1942年，中国共产党在全国已经拥有八十多万党员、五十万军队，如何通过党内整风重塑中国共产党形象，在中国共产党构建文化领导权的工程中，这是一个艰巨的任务。毫无疑问，延安和各抗日根据地的媒体应该介入。它们不仅是展示中国共产党形象的一个平台，也是中国共产党整合党内思想、影响民众的重要工具。

三、改版后的媒体与中国共产党文化领导权构建

《解放日报》的改版，对其他根据地的党报改版产生了重要的示范效应。包括《新华日报》在内的其他党报也纷纷响应中央号召和整风精神，加快了改版。中国共产党在这一时期充分利用改版后的党报，大力构建文化领导权。

首先，利用改版后的党报宣传中国共产党的意识形态。

---

① 《毛泽东年谱》（1893—1949）中卷，中央文献出版社2013年版，第403页。
② 《毛泽东文集》第2卷，人民出版社1993年版，第454页。

党报是中国共产党构建文化领导权的得力助手。中国共产党对党报工作的重视并不是始于延安。早在中国共产党成立时，受俄国的影响，中国共产党就特别重视党报工作。《向导》周刊、《红色中华》作为党的机关报刊，在宣传党的政策、鼓舞民众方面曾经发挥了重要作用。长征到达陕北后，毛泽东在党内首先呼吁要"重视宣传工作，党报应办起来"。① 1937年1月29日，《新中华报》取代《红色中华》，成为中共中央机关报。此后，从《新中华报》到《新中华报》更新版，到《解放日报》创刊和改版，毛泽东始终都关注着。毛泽东之所以关注，是因为他明白党报在中国共产党构建文化领导权中的分量。构建文化领导权，是为了使民众在思想上对中国共产党产生认同。党报理所当然应该宣传中国共产党的意识形态和现行政策。

改版后的《解放日报》配合延安整风，介绍了不少延安和各根据地整风的情况：《从〈论持久战〉学习怎样反对主观主义》《整顿三风必须正确进行》《自我批评从何着手》《中共中央宣传部关于在延安讨论中央决定及毛泽东同志整顿三风报告的决定》《春耕、政策与学习》《整顿三风讨论资料特辑》《地方干部应建立学习的信心》《把"矢"拿稳把"的"认清》等。据统计，"在一九四二年一年中，《解放日报》发表的有关整风的社论和文章共100多篇。通过这些努力，党报关于整风运动的宣传，终于'蔚成风气'了，每天翻开报纸，空前的学习热潮扑面而来。"② 这些报道有力地配合了中共中央的整风工作，将中共中央的意图及时传达给了各根据地和基层的党员。

《解放日报》还刊登了不少毛泽东的文章和宣传毛泽东思想的文章。1938年10月，毛泽东在中国共产党六届六中全会上首次提出了"马克思主义中国化"这一概念，毛泽东号召全党实事求是，不断进行理论创新，以解决中国革命的实际问题。延安整风后，党内对马克思主义中国化已经形成了共识。与此同时，中国共产党集体智慧的结晶——毛泽东思想科学体系已经形成。毛泽东思想成为20世纪40年代中国最先进的文化，成为中国共产党价值观的集中表现。1943年7月6日，《解放日报》发表刘少

---

① 《毛泽东年谱》（1893—1949）上卷，中央文献出版社2013年版，第633页。

② 丁济沧、苏若望：《我们同党报一起成长——回忆延安岁月》，人民日报出版社1989年版，第64页。

奇《清算党内的孟什维主义思想》，文中指出毛泽东同志及团结在毛泽东同志周围的其他许多同志，他们是真正的马克思主义者，他们的工作方法，实质上就是中国的布尔什维主义。1943年7月8日，王稼祥《中国共产党与中国民族解放的道路》一文在《解放日报》发表。王稼祥在文中指出："中国民族解放整个过程中——过去、现在与未来——的正确道路就是毛泽东同志的思想，就是毛泽东同志在其著作中与实践中所指出的道路。毛泽东思想就是中国的马克思列宁主义，中国的布尔什维主义，中国的共产主义。"[①] 除了这些文章，党内其他人也撰写了宣传毛泽东思想的文章。《解放日报》对毛泽东思想的宣传有利于形成党内共识，团结在以毛泽东为核心的党中央周围；也有利于把中国共产党的思想基础、价值观向民众进行介绍和宣传，使民众对中国共产党产生认同。

其次，发挥党报工农通讯员的作用。

中国共产党文化领导权建立的目标是使民众对中国共产党从情感到思想上能产生认同，然后紧跟中国共产党革命的步伐，致力于中国共产党所引导的革命目标。所以，中国共产党和民众之间的桥梁特别重要。陕甘宁边区的正式记者数量很少，单靠他们，难以及时报道边区农村和各根据地的消息，这样工农出身、有点文化、会读会写的当地工农知识分子就可以发挥作用了。他们是群众当中土生土长的积极分子，比外来的报社记者会更了解群众、熟悉群众的语言和群众心理。在各根据地培养工农通讯员并充分利用他们对于中国共产党在根据地构建文化领导权意义重大。博古曾经做过一个关于发展通讯员的形象比喻，"党报记者到地方上去采访，千万不要象公鸡那样，跳到墙头上，咯咯咯地高啼几声，就拍拍翅膀跑掉了，而是要象母鸡那样，每到一个地方，就要下蛋孵小鸡，要培养通讯员。"[②] 的确，如果光靠报社记者采访组稿，稿件的数量远远不能满足需求，稿件的真实性可能也要大打问号。

1939年10月，新华社曾专门在延安组织过通讯员大会，由博古对他

[①] 王稼祥：《中国共产党与中国民族解放的道路》，载于《解放日报》1943年7月8日。

[②] 丁济沧、苏若望：《我们同党报一起成长——回忆延安岁月》，人民日报出版社1989年版，第13页。

们进行专业技能培训,这在一定程度上提高了通讯员的业务水平,增加了通讯员数量。但从边区对报刊通讯员的需求来看,还是数量偏少,并且通讯员们多分布在延安机关、学校、工厂、部队,县、区、乡几级是没有工农通讯员的。农村里发生了什么事,人民生活得怎样,报社无从知道,所以报纸也不能很好地体现群众性。

1942年3月,《解放日报》改版时,报社领导认识到发展工农通讯员对报纸大众化的重要性,所以报社采取了各种措施来保障工农通讯员的建设和发展。首先,报社在各个专区和延安市建立了通讯处,由地委和报社双重领导,这使通讯员队伍有了组织保障。其次,报社经常组织召开通讯员座谈会,向工农通讯员讲解报纸报道的要求和写作基础,还出版《新闻通讯》专刊,传播写作经验,反映读者意见,这就使工农通讯员的采写有了技术保障。报社对工农通讯员工作的重视和部署,使这项工作有了突飞猛进的发展。到1944年11月,边区的各类通讯员已达两千人,其中工农兵通讯员超过一千一百人,他们为报纸提供的地方消息,占地方消息总数的一半以上。《解放日报》上经常可以看到工农通讯员所写的反映农村实际和农民心声的新闻。党的方针、政策也能通过工农通讯员传达到民众中去。民众和中国共产党真正做到了心心相通。

在陕甘宁边区和抗日根据地的众多报纸中,《边区群众报》是发挥工农通讯员作用最充分的媒体。这份报纸是边区党委的机关报,它创刊时的定位是直接面向边区群众。《解放日报》虽然在报纸大众化方面对其他报刊起着表率和领头羊的作用,但它的受众主要是中国共产党党员和干部,而《边区群众报》则是面向边区大众,所以它更需要工农通讯员。《边区群众报》为了有效服务边区群众,建立了报社—工农通讯员—读报组这样的通讯网络。报社是首脑,负责征稿和组稿;报社周围是工农通讯员组成的大众通讯网,他们的来稿来信是报社的稿件资源;工农通讯网周围是大量的群众读报组。当时边区进行了各种形式的扫盲教育,但还是有众多的群众不识字,不能独立看报。《边区群众报》便要求工农通讯员负责组织农村、工厂等基层的读报组工作。工农通讯员组织的读报组是中国共产党在构建文化领导权过程中的一种有效的群众宣传组织。《边区群众报》的领导人胡绩伟曾经有如下的回忆:"有的通讯员结合自己的教师、宣传干事或者文工团员的任务,在报纸来了以后,自己先仔细阅读,还作一些准

第三章 中国共产党在抗日根据地文化领导权的构建

备,因而每到读报的时候,把读报会变成一次生动活泼的宣传教育会。读报的时候,除正式参加读报组的人以外,总有临时参加的很多老人、妇女和儿童。通讯员一边读报一边讲,作一次简短的政治宣传。对于一些故事,就像说书先生那样绘声绘色地讲说。对于一些唱词或歌谣,就边读边唱。对一些新歌,就教大家唱。一些基层干部常常利用这个机会讲一些新政策和布置一些新任务。"①

可以看出,工农通讯员是中国共产党在农村构建文化领导权的得力助手。他们既推动了报纸的大众化,又担负起启蒙、教育群众的职责。

第三,借助来到延安的国际媒体构建文化领导权。

抗战时期,中国共产党不仅积极利用根据地媒体构建文化领导权,还积极利用来到延安的国际媒体。国共合作后,中国共产党取得了合法的身份,中国共产党开始有更多公开的机会和国外的媒体直接打交道,中国共产党抓住了构建文化领导权的这一重要契机,特别重视国外的媒体。毛泽东和中国共产党明白,自己辉煌的战绩和廉洁的政府,通过别人的嘴说出来势必比自己亲自说会更让人舒服一些、信服一些。对于来到延安的外国记者,毛泽东再忙,都会尽量抽出时间亲自接待。以抗战前到过延安的美国记者埃德加·斯诺为例。1936年7月13日,埃德加·斯诺来到中国共产党的红都——保安。当晚,毛泽东步行至斯诺的住处探望他,对他的到来表示欢迎。7月14日,中国共产党召开了欢迎会,毛泽东出席并发表了讲话。7月15日,毛泽东会见了斯诺,并回答了他的一些问题。7月16日晚上九点到次日凌晨两点,毛泽东同斯诺谈到了中国的抗战问题。后来毛泽东和斯诺还有过多次会谈。10月,毛泽东和斯诺连续几个晚上都在谈毛泽东的个人经历和红军长征的经过。四个月后,斯诺从保安返回北平。斯诺从保安带回了很多关于共产党、红军、红军领袖等宝贵的笔记资料和摄影胶片。斯诺将这些文字资料进行整理,发表在了国统区的报刊上,也寄了一些给他工作的国外通讯社。斯诺红区之行对中国有哪些影响呢?"中国的右翼与左翼势力都相信他所说的每一件事。他享有完全的可信性。"此外,斯诺的新闻报道对故事中人物,即共产党人自己,也有很积极的影

---

① 胡绩伟:《青春岁月——胡绩伟自述》,河南人民出版社1999年版,第203—204页。

响,"使他们在自己眼中形象更加高大。"① 斯诺关于对毛泽东的访谈在《密勒氏评论报》上发表,不仅震动了中国知识界,也影响了西方。"北美报业联盟"在多家报纸同时连载斯诺介绍红军和毛泽东的文章。《亚细亚》杂志还连载了毛泽东的自传。斯诺夫妇整理的《活的中国》一书在美国和英国大受欢迎。斯诺的报道甚至影响了苏联和欧洲,"就是通过埃德的居中介绍,苏联领导人认识了毛泽东,欧洲和中国人也认识了毛泽东。在此之前,俄国人完全低估了中国共产党人,而对蒋介石估计高了。"②

抗战爆发后,毛泽东又多次接见国外的一些记者,如美国记者韦尔斯、罗伯特·马丁、史沫特莱,英国记者贝特兰,苏联塔斯社记者彼得·弗拉基米洛夫等。1944年6月,延安还接待了规模较大的中外记者参观团。1944年6月3日,记者团到达了延安。6月12日,毛泽东接见了中外记者团并发表了致词。此后,毛泽东还应外国记者请求,对几个外国记者进行了单独接见。一个月后,五位外国记者请求留在延安继续进行参观和考察。外国记者返回大后方和自己的国家后,他们站在客观的角度,以翔实的笔调,向国统区和世界各地如实地介绍了中国共产党所领导的陕甘宁边区和八路军、新四军。

第四节 多种形式的民众教育

中国共产党欲构建文化领导权,须使民众对中国共产党产生认同。这种认同可能有多种原因,比如中国共产党在抗战中的卓越战绩,中国共产党在"三三制"政权中的民主风范,中国共产党在减租减息运动中对农民利益的关注和争取,中国共产党党员在和民众打交道过程中的模范形象等。也可能是没有任何原因,而是源于一种难以名状的对中国共产党情感上的信任和依赖。不管是否有因,中国共产党都应该采取一定的手段和方

---

① 华谊:《旅华岁月——海伦·斯诺回忆录》,世界知识出版社1985年版,第193页。

② 华谊:《旅华岁月——海伦·斯诺回忆录》,世界知识出版社1985年版,第196页。

式强化这种认同。领袖宣讲、文艺作品、报刊媒体等固然可以起到强化认同中国共产党的作用,但和教育相比,它们又有一些局限:民众不是人人可以聆听领袖宣讲,文艺产品和报刊没有向文盲敞开大门。这就为中国共产党开展面向广大民众的社会教育提供了用武之地。抗战时期,中国共产党扎根农村革命根据地,在各个抗日根据地建立了"三三制"政权,借助政权力量,中国共产党开展了丰富多样的民众教育,在有效实现社会整合的基础上,也实现了对工农群众的意识形态教育。

一、中国共产党对抗日根据地民众教育的重视

抗战之初,陕甘宁边区各县对面向民众的社会教育并不是特别重视,这可以从边区教育厅代厅长周扬下发的关于社会教育工作的指示信中看出,"自今年第三科科长联席会议以后,本厅所接到各县第三科的工作报告,里面关于社会教育工作一项很少说到,就有,也多半是些空话,缺少实际。"[①] 边区政府考虑到社会教育工作在中国共产党文化领导权构建中的重要性,故对边区社会教育工作的滞后提出了批评,并对下一步的社会教育工作下发了一个指示,希望各县的第三科(主管社会教育)领导、有关干部、教育工作者重视此项工作。

首先,边区政府加强了社会教育干部的培训工作。1938年6月15日,边区教育厅决定利用暑假,培训一批社会教育工作干部,下派各县,担负各县社会教育工作。边区对各县推荐上来的学生提出了一定的要求,"(一)意识正确,思想纯洁,愿为国防教育服务者。(二)身体健全,无不良嗜好,能吃苦耐劳者。(三)年龄在十八岁以上至三十五岁以下者。(四)高小学校毕业或有相等学力,能看《新中华报》并会写报告者。"[②] 边区教育厅还要求推荐学生的工作要和县长亲自商量。这说明边区教育厅对这项工作的重视。此外,教育厅还决定在各县增设社

[①] 陕西师范大学教育研究所编辑:《陕甘宁边区教育资料社会教育》上册,教育科学出版社1981年版,第20页。

[②] 陕西师范大学教育研究所编辑:《陕甘宁边区教育资料社会教育》上册,教育科学出版社1981年版,第38页。

教指导员一名，在各区乡检查、指导、督促及改进原有各项和新发展的社教工作。

其次，边区政府也加强了对社会教育工作的制度建设。1939年8月5日，教育厅下发了《陕甘宁边区各县社会教育组织暂行条例》。此后，又下发了《陕甘宁边区模范夜校、半日校暂行条例》《陕甘宁边区冬学教员奖励暂行办法》《陕甘宁边区各县识字检阅暂行办法》等。这些条例和制度规范了边区的社会教育工作，使社教工作开始有章可循。

最后，边区政府还对开办冬学、夜校、识字组、俱乐部、"小先生"等教学组织给予直接的方法指导。比如，如何办好识字小组？教育厅建议在人口过于稀少无法办学校的地方设立识字组。识字组以生活工作接近的人为单位组织。在乡村以几个集中的窑洞或一家单位组成。在机关、部队、企业中以生活工作在一起的人，尤其是同吃饭、同睡觉的人编为一组。有几个识字组的村庄或机关应该成立识字促进会或俱乐部来领导识字小组。识字小组的人数不要太多，大概三至七人，组员公推一人为组长。识字组的课程，以识字、政治学习为主，利用生产之暇，集中在一起学习，每次时间尽可能短些。这些具体的措施，使社会教育各项活动更加细化，更加容易开展。

二、民众教育的形式

民众教育是和学校教育不同的教育方式。学校教育的对象是可以脱离生产的儿童和青年。但因为边区经济的落后，许多儿童也必须参加简单的劳动。加之，边区地广人稀，不易集中人群办正规学校教育，只能更多采用社会教育的形式。边区社会教育的对象是不脱离生产的文盲大众（儿童、青年、成人）和半文盲大众以及不能脱离生产的知识分子。这里的知识分子是指仅仅具备学习工具（识字能力），还需进一步接受思想政治教育、抗战教育、生产教育的人。边区民众教育采取了以下形式：

（一）识字组

陕甘宁边区的自然、经济条件决定了识字组是最基本的社会教育组织形式。"陕甘宁边区人口的密度占江苏百分之五以下，山地占全面积百分之八十到九十。就影响到村庄的狭小而散漫。不易集中学习。农业差不多完全是粗放农业，工业主要的是家庭工业，就影响到劳动力过度的消费，不独成年和青年要整天参加生产而牛羊的放牧工作主要的是正需学习的儿童担任。这些就使群众缺乏学习时间，所以过去识字的人们，大部分只是念过几冬冬学。整年读书的占绝对少数。因此文盲占绝对的多数。"[1] 据保守统计，文盲占边区人口的百分之九十以上。文盲的大量存在严重影响到边区的民主政治建设和抗战动员工作。列宁曾对文盲和政治的关系进行过深刻的剖析："只要在我国还存在文盲现象，那就很难谈得上政治教育。这并不是政治任务，这是先决条件，没有这个条件就谈不上政治。文盲是处在政治之外的，必须先教他们识字。不识字就不可能有政治，不识字只能有流言蜚语、谎话偏见，而没有政治。"[2] 边区只有加强识字工作，才能提高民众文化水平，提高民众的政治参与意识。

识字组的设立，不同的地域采取了不同的形式。在乡村以一家为单位，大家庭可以一个住房为一小组。在机关、部队、企业中，以生活和工作接近的人，尤其是同吃饭同睡觉的人编成小组，以本组识字的人教不识字的人。每个村庄和每个俱乐部，设立一个识字委员会。识字委员会主要向所属小组提供学习材料，随时对不识字的成员进行教育和检查。

组长识字的由组长直接教组员识字。大部分识字组都有识字课本。没有课本的由组长抄写，每天或两三天教一次；若组长不识字，则组长在教人之前到小学或区乡政府里先请别人教会自己，再回去教本组成员。在距离乡、区政府比较偏远的地方，识字组组长还请教"小先生"。当地小学教员或教育部门工作人员也会经常去巡视指导识字小组，实行流动教学。为了推进识字的进展，第三科还经常在组织上督促动员他们学习，经常发动小组与小组、个人与个人的比赛。

识字组进行识字教学，不仅仅是为识字而识字，而是和提高组员的文化素质、民族意识，宣传抗战爱国和共产党政策等紧密结合起来。识字组

---

[1] 甘肃省社会科学院历史研究所编：《陕甘宁革命根据地史料选辑》第4辑，甘肃人民出版社1985年版，第15页。

[2] 《列宁选集》第4卷，人民出版社1995年版，第590页。

在选择要学习的字时，一般会尽量选择和民众的生活、生产相关的字，比如，有关票子、路单、门对、契约、信方面的字，这种和生产、生活相关的识字教学使民众在学习的过程中不感到枯燥和乏味。有时也会选择一些和现实政治相结合的字，比如"共产党""三三制""帝国主义""统一战线""民主"等。这就提高了群众的政治觉悟和对中国共产党政策的了解。

识字组是在边区经济极度困难的条件下开办的，边区政府不能提供太多的教育经费，大多数根据地都需要自己解决教学设备。没有粉笔，用白粘土和木炭写字；没有黑板，用木板和墙壁代替；没有教室和桌凳，在露天用砖头和石块来代替。有的边区为了提高识字热情和效率，还采用了岗哨识字牌和家庭识字牌。晋中抗日根据地的岗哨识字牌非常有趣，过路的人被查过通行证后，还必须认识识字牌的字，不认识的就教给你，必须学会才能通行。有些妇女思想保守，不愿去识字，"小先生"则上门建立家庭识字牌，把她家的物品标上名字（如在大门上写上"大门"两字，纺车上写下"纺车"），广泛地创造了识字的机会与环境。

（二）夜校、半日校和几日校

夜校是在人口比较集中的村庄、城市、机关、部队设立的补习学校，主要针对白天劳动的成人青年文盲。夜校校址一般选择在小学或方便学生上学的地方；夜校开设识字、政治、自然、军事、唱歌等科目；夜校学制一般半年到十个月；学业合格还发给证书。夜校的教员比较灵活，除了当地小学教员，有点文化的知识分子和政府机关工作人员都可以担任。

半日校和几日校附设在小学校内，有半天空闲时间的可以选择半日校学习形式，几天才有空闲时间的选择几日校的学习形式。半日校和几日校学员和小学生一起上课，采用复式教学的方式，主要招收不脱离生产的成年男女，妇女占有百分之十五的比例。

这几种学习组织形式的课本由教育厅统一配发，经费成员自筹。

（三）冬学

冬学是教育厅规定的一种经常的学制，它一般设立在人口比较集中的地方（人口多的县区，以乡为单位开办，人口少的地方一区或几个乡开办），它的主要对象是失学的青年和成年男女。冬学的课程有识字、政治常识、军事常识及军事操、自然常识（防毒防护、救护）、算术、唱歌、周会。因为冬学是在北方寒冷的 11 月至 1 月（民众不从事生产的时候）开办的，所以冬学一般要求白天全日上课，早晨上操，晚间自习，周日参加社会活动，比如抗战宣传、放哨和慰劳抗属等。

陕甘宁边区识字组、夜校、半日校、冬学统计表①
1937—1941 年

类别	时间 数量	1937 年	1938 年	1939 年	1940 年	1941 年
识字组	组		5834	3852	3580	1973
	人		39983	24107	23725	12259
夜校	所		599	535	545	524
	人		8245	8086	8706	7905
半日校	所		236	202	379	393
	人		3994	3323	5833	5990
冬学	所	382	728	643	965	655
	人	10337	12824	17750	21689	20919

以上是陕甘宁边区识字组、夜校、半日校、冬学统计表。从这个表可以看出，冬学人数仅次于识字组，它在陕甘宁边区的民众教育中发挥了重要的作用。

（四）俱乐部

俱乐部是一种比较灵活的社会教育形式。苏维埃时期，各根据地就创办了功能多样的俱乐部，它既是文化教育、娱乐体育机关，同时又是宣传鼓动和工作布置的场所。在人口稠密的城市、机关、学校、部队和企业，在农民集中的村庄，都设有条件不一的俱乐部。俱乐部的常规工作如下：

---

① 刘煜主编：《圣地风云录——延安革命纪念馆陈列内容介绍》，陕西旅游出版社 1992 年版，第 92 页。

识字：开办夜校或组织识字小组。

读报：每个俱乐部有报纸一份，每周读报一次或两次。首先由读报委员会把消息进行分析，然后大家共同讨论。陕甘宁边区要求每个俱乐部必须有一份《新中华报》，督促群众读报，组织大家了解抗战消息、政治形势。读报还有规定时间，一星期两次或三次。读报负责人必须要有正确的、系统的分析。读报时候，应择要解释，把消息进行通俗化解读和传达。

政治教育：知识分子开问题讨论会，文盲群众上政治常识课，或者请专家、负责人就重大政治问题进行专题讲演。

墙报：在识字人较多的俱乐部，每十天或半月出版一次。每人都要写稿子，内容涉及时事、生活检讨、工作报告、抗战爱国等。墙报必须要好好设计，注重美感。墙报一般放在往来人多、便于避风雨兼有空处可以立人的地方，墙报不能钉得太高，也不能钉得太低，必须便于阅读。

地方工作：在遇到九一八事变、七七事变、孙中山逝世、马克思诞辰等纪念日时，俱乐部成员要去群众中做宣传工作。平时实行礼拜六工作，即帮助抗属做工（砍柴、推磨、挑水、组织义务耕田队等）和宣传。

娱乐工作：唱歌、唱戏、讲故事、拉弦等，还有跑步、爬山、劈刀、刺枪等。在组织这样的娱乐活动中，对文化水平比较低的群众进行政治教育。

俱乐部在布置时，房子要宽大，光线要充足，内外的布置要含有抗战和教育元素，比如悬挂革命领袖肖像、遗训、国难图标、模型和军事常识等。

除了以上几种，还有民教馆、图书馆、戏剧、"小先生"制等民众教育方式。

三、民众教育与中国共产党文化领导权构建

第一，中国共产党的民众教育提高了民众的文化水平和生活质量，拉近了民众和中国共产党的距离，增加了民众对中国共产党的好感。

边区的社会教育未大规模铺开前，边区文盲众多，迷信盛行。遇到旱灾，边区民众常用迷信方式求雨。有时天气严重干旱，边区政府建议民众备荒，民众反而责怪政府多管闲事，没事找事。当旱灾到来后，民众手足

无措,"有些人,偷偷地去洗碾子;有些人,跪到庙里去烧香;同时,谣言四起,说:'西川口向神求雨,就下了雨。'于是,大家都盼望杨家湾也来'求求雨'。还有些人提议教员'领上毛头女子去各家偷摸布'。"① 这时候,教员不是嘲笑迷信群众,而是先从识字组、冬学、俱乐部、夜校、小学上课的学生进行突破,摆事实、讲道理,深入浅出地宣传科学。学生们把听到的反迷信思想带回家和家长们争辩,有些学生没有辩过家长,又到学校和教员争辩。教员们会耐心地再向学生们进行教育和解释,"现在的政府,是替老百姓做事的,毛主席不是旧社会的官,凡与老百姓有好处的事,他一定做,假如真的有神,毛主席早就领着咱们求雨去啦,还等到大家着急?"② 尽管教员进行的反迷信教育不能立即见效,但是多次教育后,民众的落后观念也会逐渐改变。改变观念后的民众,认识到只有共产党才是真正关心他们的,只有共产党才能真正地解决民众的实际问题。

因为文化落后,边区的卫生状况也令人堪忧。从延安市第二次卫生委员会各区长的报告中,可以了解到,"今年一月到四月中旬,共死去市民一〇八人,娃娃的死亡较多,死亡原因大多数是四六风,及因百日咳、感冒而转成的肺炎和卖扫帚(痢疾)。婆姨是大半死在跌身子、产后风、产后或产娃后淌血不止。大人是死在急性发热的传染病(伤寒、斑疹伤寒、回归热、肺炎),还有慢性病如肺结核,其中老年人也占一部分,大多是老病。"③ 民众的疾病不仅影响他们的生活质量,还耽误了生产,影响了抗战的兵源。边区通过读报组、卫生展览会、夜校、冬学等社会教育形式向民众进行卫生常识宣传和普及。在普通卫生方面,告诉民众要多吃营养品,不喝生水,不吃死气饭,食物要防蝇、灭蝇、灭蛆,修好井水窖,人畜分居,修厕所、开大窗、通烟筒,勤洒扫、洗浴、洗衣、晒被等等;在妇婴卫生方面,告诉产妇生产时要躺着,垫的灰要炒过,剪脐带的剪子要煮过,生产后要躺下多休息,多吃营养品,月经带要用净纸或用开水洗净的旧布片,要注意两性卫生等。边区进行的社会教育和卫生下乡都是在边

---

① 何载:《延安的光辉》,陕西人民出版社1993年版,第105页。
② 何载:《延安的光辉》,陕西人民出版社1993年版,第106页。
③ 甘肃省社会科学院历史研究室:《陕甘宁革命根据地史料选辑》第5辑,甘肃人民出版社1986年版,第285页。

区政府和中国共产党的领导下进行的,这些活动解决了群众的实际生活困难,给群众带来了实惠,所以赢得了群众的欢迎。群众通过这些活动增加了对中国共产党的好感和认同。

第二,地方干部、教育工作者和民众同甘共苦,起到了对民众的引领和模范作用。

地方干部、下派的教育工作者在办识字班、夜校、冬学的过程中,是冲在第一线的中国共产党形象代表。他们在办学过程中的组织能力、吃苦耐劳精神,以及和群众的关系,直接影响着民众对中国共产党的评价。边区政府下发开展社会教育的指示后,并不是每个乡、村都能立即响应号召,迅速将冬学、识字组开展起来的。有的地方,民众不知道教育孩子识字、上学的重要性;有的地方,距离学校太远,上学很不方便。教员即便开展了上学动员工作,但学生人数并不是次次达标。遇到动员受挫,地方干部马上行动起来。教员到岗后,不识字的指导员、村长首先自己报名,或者把自己的几个子女都送到冬学里去。干部的带头作用,使得冬学里的学生人数迅速增加。有个地方的乡文书很重视冬学,"群众怕冷,不乐意上学,他先拿自己的钱抵垫,买了木炭;学校没有粉笔,他到县上去买;他看教员开头不熟悉娃娃;他帮助上课。"[①] 冬学就这样发展起来了。干部们在民众教育中的组织能力、动员能力、时刻为群众着想的精神既让识字组、夜校、冬学顺利开办了起来,也使民众看到中国共产党基层干部时刻为民服务的模范作用,他们渐渐地对中国共产党产生了认同。

教员对民众也有重要的示范和带动作用。对担任夜校、冬学等补习学校的教员,教育厅当时有不少规定。比如,担任冬学的老师,要求"不仅要文化程度够得上教课(能看报和写简单报告的),并且必须要有相当政治水平,善于领导群众教育群众的同志"。[②] 这样的一些要求说明当时教育厅对于社会教育工作的师资素质非常重视。正是因为这样的要求,延安的学生只有具备一定条件才能被下派参加冬学、夜校的教学工作。当时被派下乡参加冬学、识字组和夜校的教员不少是延安大学、延安中学、鲁师等

---

① 何载:《延安的光辉》,陕西人民出版社1993年版,第92页。
② 陕西师范大学教育研究所编辑:《陕甘宁边区教育资料社会教育》上册,教育科学出版社1981年版,第34页。

第三章　中国共产党在抗日根据地文化领导权的构建

学校的学生。这些学生有相当一部分并不是本地人，过去没有吃过什么苦头。奔赴延安后，根据他们过去不同的文化水平，进入边区不同层次的学校。在延安中学的学生，有不少都参加了边区的社会教育实践。据当时参加过下乡教学的延安中学学生回忆他们教冬学的片段，"我们带同学到农村去教冬学，并且参加乡政府的会议，参加群众的节日活动，过年给群众写春联，等等。只要一到群众中去，对边区的生产、生活、群众支援战争的活动、陕北的历史等等，就会了如指掌，获得很多新鲜的知识。同学们初与群众接触，也有从彼此生疏到交朋友的深刻体会。"① 学生教员被派下去教书时，有些地方的冬学、识字组还没有筹备起来。学生教员们还要走村串乡，动员村里乡亲送子女入学。教员进行动员时都非常有耐心。有些村的妇女怕冷，教员就让她们呆在家，到她们家里去教她们识字。边区有一个老人，七十多岁，寒冷的冬九天还在织布，教员就把自己的火盆带给她烤火。老人感动了，"此后逢人便宣传那教员对人如何的好，'文墨'又怎样的深．她在妇女中很有声望，经她宣传的结果，全乡的妇女见了教员都非常亲热。教员通过这位老太婆组织了两个妇女识字组。"②

除了地方干部、教员的模范作用，受到教育的学员对民众也起到了一定的示范作用。一般最先进入识字组、冬学、夜校的学员，可能是干部或干部家属，也可能是乡村有点文化的，也可能是比较积极主动的民众。这些民众经过夜校、冬学的学习，提高了文化水平和政治觉悟，又因为他们常常和教员们打交道，自然思想觉悟上会更进步一些。他们文化水平、政治觉悟的提高对家人、邻居产生了辐射和带动作用，大家纷纷要求进步。

第三，民众教育中的抗日、民主理念和中国共产党价值观教育促进了中国共产党文化领导权的构建。

中国共产党无论在土地革命战争时期，还是抗日战争时期，始终坚持教育围绕着中心工作，和现实政治相结合。所以根据地采取的各种形式的社会教育，就不仅仅停留在消除文盲、抓紧生产、提高军事技能等层面，而是结合当时的政治形势，把中国共产党倡导的抗战、团结、民主理念和

---

① 贾芝主编：《延河儿女——当年延安的中学生们》，中国青年出版社1992年版，第390页。

② 何载：《延安的光辉》，陕西人民出版社1993年版，第88页。

中国共产党的价值观通过政治教育的形式植入到了民众思想深处。

各抗日根据地对民众教育有非常明确的政治内容要求。1938年6月,在陕甘宁边区教育厅关于社会教育的指示信中,就明确指出社会教育包括文字教育、政治教育和娱乐工作。政治教育以"提高群众政治水平,给群众以民族意识、抗战知能,动员群众参加救国实际行动。"① 苏中抗日根据地在1942年冬天才大规模开展冬学活动,在冬学活动中,提出了"明理第一,识字第二"的方针。所谓的明理就是政治教育,当时根据地人民最迫切的就是学会如何对日寇进行斗争,如何加强根据地的建设,所以对冬学成员进行一定的政治教育是非常有必要的。淮北抗日根据地对社会教育中的政治教育也有明确要求,农村俱乐部必须"宣传共产党及抗日民主政府的主张和政策,提高农民的民族觉悟及阶级觉悟,提高群众保卫边区、保卫中国的信心及决心,并与当前各种实际活动联系起来"。②

鄂豫边区的冬学运动开展较晚,1941年才开始创办冬学,1942年冬,边区才大规模开展冬学运动。鄂豫边区冬学教育的内容"首先进行时事教育,讲全国的、边区的、本县的抗战形势,讲支援抗战的任务和要求,讲党的方针政策,动员群众,为争取抗战胜利贡献力量;其次,在日常教学中,经常宣读边区《七七报》《挺进报》《农救报》,宣传我军胜利,揭露敌人的罪行,提高群众的民族自信心,认清抗战必胜的前途,鼓舞群众为夺取最后胜利而忍受当前的困苦,克服暂时困难"③。1944年11月,随着国际形势急剧转变,对日反攻一天天迫近,各抗日根据地要求加强对民众的反攻政治教育。在这一时期,淮北抗日根据地的冬学教育内容以提高群众反攻胜利信心、打通"靠谁反攻"的思想为中心,"这就首先必须在根据地各级干部间、广大群众间进行广泛深入的思想动员,认识目前国际有利形势,确立'靠谁反攻'、'如何准备反攻'的正确观念,树立依靠共产党、八路军、新四军及广大抗日人民自己的力量,坚持斗争,克服困难,

---

① 陕西师范大学教育研究所编:《陕甘宁边区教育资料社会教育》上册,教育科学出版社1981年版,第28页。
② 豫皖苏鲁边区党史办公室、安徽省档案馆编:《淮北抗日根据地史料选辑》第7辑,豫皖苏鲁边区党史办公室、安徽省档案馆1985年版,第76页。
③ 湖北老解放区教育史编委会编:《湖北老解放区教育史稿》,武汉大学出版社1988年版,第151页。

进行反攻，争取最后胜利，建设新民主主义新中国的坚强的信心。"①

总之，中国共产党在各抗日根据地开展的民众教育既提高了民众的文化水平、生产水平，又提高了民众的国家意识、民族意识，有力支援了抗战。有文化的民众，对所处的政权、所在的抗日根据地、中国共产党有了全新的认识，这种认识不是口头上的，而是发自内心的一种认同。中国共产党文化领导权在民众的社会教育中得以构建。

第五节 与国民党进行思想论战

抗战时期，中国共产党欲构建自己的文化领导权，必须解构当时居于正统地位的国民党的文化领导权。不打破、不推翻旧的落后的理论，新的先进的理论就建立不起来。中国共产党深悉文化领导权建立的这种规律。1940年1月，毛泽东在《新民主主义论》中指出，"帝国主义文化和半封建文化是非常亲热的两兄弟，它们结成文化上的反动同盟，反对中国的新文化。这类反动文化是替帝国主义和封建阶级服务的，是应该被打倒的东西。不把这种东西打倒，什么新文化都是建立不起来的。不破不立，不塞不流，不止不行，它们之间的斗争是生死斗争。"② 但在国共合作的抗战时期，对国民党文化领导权的"破"并不是中国共产党首先挑起的。国共合作后，中国共产党一直从民族大义出发，承认蒋介石在抗战中的领导地位，承认孙中山的三民主义为今日中国之所需，并愿为其彻底实现而奋斗。国民党不断挑衅，不断打破中国共产党的容忍底线，在中国共产党忍无可忍之后，才对假的、旧的三民主义进行回击，这种回击也解构了国民党的文化领导权。

一、国共之间思想论战背景

抗战时期，国共虽然精诚合作、共赴国难，但因为两党不同的立党理

---

① 豫皖苏鲁边区党史办公室、安徽省档案馆编：《淮北抗日根据地史料选辑》第7辑，豫皖苏鲁边区党史办公室、安徽省档案馆1985年版，第247页。
② 《毛泽东选集》第2卷，人民出版社1991年版，第695页。

论、价值观，十年内战伤疤的存在，两党之间的冲突和摩擦时而发生。在日本对国民党的挑拨和诱降下，国共之间的思想冲突、军事摩擦不断加剧。

1938年10月，广州、武汉失守后，抗日战争进行到相持阶段。此时，日本改变了对华方针，对于国民党，采取政治诱降为主，军事进攻为辅。日本诱降国民党的条件之一就是共同反共。1938年11月3日，日本近卫内阁发表了第二次《对华政策声明》，声明指出"帝国陆海军已攻克广东（州）、武汉三镇，平定中国重要地区。国民政府仅为一地方政权而已。然而，如该政府坚持抗日容共政策，则帝国决不收兵，一直打到它崩溃为止"。① 这份声明是要蒋介石放弃国共合作抗日的政策，和日本站在一边共同反共。蒋介石虽然没有接受这一声明，但他对共产党的政策开始发生一些变化：从联共积极抗日到反共消极抗日。

1939年1月21日到30日，国民党在重庆召开了五届五中全会。全会通过的宣言指出，"团结必本于真诚，而革命精神必求其纯一。"② 这里的纯一就是信仰三民主义。为了求得真诚与统一的革命精神，国民党郑重声明，"吾人绝不愿见领导革命之本党，发生两种党籍之事实。"③ 这一声明实际上否决了中国共产党在六届六中全会通过的政治决议案中提出来的国共合作方式，即共产党员加入国民党和三民主义青年团。早在国民党五届五中全会召开之前，蒋介石就对中国共产党代表王明、周恩来说明了他可以接受的国共合作方式，"共产党员退出共产党，加入国民党，或共产党取消名义将整个加入国民党，我都欢迎，或共产党仍然保存自己的党我也赞成，但跨党办法是绝对办不到。我的责任是将共产党合并国民党成一个组织。"④ 蒋介石还说，"此事乃我的生死问题，此目的如达不到，我死了

---

① 转引自张篷舟主编：《近五十年中国与日本》第3卷，四川人民出版社1987年版，第367页。
② 《中华民国史档案资料汇编》第5辑第2编政治1，凤凰出版传媒集团、凤凰出版社1998年版，第434页。
③ 《中华民国史档案资料汇编》第5辑第2编政治1，凤凰出版传媒集团、凤凰出版社1998年版，第434页。
④ 《建党以来重要文献选编》第15册，中央文献出版社2011年版，第793页。

心也不安，抗战胜利了也没有什么意义，所以我的这个意见，至死也不变的。"① 这说明，早在五届五中全会前，蒋介石已经有了取消共产党、溶共的打算了。在这次会议上，国民党成立了"防共委员会"作为防共、反共的组织。会后，国民党和国民政府的有关机构陆续下发了一系列秘密的反共文件，如《异党问题处理办法》《限制异党活动办法》《沦陷区防范共党活动办法》《运用保甲组织防止异党活动办法》等。这样，国民党就把它从抗战以来实行的联共积极抗战的方针改变为消极抗战积极反共的方针了。

国民党对中国共产党政策的调整，使国共之间的军事摩擦日益增多，并且不断升级。伴随着军事上的反共摩擦，国民党还在政治思想战线上向中国共产党展开了进攻，"在这期间，国民党开动所有宣传机器，大肆贩卖反共理论。"② 1939年5月，蒋介石在中训团发表了《三民主义之体系及其实行程序》，蒋介石在讲话中指出，国事之所以到这个样子，人民之所以受这样的痛苦，"实在是因为大家从前没有研究三民主义，不能实行三民主义，就是不懂三民主义，甚而至于违反三民主义；所以敌人敢来如此侵略我，压迫我们。"③ 蒋介石认为三民主义是最完美的主义。他指责共产主义，"他固是重于经济，近于民生主义，却不重视民族和民权主义，而且共产党人倡导民生，亦只重视一个阶级的利益，而不兼顾全民的利益。"④ 在国共合作时期，蒋介石作为国民党的领袖，对别党的理论指手画脚，这实在不妥。这样做的后果只能是激化国共已经暗藏的矛盾，并使得其他小党派、国民党反共人士及御用文人群起效仿攻击中国共产党及其信仰的共产主义。

日本的诱降政策也促使其他小党派加入到反共行列。早在1938年12月，国家社会党代表张君劢就曾给毛泽东写过一封公开信，信中指出，"苟在蒋先生领导之下，而别有一党焉，自有党军，自有特区，自标马克

---

① 《建党以来重要文献选编》第15册，中央文献出版社2011年版，第793页。
② 胡绳：《中国共产党的七十年》，中共党史出版社1991年版，第152页。
③ 中国国民党中央执行委员会训练委员会编：《重庆训练选集》，中国国民党中央执行委员会训练委员会出版社1939年版，第167页。
④ 中国国民党中央执行委员会训练委员会编：《重庆训练选集》，中国国民党中央执行委员会训练委员会出版社1939年版，第172页。

思主义，则先生所提出之'长期合作方式中之民族联盟'如何而有实现之可能乎？目前之障碍，即在此三点，应谋所以消除之，乃能达于真正之团结。吾辈既存心于御外敌保祖国而念念不忘于国家至上之一义，则何必沾沾于一党一派之利益而不肯抛弃之乎？"① 这分明是请求中国共产党将领导的军队完全交给蒋介石并放弃马克思主义。1940年3月14日，中国青年党为了给自己对日妥协和投降寻找借口，在发表的宣言中，也大肆攻击中国共产党，他们认为中国共产党热心抗战，是"想利用长期抗战的机会，巩固自身的基础，扩大红军的实力，战到最后国民党的实力消耗了，组织动摇了，于是共产党乃自然而然的取国民党政权而代之。"②

国民党反共文人叶青也夹杂其中，趁机卖弄他的假三民主义。叶青，原名任卓宣，四川南充人。1922年加入中国共产党，并在中国共产党旅欧支部做宣传工作，1925年又到苏联莫斯科中山大学学习。1926年，叶青回国，在广州、长沙等地作中国共产党的宣传工作。大革命失败后，叶青便向国民党投降，此后走上了彻底反共的道路。国民党五届五中全会后，叶青创办了《时代思潮》，纠集一伙文人，炮制了《三民主义底创造性》《三民主义底革命性》《三民主义底世界性》《民生主义与国营实业》等文章，公然攻击中国共产党和马克思主义，进行所谓的"三民主义文化运动"。

对于国民党在军事上的一再挑衅，中国共产党提出了"人不犯我，我不犯人，人若犯我，我必犯人"的原则。在此原则指导下，中国共产党多次打退国民党挑起的军事摩擦。对国民党和其他小党派反对共产主义和真三民主义的挑衅，毛泽东和中国共产党其他领导人、党内理论家也纷纷发表文章，予以驳斥。1939年6月，毛泽东在延安高级干部会议上作了《反投降提纲》的报告。此后，张闻天写下了《拥护真三民主义，反对假三民主义》《支持长期抗战的几个问题》，周恩来写下了《三民主义与共产主义》（提纲），王稼祥写下了《关于巩固党的几个问题》《关于三民主义与

---

① 《中华民国史档案资料汇编》第5辑第2编政治3，凤凰出版传媒集团、凤凰出版社1998年版，第390页。

② 《中华民国史档案资料汇编》第5辑第2编政治3，凤凰出版传媒集团、凤凰出版社1998年版，第315页。

共产主义》等文章,和国民党、其他党派进行了针锋相对的思想斗争。1940年1月,毛泽东写下了《新民主主义论》,说明了抗战胜利后中国将建立一个什么样的社会,这个国家的经济、政治、文化将是怎样的,明确阐明了中国共产党的观点。

1943年,国民党掀起了第三次反共高潮,这次反共和前两次有一些不同的特点。它首先不是出现在军事领域,而是出现在思想领域。1943年3月10日,蒋介石署名出版了《中国之命运》,鼓吹法西斯主义,公然反对共产主义和自由主义。蒋介石在书中还罗列了中国共产党的"罪过","他们对国民党内部,在各种事实上,挑起了左右派系的冲突,对于一般国民与社会之间,则煽动社会革命的阶级斗争。他们又在阶级斗争的口号之下,对于农工则视为属于共党独占的工具,而造成产业的停顿。其他经济社会之损失,更不待言。尤其是当时他们对于青年乃以读书求学为反革命,以浪漫放荡为觉悟分子。他们号召青年相率鄙弃我们民族的固有道德,甚至以礼义廉耻为顽固,孝悌忠信为腐朽。狂澜溃溢,几乎不可挽救。"[①] 蒋介石扬言"要在两年内消灭中国共产党"。此书成为国民党发动第三次反共高潮的工具。

对于国民党顽固派掀起的第三次反共高潮,中国共产党决定从政治上、思想上进行有力反击。1943年7月12日,《解放日报》发表了毛泽东的《质问国民党》。1943年7月18日,《解放日报》发表了《再接再厉消灭内战危机》的社论。此后,陈伯达的《评〈中国之命运〉》、范文澜的《谁革命?革谁的命?》、艾思奇的《〈中国之命运〉极端唯心论的愚民哲学》陆续在《解放日报》发表。《解放日报》还发表了其他人的一系列文章对国民党进行反击:《中国思想界现在的中心任务》《根绝国内法西斯宣传》《请重庆看罗马》《没有共产党,就没有新中国》《法西斯主义就是叛国、祸国、亡国的主义》《只有新民主主义才能救中国》。8月11日,毛泽东和周恩来还指示《新华日报》和《解放》杂志应"多登载反法西斯主义文章,以开展思想斗争"。[②]

[①] 蒋中正:《中国之命运》,正中书局1943年版,第95页。
[②] 《毛泽东年谱》(1893—1949)中卷,中央文献出版社2013年版,第463页。

二、双方论战的主要内容

抗战期间,国共双方的思想论战主要围绕着"三民主义与共产主义"的关系而展开。三民主义和共产主义是国共两党不同的意识形态,作为意识形态,代表着不同的党派利益和阶级利益。两种意识形态在过去的近二十年,尤其是十年内战时期,已经有过诸多较量。国民革命时期,虽然有国共合作,但造成国民党"清党"的根源还是因为国民党内一部分人士对中国共产党的共产主义抱有很深的成见。而中国共产党一方对国民党的三民主义过去也有很多不理性的认识和评价。所以进入国共合作新时期,认清两者之间的关系,不仅涉及抗战时期国共两党的发展,还涉及国共合作的大局。

第一,共产主义是否适合中国国情?

1939年,叶青发表了《三民主义底创造性》《三民主义底革命性》《三民主义底世界性》等一系列文章,论述三民主义的革命性、创造性、世界性。叶青认为,三民主义是世界上最完美的主义,中国只需有三民主义即可。马克思主义是在资本主义国家进行阶级斗争的思想,只有资本主义发达国家才适用,"在资本主义未发达,阶级分化未明了的后进国,如果要走社会主义道路,只有国营实业之一途。所以马克思社会主义或共产主义不适宜于后进国。其出现共产党乃外力使然。"[1] 后进国适合采用孙中山的社会主义——民生主义。

1943年4月,叶青发表了《中国只需要三民主义不需要别的主义》,继续攻击共产主义,认为共产主义不适合中国国情。叶青在文中指出,共产主义之所以合于中国需要,是因为它是一种经济思想和民生社会思想,它能解决中国的民生问题,但是民族和民权问题,它是不能解决的。"共产主义不能解决这两个问题,还能说是合于中国需要吗?"[2] 叶青认为,共

---

[1] 高军、李慎兆等编:《中国现代政治思想史资料选辑》下册,四川人民出版社1986年版,第480页。

[2] 高军、李慎兆等编:《中国现代政治思想史资料选辑》下册,四川人民出版社1986年版,第528页。

产主义合于中国需要,是就理想的理想需要,而共产主义不合于中国的需要,是不合于中国的现实需要。

针对叶青之流提出来的"共产主义不适合中国",中国共产党主要领导人分别撰文进行了严厉地批驳。毛泽东在《新民主主义论》的讲演中指出了国民党顽固派所谓的"共产主义不适合国情"叫嚣的本质——顽固分子们的资产阶级专制主义。共产主义作为崭新的思想体系和社会制度,"是区别于任何别的思想体系和任何别的社会制度的,是自有人类历史以来,最完全最进步最革命最合理的。"[①] 中国的民主革命,"没有共产主义去指导是决不能成功的。"[②] 王稼祥在《关于三民主义与共产主义》一文中指出:"任何企图证明只有三民主义适合中国而马克思列宁主义不适合于中国的说法都是错误的反动的,任何希望以三民主义来融化和消灭共产主义马列主义的企图都是非科学的反革命的。"[③] 1943年8月2日,周恩来在延安欢迎会发表的演说中指出,国民党之所以说"共产主义不适合中国"是因为"他们最怕我们用马列主义的照妖镜,在中国人民面前,照出他们第五纵队的原形"。[④] 共产主义不但适用于中国,而且已经毛泽东同志的发展,"成为在中国土地上生根的共产主义了。"[⑤]

第二,中国共产党的共产主义是否具有民族性?

针对叶青之流提出的"共产主义不包含民族主义和民权主义,所以为中国所不需",毛泽东以《新民主主义论》进行了有力回击。共产主义和中国实际相结合的新文化就是新民主主义文化,这种文化是"反对帝国主义压迫,主张中华民族的尊严和独立的"。[⑥] 毛泽东提出,我们应该吸收进步的外国文化,作为自己文化食粮的原料,但是对于外国文化,必须批判地吸收。马克思主义在中国的应用也是如此,"必须将马克思主义的普遍真理和中国革命的具体实践完全地恰当地统一起来,就是说,和民族的特

[①] 《毛泽东选集》第2卷,人民出版社1991年版,第686页。
[②] 《毛泽东选集》第2卷,人民出版社1991年版,第686页。
[③] 《建党以来重要文献选编》第16册,中央文献出版社2011年版,第640—641页。
[④] 《建党以来重要文献选编》第20册,中央文献出版社2011年版,第512页。
[⑤] 《建党以来重要文献选编》第20册,中央文献出版社2011年版,第512页。
[⑥] 《毛泽东选集》第2卷,人民出版社1991年版,第706页。

点相结合,经过一定的民族形式,才有用处,绝不能主观地公式地应用它。"①

1943年,蒋介石《中国之命运》一书出炉。蒋介石在书中指出,"至于自由主义与共产主义之争,则不外英美思想与苏俄思想的对立。这些学说和政论,不仅不切于中国的国计民生,违反了中国固有的文化精神,而且根本上忘记了他是一个中国人,失去了要为中国而学亦要为中国而用的立场。其结果他们的效用,不过使中国的文化陷溺于支离破碎的风气。"②蒋介石把中国的共产主义等同于苏俄思想,忽视了已经被中国共产党人中国化了的共产主义的民族性。

5月5日,《解放日报》社论《中国思想界现在的中心任务》指出,"一切法西斯欺骗宣传的核心,就是假装的民族主义。希特勒、墨索里尼、日本军阀,都向他们国内的人民宣传他们的所谓民族主义,但是这与真正的革命的民族主义,是毫无相同之点的。"③中国共产党不仅是中国无产阶级的先锋队,还是中华民族的先锋队,中国共产党一直在为中华民族的独立与解放而奋斗。共产国际解散,并不是要削弱各国共产党,而是要加强各国共产党的民族化。中国共产党进行反主观主义、宗派主义和党八股的整风运动,"就正是为了使中国共产党更加民族化,更加适合抗战建国的需要。"④民族化的共产党,将马克思主义和中国国情实际相结合,创造出了中国共产党的共产主义——毛泽东思想。毛泽东思想就是民族化的中国共产主义。

第三,三民主义和共产主义有何异同?

叶青还把孙中山的民生主义和共产主义混为一体。叶青认为,"民生主义从其注重人民底生活与'要众人能够共产'的'大目的'看来,与社会主义或共产主义相同。所以在这里可以说'民生主义就是社会主义,就是共产主义,不过办法各不相同'。"⑤显然,叶青把三民主义中的民生主

---

① 《毛泽东选集》第2卷,人民出版社1991年版,第707页。
② 魏宏运:《中国现代史资料选编》第4册(抗日战争时期),黑龙江人民出版社1981年版,第637页。
③ 《建党以来重要文献选编》第20册,中央文献出版社2011年版,第311页。
④ 《建党以来重要文献选编》第20册,中央文献出版社2011年版,第326页。
⑤ 高军、李慎兆等编:《中国现代政治思想史资料选辑》下册,四川人民出版社1986年版,第464页。

义等同于共产主义。

三民主义和共产主义到底是怎样的关系？两者有何异同？早在国共合作前夕，董必武就发表了《共产主义与三民主义》一文。在这样的时期，中国共产党选择让董老发文，本应是希望国共党员和普通民众能从董老（曾经是追随孙中山的老同盟会党员，后来又信仰了共产主义）身上看到三民主义和共产主义的一致性，以保持国共合作抗战的大局。董老在文中指出，"没有一个中国共产党员妄想在这样落后的经济条件上建立共产主义社会……我们共产党主张这样干，这与孙中山先生所遗留的三民主义在现阶段真正实施起来，没有什么不相容的地方。这就是中国共产党员可以而且应当拥护革命的三民主义的理论的基础。"[①] 正是因为有这样的一致性，中国共产党人愿意为三民主义而奋斗。为三民主义而奋斗，就是为共产主义而奋斗，这里没有任何的阳奉阴违、模棱两可。毛泽东在《新民主主义论》一文，也回答了三民主义和共产主义的一致性。在资产阶级民主革命阶段，两者的基本政纲相同："一九二四年孙中山重新解释的三民主义中的革命的民族主义、民权主义和民生主义这三个政治原则，同共产主义在中国民主革命阶段的政纲，基本上是相同的。"[②] 这也成为国共合作的基础。

那么，共产主义和三民主义有哪些不同之处？周恩来指出，三民主义和马列主义虽然有一些相同的地方，但在"世界观、人生观、社会观及哲学方法论上有基本的不同，即在民族、民主及社会政策上也有许多差异"。[③] 王稼祥在《关于三民主义与共产主义》一文中也指出了二者的区别，"孙中山的学说与马克思、恩格斯、列宁、斯大林的学说是根本不相同的，譬如说，在哲学方面，前者是唯心论，后者是辩证唯物论；在社会学方面，前者是否认阶级斗争和唯物史观，而后者正是阶级斗争学说与唯物史观学说的创始人；在经济学方面……总之，前者是激进的民主主义者的学说，而后者是无产阶级的学说，当然其学说的范围、广博与历史地位，是不宜乎比拟的。"[④] 中国共产党坚决反对叶青之流把三民主义和共产

[①]《建党以来重要文献选编》第14册，中央文献出版社2011年版，第310页。
[②]《毛泽东选集》第2卷，人民出版社1991年版，第687—688页。
[③]《建党以来重要文献选编》第16册，中央文献出版社2011年版，第562页。
[④]《建党以来重要文献选编》第16册，中央文献出版社2011年版，第639页。

主义混同。

对待三民主义和共产主义的关系，中国共产党认为，科学的态度是阐明二者之间客观上存在的一致和区别，不可以任意夸大其相同性，也不可以任意夸大其相异性。二者是如此不同的理论体系，如果资产阶级顽固派还要求中国共产党收起"共产主义"，"不是资产阶级的专制主义，就是毫无常识了"。①

三、思想论战与中国共产党文化领导权构建

构建文化领导权，既是一项艰巨的理论工程，又是一项复杂的技术工程。因为是技术工程，就需要考虑每道工序的细节，这考验着中国共产党构建文化领导权的技术和技巧。抗战期间，中国共产党充分利用两次论战，积极部署，重视宣传的火候和时机，在回击国民党对中国共产党及共产主义的造谣和诽谤中，进行文化领导权构建。

首先，在论战中传播了共产主义，教育了民众。

在蒋介石《中国之命运》未出版之前，重庆方面的《中央日报》《扫荡报》《大公报》等报纸，已经在重要的版面上刊登该书要提前扩大发行的消息，大加鼓吹。该书出版后，国民党动用一切宣传机器，宣扬、鼓吹《中国之命运》，还进行各种阅读后的有奖征文活动。两个月后，日文版《中国之命运》在日本国内，甚至在它的占领区广为发售。不久，美国也出版了两种版本的《中国之命运》。

对于国民党高规格的宣传态势，中国共产党沉稳应对。《中国之命运》虽有对中国共产党及其军队的攻击，但在国共合作大局下，延安还是保持了适度的克制。但如何打赢这场宣传仗，毛泽东心中有数。1943年4月6日，毛泽东电悉重庆周恩来，建议"我方应取守势，持彼方进攻再行反驳，而不应事先公开发表文章，但应向张治中口头提出询问，并可在小党派间先作口头声明"。② 4月22日，毛泽东让陈伯达就蒋介石《中国之命

---

① 《毛泽东选集》第2卷，人民出版社1991年版，第688—689页。
② 力平、方铭：《周恩来年谱》（1898—1949），中央文献出版社1998年版，第564页。

运》写一意见，请政治局成员看后再考虑办法。5月21日，共产国际宣告解散。国民党蠢蠢欲动，决定就共产国际解散发表宣言，要中国共产党交出军权和政权。面对中国共产党可能存在的被动，周恩来建议中央立即发表决定，以免被国民党抢先。5月31日，中共中央书记处下发了关于纪念抗战胜利六周年宣传工作的指示，指示要求"抗战六周年纪念之宣传应该集中于我军在敌后坚持抗战之英勇壮烈，并说明我们之所以能够坚持的原因，借以击破游而不击、封建割据及交出军队、政权之类的反动宣传"。[①] 中央还要求各战略根据地负责同志均须作文章，对于文章题目，中央作了统一要求：多作生动活泼之描述与分析总结，少用枯燥无味之表格统计。7月21日，《解放日报》以整整两刊发表了陈伯达《评〈中国之命运〉》。对如何宣传陈伯达的评论文章，毛泽东在两天之前就专门提出了指示：以约5000字登载于社论位置，其余接登第四版，一天登完。以两天或三天广播之，并请每日广播两次。另印一小册子，亦请在日内印出，印15000份。可以看出，这是中国共产党策划的一次大规模的反击宣传，毛泽东对此特别重视，还专门让陆定一负责校对文字，不能有差错。除了在《解放日报》上登载陈伯达文章，中央还要求各抗日根据地必须在当地的报纸上发表这一文章。这就扩大了批判的范围，教育了更多的民众。对于这篇文章，中共中央还要求各根据地印刷成小册子，"一切干部均须细读，加以讨论。一切学校定为必修之教本。一切地方应注意散发到国民党军队中去。应乘此机会作一次对党内党外的广大宣传，切勿放过此种机会。"[②] 与此同时，毛泽东还致电给重庆的董必武，要求南方局将此文印译为中英文小册子，在中外人士中散发，并搜集各方面对此文的反应。

从这一系列部署中，可以看出毛泽东对这次思想论战和宣传工作的重视。中国共产党要构建自己的文化领导权，必须对已有的文化领导权进行解构。蒋介石信心满满地以为《中国之命运》发表后会获得各方关注和好评，没有想到却招致中国共产党如此高密度、大规模的反击。在对《中国之命运》的反击中，中国共产党教育了群众，扩大了共产主义宣传。

其次，在宣传中国共产党及其领导的八路军、新四军的抗战业绩中构

[①] 《建党以来重要文献选编》第20册，中央文献出版社2011年版，第329页。
[②] 《毛泽东年谱》（1893—1949）中卷，中央文献出版社2013年版，第458页。

建文化领导权。

　　思想论战，主要是理论斗争，中国共产党领导人和党内理论工作者针对"三民主义和共产主义"写下了不少文章对国民党的反共、企图溶共的政策进行了反击，但中国共产党没有停留在口水战层面上，而是向全国人民和国外媒体摆出了八路军和新四军的抗战业绩。1943年8月23日，《解放日报》发表了社论文章《国共两党抗战成绩的比较》，"共产党抗击了全部侵华敌军共三十六个师团六十万人的百分之五十八（三十五万人），国民党仅仅抗击百分之四十二（二十五万人）。共产党又抗击了全部伪军六十二万人的百分之九十以上（五十六万人），国民党仅仅牵制伪军不足百分之十。"① 同日，《解放日报》还登载了《中国共产党抗击全部伪军概况》。这样的业绩展示，三岁小孩也能看明白。抗战期间，战绩是最吸引人视线的。中国共产党对战绩不仅仅进行这样的报纸宣传，还要求"专门进行两个月党内及民众中的阅读、讨论、演讲、座谈，深入党员群众及工农兵群众，并争取各中间阶层，将各重要文章、文件、新闻印成总集，发干部阅读"② 。向民众进行抗战业绩展示，比起对民众进行共产主义理论宣传，前者方式和材料更受民众喜欢和接受。抗战期间，民众更多关心的是抗战的实绩，而不是高高在上的冰冷的理论。通过对抗战业绩的比较，民众也在不断审视、权衡着国共两党，究竟哪个党派能真正代表民族的利益？代表民众的利益呢？在比较中，民众倒向了中国共产党一边。

　　最后，论战推进了马克思主义的中国化，增加了中国共产党意识形态对民众的亲和力。

　　中国共产党欲构建文化领导权，必须要有统领民众思想的新文化，即中国共产党的意识形态体系。中国共产党的意识形态是马列主义，这在创党之初就已经明确，但马列主义毕竟是来自欧洲国家的一种域外文化。这种文化在中国传播过程中若要被民众认同，就必须实现它的中国化，即结合中国国情、中国历史和中国传统文化，用中国老百姓熟悉的语言和风格进行诠释。1938年10月，毛泽东在中国共产党六届六中全会上提出了"马克思主义具体化"这一概念后，中国共产党加快了马克思主义中国化

---

① 社论：《国共两党抗战成绩的比较》，载于《解放日报》1943年8月23日。
② 《建党以来重要文献选编》第20册，中央文献出版社2011年版，第569页。

的进程。

抗战时期,"三民主义和共产主义"的论战不仅教育了民众,还推进了马克思主义中国化的进程。国民党顽固派在攻击共产党时,总以共产主义是苏俄的思想,中国共产党人唯苏俄马首是瞻,人云亦云;中国共产党只提倡阶级斗争,忽视民族革命。这些攻击在一定程度上刺激、催生了中国共产党人的民族本位意识,"民族本位意识促使中国共产党人清醒认识到中国的国情以及马克思主义与中国实际相结合的必要性。"[①] 毛泽东的《新民主主义论》也正是在国民党顽固派的思想攻击下的马克思主义中国化的产物,它清晰地展示了中国共产党人的政治形象。这种用中国老百姓比较熟悉的语言、风格形成的意识形态体系比之过去苏俄式的马克思主义,更具有亲和力,更容易被中国民众认同和接受。

---

① 陈金龙:《近代中国民族主义与马克思主义中国化》,载于《华南师范大学学报(社会科学版)》2010年第4期。

第四章
中国共产党在国统区文化领导权的构建

毛泽东曾就"领导权"指出,"所谓领导权,不是要一天到晚当作口号去高喊,也不是盛气凌人地要人家服从我们,而是以党的正确政策和自己的模范工作,说服和教育党外人士,使他们愿意接受我们的建议。"[①] 毛泽东此时的"领导权"虽然是指中国共产党在抗日根据地的三三制政权中的政治领导权,但其关于获取政治领导权的方法却给抗日根据地和国统区中国共产党文化领导权构建以极大的启示,尤其是对国统区中国共产党文化领导权构建具有重要的指导意义。抗战时期,中国共产党在抗日根据地是有职有权的执政党,所以中国共产党可以按自己的意愿和节奏部署文化领导权。但在国统区,政治生态环境不同于抗日根据地,中国共产党构建文化领导权的方式和策略必定会和抗日根据地有较大的不同:在国统区,中国共产党建立文化统一战线,积极争取文化人;搭建不同的理论宣传平台,巧妙传播中国共产党意识形态;借助根据地和国统区的文化交流来传播中国共产党意识形态;改变话语方式,宣传中国共产党理论。这些方式有效地促进了国统区民众对中国共产党的了解和认同,促进了国统区中国共产党文化领导权的构建。

第一节 建立文化统一战线,积极争取文化人

抗战爆发后,大批知识分子涌入延安和各抗日根据地,中国共产党逐

[①] 《毛泽东选集》第2卷,人民出版社1991年版,第742页。

渐认识到知识分子在文化领导权构建中的重要性，改变了知识分子政策，通过对知识分子的改造，中国共产党造就了自己的无产阶级化的知识分子。在国统区，南方局根据中共中央知识分子政策和文化运动的指示，借助国民政府军事委员会政治部第三厅和文化工作委员会，通过建立文化统一战线，团结了大批进步文化人，这些被争取过来的文化人成为中国共产党在国统区的得力代言人。

一、国统区建立文化统一战线

抗战爆发后，中国共产党在领导抗战和与知识分子打交道的过程中，越来越深刻地认识到知识分子对中国共产党革命的重要性，毛泽东发表了《大量吸收知识分子》的文章，要求党的大门必须向坚持抗日的知识分子敞开。1940年9月10日，中共中央对国统区和各抗日根据地的文化运动进行了部署，中央指出，"在国民党统治区域很可能广泛发展与极应该广泛发展的一项极端重要的工作，是抗日文化运动。这项工作的意义在目前有头等重要性，因为他不但是当前抗战的武器，而且是在思想上干部上准备未来变化与推动未来变化的武器。"[①] 为了推动国统区文化运动，中共中央要求国统区加强文化统一战线工作，"对于文化运动的进行，应该联合一切不反共的自由资产阶级（即民族资产阶级）与广大小资产阶级的知识分子共同去做，而不应使共产党员尖锐突出与陷于孤立。"[②] 1941年6月，中共中央再次发布了一个关于建立文化统一战线的指示，要求大后方、敌占区和根据地能"团结一切抗日不反共的文化力量，建立文化运动上最广泛的统一战线，向着一个共同的目标，反对民族敌人——日本帝国主义，反对民族投降主义，反对黑暗复古主义"。[③] 这一指示使南方局加强了对国统区抗战文化运动和文化统一战线的领导。

抗战爆发后，文化界也有了加强联合的自觉。卢沟桥事变后，面对日

[①]《建党以来重要文献选编》第17册，中央文献出版社2011年版，第526页。
[②]《建党以来重要文献选编》第17册，中央文献出版社2011年版，第526页。
[③] 南方局党史资料征集小组：《南方局党史资料——文化工作》，重庆出版社1990年版，第9页。

本的暴行，文艺界同仁不逃避、不屈服，以笔杆子为武器，纷纷加入到抗战行列中。有些文化人还到民间和军队去服务和宣传，以便得到关于抗战的第一手资料，充实写作能力，激发民众抗战精神。但是，"在这神圣的抗战中，每个人都感到问题是怎样的复杂，困难是如何的繁多。即专就文艺本身而言，需怎样表现才更深刻？取何种形式才更合适？用什么言语才更有力量？都成为问题。就是印制与推行也都遇到不少的困难，减降了宣传的顺利。每个人都想竭尽才力，切盼着相当的收获，可是每个人都遭到这定非单骑所能克服的艰难。"[①] 个人无所遵循，个人力量有限，这就需要文艺界联合起来。只有联合起来，才能杀出血路，齐心协力反攻；只有联合起来，文艺界才有通盘战略，共雪国仇。

在中共中央强调加强国统区文化运动前，周恩来就已经在部署南方局的文化统一战线。长期身处国统区的周恩来有着与国统区不同势力、不同党派打交道的丰富经验。周恩来认为，抗战时期，国统区的统一战线工作不仅仅是国共关系，还包括文化界、青年、妇女界的统一战线。中共中央关于国统区文化运动的指示和文艺界要求联合起来的呼声，使南方局更为重视国统区的文化统一战线工作。为了更好地理解国统区文化统一战线的工作，这里有必要对推进国统区文化统一战线的南方局、军事委员会政治部第三厅、文化工作委员会作一点介绍。

抗战爆发后，为了推进国共合作，中共中央决定在武汉建立中共中央长江局，统辖在南方的中国共产党的工作。长江局由项英、周恩来、博古、董必武等人组成。六届六中全会纠正了王明在统一战线问题上的右倾投降主义后，中央撤销了长江局。1939年1月，南方局在重庆成立。南方局由周恩来、博古、凯丰等人组成，周恩来担任书记，负责统战工作，南方局代表中央领导国民党统治区和沦陷区党的各项工作。

面对日本帝国主义的威胁和民众对国民政府抗战的不满，南京国民政府进行了机构改组，成立了南京国民政府军事委员会政治部。军委会政治部部长由陈诚担任，副部长由在国民党中有较大影响力的周恩来担任。政治部之下，设立了一个文化宣传机构——第三厅。经过长江局的斗争，第

[①] 南方局党史资料征集小组：《南方局党史资料——文化工作》，重庆出版社1990年版，第78页。

三厅厅长由在文化界威望较高的郭沫若担任。周恩来和郭沫若的影响使第三厅成为中国共产党在国统区可以利用的合法机构，借助这一平台和郭沫若的影响力，中国共产党南方局团结了国统区各民主党派、人民团体，团结了思想界、文艺界、学术界的著名人士、社会贤达，第三厅成为"名流内阁"，也成为中国共产党在国统区领导下的具有文化统一战线性质的机构。

周恩来对第三厅工作倾注了诸多心血。郭沫若、阳翰笙等多次到周恩来处请示第三厅如何开展工作。周恩来指出，"我们到第三厅去，不是去作官而是去工作，去斗争，去坚决斗争，而且是一种非常尖锐复杂的斗争，我们要有高度的警惕性，要有很高的策略思想，不要那么天真，不要那么盲目乐观，工作是不会一帆风顺的，但也不要悲观。你们三厅的人要团结起来，要放手工作。"[①] 针对社会上有些人轻视、低估第三厅工作，周恩来耐心教育第三厅工作人员，必须重视这个政权机构，这是一个可以好好利用的宣传平台，"我们拿着三厅这个招牌，就可以用政府的名义，组织团体到前线去，也可以到后方去，到后方大大小小的城市乡村去，公开地、合法地、名正言顺地进行宣传，既可以宣传民众，也可以宣传士兵。"[②] 可以看出，周恩来对工作总是能够做到高瞻远瞩，他看到了第三厅在构建中国共产党文化领导权中的长远作用。

蒋介石原本希望借助第三厅来改善南京政府形象，但随着第三厅工作的开展，蒋介石担心中国共产党借助第三厅在国统区进行宣传和组织发展。在第一次反共高潮中，蒋介石对第三厅的警惕不断增强，竟然几次强迫第三厅工作人员集体加入国民党。郭沫若等人愤而提出了集体辞职。在郭老等人退出第三厅后，蒋介石担心第三厅人员前往延安，便成立了一个企图束缚进步文化人的机构——文化工作委员会。文化工作委员会虽不是一个政权机构，但"文工会"在周恩来、董必武、王若飞的具体领导下，将国统区大批著名文化人吸引了过来，比如著名作家沈雁冰、舒舍予（老舍），教育家陶行知，历史学家邓初民、翦伯赞，自然科学家卢于道，还有胡风等文艺家。借助文工会，中国共产党团结了更多的国统区文化界

---

① 阳翰笙：《风雨五十年》，人民文学出版社1986年版，第179页。
② 阳翰笙：《风雨五十年》，人民文学出版社1986年版，第180页。

人士。

二、积极争取文化人

国统区和抗日根据地的政治生态不同，国民党为了确保自己的文化领导权，也会借助政权，采取小恩小惠拉拢小党派和中间势力的文化人。1937年7月14日，蒋介石邀请各党各派领袖和文化教育界名流在庐山举行谈话会，听取他们对国事的意见。1938年7月，第一届参政会第一次会议邀请一些在国内外颇有影响的知识分子参加，开会期间，蒋介石还邀请个别有影响的文化人参加宴席。在文化人从香港撤退到桂林时，蒋介石专门派人前往拜访并以政府名义要接他们回重庆。抗战后期，国统区物价飞涨，大多数知识分子生活拮据、忍饥挨饿之际，蒋介石派人前往慰问并提供帮助。可以看出，中国共产党若要在国统区和国民党争夺文化人，将面临众多的挑战。这种挑战既有国民党的专制威胁，又有文化人的个人选择。那么，南方局又是怎样争取文化人的呢？

（一）交朋友争取文化人

争取国统区文化人、进步的国民党左派，是中国共产党在国统区的一项重要的统战工作。1939年冬到1940年春，国民党挑起了第一次反共摩擦，党内有一部分干部甚至是重要干部就认为国民党及中央军都是顽固派，对他们的方针只能斗争，把党屡次号召加强统一战线的指示当作耳边风，置之不理，等待内战，或悲观失望，束手无策。中共中央在《关于开展统一战线工作的指示》中严厉批评了这样的工作作风，对统一战线中不注意交朋友的方式提出了警告，"对于这种交朋友工作毫无成绩的地方须受到党的严重责备，你们必须根据这一决定检查你们自己的工作。"[①]

中共中央关于在统一战线中交朋友的工作重点虽是在军队，但却对文化界的统一战线，尤其是国统区文化界的统一战线工作具有重要的指导意义。皖南事变后，中国共产党将国统区一部分接近中国共产党的文化人转

[①] 《建党以来重要文献选编》第17册，中央文献出版社2011年版，第470页。

移到了香港，几个月的时间，香港聚集了众多文化人。南方局在香港负责文化工作的是廖承志，廖的工作较为繁重。周恩来针对廖就文化人到港后的工作汇报，建议廖对待文化战线上的朋友及党与非党干部，"第一不能仍拿抗战前的眼光看他们，因他们已进步了，已经过一次考验了，第二不能拿抗战前的态度对待他们，因他们已经过一些政治生活，不是从前上海时代的生活了，第三，我们也不能拿一般党员的尺度去测量他们，去要求他们，因为他们终究是做上层统战及文化工作的人，故仍保留一些文化人的习气和作风，这虽然如高尔基、鲁迅也不能免的，何况他们乎。因此，我们必须学习列宁、斯大林对待高尔基的眼光、态度和尺度，才能帮助和提拔这般文化人前进。"[①] 周恩来始终是把国统区的进步文化人当作朋友一样来对待。是朋友，彼此间就应该有尊重、包容和大度。正是这样的尊重和包容，国统区的文化人也才把中国共产党当作自己的知音，和中国共产党在国统区一道与国民党投降派、顽固派进行坚决的斗争。

（二）南方局时刻关心国统区文化人的安全

皖南事变后，南方局坚决执行"隐蔽精干、长期埋伏、积蓄力量、以待时机"的方针，在党内外进行斗争形势教育，并决定有计划撤退爱国进步的文化人。南方局和少数左派人士根据受迫害的可能将文化人分成三类并做了相应的安排，"一是身份已经暴露的党员或党外骨干，必须从速离开国统区，由八路军办事处送延安解放区或江南新四军；二是在重庆已不便工作、但以后可以继续工作的同志，则安排去香港或西南，并在桂林、昆明开辟新的工作；三是身份比较隐蔽，尚可留在重庆，或工作需要，必须留在重庆的，留下坚持斗争。"[②] 周恩来不顾个人安危，亲自抓进步文化人撤离重庆的工作。在周恩来的指示下，文委工作人员前往进步文化人住处，和他们主动沟通，做他们撤离重庆的动员工作。撤退时，有路费困难的，南方局给予资助。如此关心和细心，怎能不把进步文化人吸引到中国共产党这边呢？

---

① 南方局党史资料征集小组：《南方局党史资料——文化工作》，重庆出版社1990年版，第7页。

② 阳翰笙：《风雨五十年》，人民文学出版社1986年版，第283页。

1941年12月，香港沦陷后，在港文化人和爱国人士随时面临被日寇迫害的危险。中共中央急电重庆的周恩来和在香港的廖承志、潘汉年、刘少文，指示他们将在港文化人和爱国人士营救出港并转移到内地或南洋等较安全的地方。南方局接电后，表示坚决执行中央指示，不惜任何代价，营救在港民主人士和文化人。周恩来对在港文化人的撤退进行了周密和详尽的部署，"政治活动人物可留桂林，文化界的可先到桂林，《新华日报》出去的可来重庆，戏剧界朋友可由夏衍组织一旅行团，赴西南各地，暂不来重庆。极少数的朋友可去马来亚。少部分能留港者尽量留，但必须符合秘密条件。宋庆龄、何香凝及柳亚子、邹韬奋、梁漱溟等，应派人帮助他们离港。撤退、疏散及帮助朋友的经费，均由我党在港的存款中开支。"[①] 在广东省委、香港党组织及部队负责人的部署下，经过三个多月的紧张工作，从日军的严密封锁下营救出民主人士、文化界人士七八百人。这些被营救出来的文化人，后来成为中国共产党宝贵的财富。

（三）南方局关心国统区文化人生活

抗战后期的重庆，经济衰败，物价飞涨，许多作家的生活陷入水深火热之中。老舍曾在《新蜀报》上以"文与贫"为题，直陈作家们的困窘："书业不景气，文艺刊物很少，报纸上的文艺副刊似有若无，有时候文章写好而无从发表，作家们就只好对着文章发愣。这么一来，有的人便没法不去另找职业，而在公余之暇写点文章。人既不是铁打的，白天办公或教书，夜间写文章，怎能吃得消。于是因劳成疾，人文两败。因贫而病，因病而更贫，文人们乃陷于苦海中。"[②] 曾写过《啼笑因缘》《金粉世家》的著名作家张恨水生活贫困，住在南温泉一简陋的"夹壁"茅屋中，外面下雨，屋里也滴滴嗒嗒地下小雨。每当下雨时，张恨水便急忙在屋中摆几个大小瓦盆接雨水。

面对国统区文化人经济上的窘困，中华全国文艺界抗敌协会在南方局

---

① 南方局党史资料征集小组编：《南方局党史资料——大事记》，重庆出版社1986年版，第180页。

② 重庆市渝中区政协委员会文史资料委员会：《重庆渝中区文史资料》第9辑（内部发行），重庆市渝中区政协文史资料委员会1997年版，第96页。

的支持下，于1940年1月27日召开了座谈会。到会的有老舍、阳翰笙、葛一虹、华林、罗荪、王亚平、方殷、光未然、陈纪莹、胡风、陈白尘、梅林、风子等二十六人。与会者就提高稿费，保障版权、版税等问题交换了意见。《新华日报》还发表文章积极支持这一运动。南方局除了活动上进行支持，还直接从经济上帮助文化人。1940年冬天，著名戏剧家洪深的女儿因为药价上涨无钱治病而身亡，洪深本人又得了慢性疟疾等疾病，也无钱治疗。痛苦无奈之际，一家三口服毒自杀，幸亏及时被发现，经过抢救才得以脱险。洪深在自杀前的遗书中写道，"一切都无办法：政治、事业、家庭、经济如此艰难，不如归去。"① 周恩来得悉后，派人前往慰问洪深并资助其全家治疗休养。1944年8月20日，著名作家王鲁彦因患肺结核无钱治疗，病逝于桂林。周恩来得知后，除了发唁电，还嘱冯雪峰转送捐款。《新华日报》接连发表了王鲁彦的死因、死讯、追悼等相关消息，各地各界人士纷起响应悼念活动。

（四）南方局关心国统区文化人的政治进步

南方局不仅在安全、经济上关心国统区文化人，在政治上也非常关心他们的成长与进步。皖南事变后，南方局倡议成立了国统区的戏剧阵地——中华剧艺社。当时在周恩来身边的工作人员和八路军办事处负责与文化界联系的几位同志，常到剧艺社"串门"，他们和演员们一起谈艺术、谈时局。剧艺社的赵慧还把同仁路曦带到周恩来住所参加文艺界人士茶话会，路曦曾经这样描述周总理一家给她的印象："总理谈笑风生，邓大姐亲切和蔼。我从未料想到，周恩来同志竟是如此平易近人。特别是他那渊博的学识，精辟的见解，潇洒的风度和那足以装下五湖四海的胸怀，真使我对中国共产党信任、景仰、敬佩到了极点。"② 在国统区周恩来住所，开办面向文化界的茶话会、座谈会不是一次两次，周恩来总是借机耐心地向他们讲解国际国内政治形势，国共两党、八路军和抗日根据地的情况。

---

① 南方局党史资料征集小组编：《南方局党史资料——大事记》，重庆出版社1986年版，第142页。

② 南方局党史资料征集小组编：《南方局党史资料——文化工作》，重庆出版社1990年版，第292页。

"多少次难忘的夜晚,周恩来同志与文艺界朋友的谈话,从晚八点直至次日清晨。朋友们每次和周恩来同志详谈后,都心情激动,得到很大的启发和鼓舞,以后多少天都要彼此交谈,领会周恩来同志谈话内容。逐渐,他们思想清楚了,斗争目标明确了,也看到光明前途,充满信心。"①

三、国统区文化人与中国共产党文化领导权构建

南方局对国统区文化人的关心和帮助,使文化人看在眼里、记在心里。他们纷纷以自己的行动来支持中国共产党,在坚持抗日和反国民党投降、妥协、退步的斗争中,他们和中国共产党站在了一起。

第一,宣传中国共产党倡导的抗战文化,激发民众的抗战意识。

抗战初期,为了争取抗战胜利,中国共产党提出了以提高人民的民族文化和民族觉悟为目标的新教育制度,抗战文化逐渐成为中国文化发展的主流。长江局在武汉迅速响应中共中央抗战文化的号召,积极组织和策划抗战宣传活动。"抗战扩大宣传周"活动就是中国共产党在武汉领导的一次大规模的宣传活动,这次活动得到了国统区众多文化人的支持。郭沫若和第三厅文化人都积极参与了这场抗日宣传活动,郭沫若组织了好几场演讲,"郭老在当时就是一位极出色的鼓动家,凡是大的群众场合都有他演讲。"② 冼星海、张曙等音乐人,在歌咏宣传日,和民众一起高唱爱国歌曲,"起来!不愿做奴隶的人们""大刀向鬼子们的头上砍去""打回老家去""工农兵学商,一起来救亡""到前线去,一起上前线"……这样的宣传激发了民众的抗战意识,民众也以各种方式纷纷支援抗战。

众多文化人也从自己的专长出发,响应中国共产党坚持抗战到底的呼吁。1938年3月27日,"全国文艺界抗敌协会"成立,老舍在周恩来推荐下当选为常务理事,并担任了总务组长。老舍从过去的小说创作方向转向了通俗的抗战文艺宣传,并在"文协"创办的《抗战文艺》上发表了不少关于抗战的文章。老舍创作为什么会转型?他曾这样说,"我想报个人的仇,同时也想为全民族报仇,所以不管我写得好不好,我总期望我的文字

---

① 张颖:《文坛风云亲历记》,生活·读书·新知三联书店2012年版,第31页。
② 阳翰笙:《风雨五十年》,人民文学出版社1986年版,第186页。

在抗战宣传上有一点作用。……我还知道，即使敌人与我个人无仇无怨，可是他抢的是中华的地土，杀的是我的同胞，假若这样的仇恨，还不足激动我的心，我就不算人了，更何有于文艺？"[①] 国统区其他文化人，郭沫若、茅盾、邹韬奋、沙千里等人都发表了不少鼓舞中国民众坚持抗战的作品。戏剧界、美术界、音乐界、自然科学界的文化人也纷纷从自己的专长出发，支援抗战。

国统区文化人推动的抗战文化，增强了国统区民众的民族意识，提高了民众的政治觉悟。只有民众政治觉悟的提高才能促使民众对现实政治进行正确的判断和思考：抗战时期，国共双方，哪一方才能真正代表民众的利益？哪一方能坚持抗战到底？哪一方能带领民众实现民族独立？在这种判断和抉择中，国统区民众也在不断考量着中国共产党。

第二，配合中国共产党，揭露投降派、顽固派的卖国、妥协、退让。

抗战期间，国民党掀起了三次大规模的反共摩擦，国统区的文化人坚定地站在了共产党一方，在重庆、桂林、香港发文揭露国民党的妥协退让政策。

皖南事变后，国民党实行文化专制，国统区政治空气异常沉闷。南方局考虑到直接揭露国民党投降、倒退、反共的文章在国统区肯定不能通过审查发表，周恩来就找戏剧界的阳翰笙、陈白尘商议，决定以戏剧作为突破口，去冲破国统区的文化封锁。根据周恩来的指示，阳翰笙、陈白尘出面邀请戏剧界的朋友，筹备组建了"中华剧艺社"。"剧艺社"上演了周恩来亲自过问、阳翰笙编写的历史剧《天国春秋》。这部历史剧"剧情结合现实，反对分裂，鞭挞奸佞，观众反映强烈，连演20场，为借古喻今的历史剧占领重庆话剧舞台打响了第一炮"。[②] 1942年，重庆公演了郭沫若编写的历史名剧《屈原》。周恩来对话剧《屈原》异常重视，把它视为和国民党作斗争的重要手段。这部话剧，从编写到排练、上映，周恩来倾注了大量心血。当"中华剧艺社"排演时，周恩来特别嘱咐，要尽一切努力演好这个戏，并亲自去看排演。周恩来在仔细听了《雷电颂》的朗诵后，告

---

① 孟丹编：《孟广来论著集：老舍研究》，文化艺术出版社1991年版，第40页。
② 南方局党史资料征集小组编：《南方局党史资料——文化工作》，重庆出版社1990年版，第323页。

诚演员,"注意台词的音节和艺术效果固然重要,但尤其重要的是充分理解郭老的思想感情,要正确表达。因为这是郭老说给国民党顽固派听的,也是广大人民的心音。可以预计在剧场中,它会引起观众极大的共鸣。这就是斗争。"① 戏剧界的斗争在当时的"雾重庆"发挥了极大的作用。

在这一时期,国统区文化人还联合起来和国民党进行斗争。皖南事变后,茅盾、邹韬奋、范长江、金仲华等九人联名发表《我们对于国事的态度和主张》,痛斥国民党对日妥协投降倾向及其对文化事业的残酷迫害。1945年2月,巴金、戈宝权、老舍、司徒慧敏、沙千里、周谷城等众多文化界人士没有被白色恐怖吓倒,签名参加了重庆文化界进步人士发表的《文化界对时局进言书》,要求结束国民党一党专政,实行民主政治。

国统区文化人在中国共产党影响和支持下的这些斗争,将国民党妥协、投降的丑陋形象暴露在国统区广大民众面前,使广大民众认清了国民党的真面目。在对国民党的不断否定中,民众开始逐渐接纳坚持抗战、团结、民主的中国共产党人。

第三,介绍中国共产党、抗日根据地建设、八路军新四军的抗战业绩,扩大中国共产党影响力。

通过别人之口进行宣传比通过自己之口进行宣传更为有效,也更让人信服,国民党也深谙此理。所以,国民党特别希望通过国统区文化界和小党派之口来宣传自己。但遗憾的是,受到中国共产党影响的大批国统区进步的文化人更愿意宣传延安和中国共产党,这有力推动了中国共产党文化领导权在国统区的构建。

邹韬奋,救国会负责人,生活书店总经理,进步文化人,他在国统区文化界有广泛的影响力。1937年12月6日,邹韬奋一行到达广西郁林(今玉林)。刚在旅店附近吃了晚饭,就有大群青年男女围了上来,前呼后拥伴随着,要求他多留一天给同学们演讲,"他们本已决定次日早晨四点钟离开,再三婉谢,终于被这一群热情的青年连夜请到学校里去。这时快到熄灯时间,有的同学本已入睡,全校七百多名学生听到韬奋来了,都集合到大操场听他们演讲。次日早晨三点多钟,青年们又赶早起床,高唱

---

① 南方局党史资料征集小组编:《南方局党史资料——文化工作》,重庆出版社1990年版,第323页。

第四章 中国共产党在国统区文化领导权的构建

《义勇军进行曲》和《抗战歌》前来送行。"① 今天，看到这样的文字，想象一下当时的场景，任何人都会为之动容。一个拥有如此号召力和影响力的著名党外文化人，如果在国统区宣传共产党和《论持久战》《新民主主义论》，那将是怎样的效果呢？1938年4月，邹韬奋在他主编的《抗战》（最高销量曾经达到三十万份）上发表文章和报道，介绍中国共产党领导的陕甘宁边区的各方面概况和八路军情况。作为一个具有独立思想的文化人，邹韬奋对国共双方有着理性的判断。中国共产党和国民党十年内战时，邹韬奋没有介入，他认为这纯属政党之争。通过与中国共产党在组织文化人香港大撤退时的交往和苏北抗日根据地一行，邹韬奋彻底转变了自己的思想，不仅他创办的刊物成为宣传马列主义、毛泽东思想的阵地，他经营的生活书店更是成为宣传中国共产党思想的平台。

抗战结束后，被中国共产党争取到的国统区文化人，在中国共产党的领导下，掀起了国统区轰轰烈烈的民主运动，这一运动冲击着国民党的专制统治，国民党政权危在旦夕。这一部分文化人和解放区的文化人在新中国成立后合流，成为中国共产党巩固文化领导权的重要力量。

第二节 搭建多种理论宣传平台

宣传在构建文化领导权中的作用，葛兰西曾用"召唤"一词来形象概括。葛兰西认为共产党对民众的宣传，将"召唤接受这些思想的新的社会力量，动员根据内部规律行动的组织和处于萌芽状态的政权机构投入到生活中来，通过这些组织和政权机构，群众实行自己的领导，增强自己的历史责任感，来创造条件建立新兴的共产主义社会"。② 在国统区，中国共产党也知道"召唤"曾经受到国民党影响的民众对建设新政权的重要性。但问题的关键是中国共产党在国统区如何"召唤"未来的新生力量？中国共

---

① 复旦大学新闻系研究室编：《邹韬奋年谱》，复旦大学出版社1982年版，第108页。

② 马恩著作编译局、国际共运史研究所编：《葛兰西文选》（1916—1935），人民出版社1992年版，第99页。

产党根据国统区未来新生力量整体文化素质比抗日根据地要高的现实，搭建了不同的理论宣传平台来进行"召唤"。中国共产党在国统区的理论宣传平台主要有：《新华日报》和《群众》周刊；生活书店、读书出版社、新知书店。

一、《新华日报》和《群众》周刊

《新华日报》是中国共产党在国统区公开发行的唯一一份报纸，中国共产党创办这份报纸非常不易。早在南京筹办时，一些国民党顽固派就多方设置障碍，阻止报纸的创办。到武汉后，国民党又采取拖延的态度，报馆派人到湖北省政府申请注册时，"主管注册的人说，'你们共产党要在我们省里办报，我们将请示中央。'拿出邵力子部长批准的文件给他看也不行，说'这不能算数，我们还得请示'。原来是上面有人授意湖北省主席何成濬阻止《新华日报》出版。"① 直到蒋介石点头同意，才算正式通过。1938年1月11日，《新华日报》正式出版发行。

《新华日报》一经出版，就受到了各界的高度关注。因为它消息灵通、干预时政、议事精辟，和武汉的《武汉日报》《扫荡报》《大公报》《汉报》等报相比，销路比较顺畅。国民党顽固派非常着急，不惜采取压制、迫害的方式来阻挠《新华日报》的发行。

《新华日报》发行不到一周，光天化日之下，就遭到了国民党匪徒的故意破坏。1月17日下午六点半，"突有匪徒二、三十人，身着便衣，手持短斧，行动健捷，蜂拥闯入本馆营业部，首将电话割断，肆行捣毁，并高呼'先打机器要紧'，即有多数人冲入机器房乱打机器，推翻排字架一座，直至宪兵队，警察队闻警驰至，始行散去。"② 潘梓年就此次破坏向国民党中宣部提出了抗议，还附上了被捣毁的器物清单。以后，这样的寻衅滋事时有发生。

皖南事变后，国民党对《新华日报》的发行更是变本加厉进行阻挠。

---

① 韩辛茹：《新华日报史》上卷，中国展望出版社1987年版，第3页。
② 《中华民国史档案资料汇编》第5辑第2编文化1，凤凰出版传媒集团、凤凰出版社1998年版，第505页。

第四章　中国共产党在国统区文化领导权的构建

国民党时期的报纸发行都是通过报贩再送到读者手。皖南事变后，宪兵警察竟然责难报业职工会，不准他们的职工推销《新华日报》。国民党宪兵甚至还花了五千元加国民党官位收买了报贩头目邓发清。1942年2月1日深夜，便衣特务竟在报馆附近寻找各种借口，阻挠中央社稿件送达《新华日报》报馆，妄图影响报纸编排。报馆工作人员在外出时还常常遭到便衣特务的跟踪，对经常出入报馆的读者，特务们也不放过，常常进行跟踪和恐吓。

国民党还通过设置的新闻检查所阻挠《新华日报》的发行。在武汉时期，国民党就成立了武汉新闻检查所，由武汉警备司令部主管。国民党的新闻检查制度要求，不管是日报晚报、大报小报，即便是通讯稿、增刊、特刊，"于发行前均须将全部稿件，无论社论、专论、专电、通讯、特讯、特写、专访、信件及其他一切副刊文字并广告等，一律送由各该所新闻检查所检查。"[①] 如果不送检，必须接受惩罚，一日不送检，书面警告；二日不送检，罚停刊三日；三日不送检，罚停刊一星期；超过三日仍不送检，罚停刊半月以上。国民党对《新华日报》的送检，特别重视。在国共关系紧张时，"中国共产党""八路军""新四军""陕甘宁边区"这些词都不允许见报。

《群众》周刊创刊于1937年12月11日，比《新华日报》创刊早一个月。《群众》周刊和《新华日报》互相配合，在周恩来的直接领导下，联合作战。对于《群众》周刊的特点，周恩来曾经这样概括："《群众》的编辑方针，同《新华日报》毫无二致，差别在于《群众》是党刊，是理论性刊物，它要更多地从马克思列宁主义出发，要更多地从理论的角度出发，帮助广大读者理解抗日战争的正义性，理解抗日战争胜利的必然性。同时，还要从理论上批判一切不利于抗战以致破坏抗战的反动言论。"[②] 而《新华日报》则侧重于时事、政策和新闻。不过，有时二者区别并不那么明显。在《新华日报》未创刊、暂停刊时，党的一些重要的文章就通过《群众》周刊进行介绍。

[①] 《中华民国史档案资料汇编》第5辑第2编文化1，凤凰出版传媒集团、凤凰出版社1998年版，第418—419页。

[②] 许涤新：《群众周刊大事记》，红旗出版社1987年，第4—5页。

虽然国民党进行各种迫害，设置重重关卡，《新华日报》和《群众》周刊的工作人员在长江局、南方局的领导下，团结一致，取得了宣传战线的一系列成绩。《世界新闻与舆论》曾这样介绍，"在战争开始以来的二十二个月内，中国共产党的机关报《新华日报》已成为中国人民最爱读的报纸了。它在国内发行的份数共计五万，这是一个惊人的数字。现在无论在重庆和西安，在乡村中或是在前线上，在沦陷区或是在上海、广州、天津等地的租界中，《新华日报》到处都被人阅读着。"[①] 作为在国统区唯一发行的党报党刊，《新华日报》和《群众》周刊一起担负了展示中国共产党形象，宣传八路军、新四军战绩和传播马列主义，构建中国共产党在国统区文化领导权的重任。《新华日报》和《群众》周刊又是怎样在国统区构建中国共产党文化领导权的呢？

第一，《新华日报》和《群众》周刊通过向国统区民众介绍马列主义和毛泽东思想、八路军新四军的抗日战绩、陕甘宁边区的建设和民众生活，进行文化领导权构建。

马列主义是中国共产党的意识形态，国统区的《新华日报》经常会在俄国十月革命胜利周年纪念日前后，马克思、恩格斯、列宁诞辰日等重要节点，择机介绍马列经典作家的思想理论。以1940年为例，《新华日报》就发表过几篇列宁的文章：《巴黎公社底教训》《马克思学说的历史命运》《写给女工们——妇女问题理论介绍之二》《列宁论托尔斯泰》等。1940年，恩格斯诞辰一百二十周年纪念，《新华日报》发表了《纪念恩格斯的诞生》《恩格斯的生平、著作及其事业》《纪念恩格斯感言》等，《新华日报》还转载了苏联《真理报》纪念恩格斯的文章。

《新华日报》是中国共产党在国统区的党报，所以介绍中国共产党领袖毛泽东的思想和活动是报纸的重要任务。1939年，《新华日报》登载了毛泽东的多篇文章：《中国军队应当学习苏联红军——为苏联红军二十一周年纪念》（此文为毛泽东应苏联《真理报》征文而作）《五四运动》《当前时局的最大危机》《中共领袖毛泽东论目前国际形势与中国抗战——对本报驻延安记者谈话》《我们对于过去参政会工作和目前时局的意见》《斯

---

① 转引自黄淑君、杨淑珍等：《抗日民族统一战线的号角——战斗在国统区的〈新华日报〉》，重庆出版社1995年版，第134页。

大林是中国人民的朋友》等。1939年7月8日,《新华日报》特刊发表了毛泽东写的《当前时局的最大危机》。这一文章是毛泽东为纪念抗战爆发两周年而写的文章,揭露了顽固投降派的阴谋,表明了中国共产党坚持抗战到底的决心,在国统区引起了很大的震动。1939年10月19日,《新华日报》发表了毛泽东同中央社、《扫荡报》、《新民报》记者的谈话,毛泽东警告顽固派,"任何方面的横逆如果一定要来,如果欺人太甚,如果实行压迫,那末,共产党就必须用严正的态度对待之。"[①]《新华日报》还报道一些毛泽东出席和参与的活动:《陕甘宁组织生产队,毛泽东等同志参加劳动》《蒋介石派员到延安慰问八路军负伤将士,毛泽东同志设宴招待》等。这些介绍使国统区民众能及时了解到中国共产党领袖毛泽东的动向。

《群众》周刊也发表了一系列介绍马列理论和毛泽东思想的文章。为了宣传马克思列宁主义,《群众》周刊还刊登过相关经典著作中的文章。1939年,《联共(布)党史简明教程》出版后,《群众》周刊曾发表了相关的学习资料,帮助读者深化理解教程内容。1940年,延安发动了反对主观主义、教条主义、"党八股"的整风运动,这是中国共产党在新时期进行的一场全党马克思主义学习运动。《群众》周刊不断刊载延安整风的文件和毛泽东关于整风的文章,借以教育国统区的中国共产党党员和党外进步人士。整风运动得以在国统区产生了积极的反响。

《新华日报》和《群众》周刊对八路军、新四军的对日作战也进行了相当篇幅的报道。1938年8月25日,八路军成立一周年,《新华日报》发表社论,评述八路军一年以来的对日作战成绩,回击了国民党对八路军"游而不击"的攻击。12月16日,《新华日报》又报道了10月、11月八路军作战总结。1939年1月8日,《新华日报》发表了彭德怀的讲话《华北抗战概况与今后形势估计》,介绍了八路军在晋东南区、晋察冀边区及津浦线收复了五十多个县的全部土地。《新华日报》还对新四军的战斗进行了报道。五一节前夕,报纸连续两天刊登了新四军副军长项英在新四军大会上作的《新四军一年来抗战的经验与教训》的报告,还刊登了军长叶挺和项英的照片。

[①]《毛泽东选集》第2卷,人民出版社1991年版,第590页。

《群众》周刊也发表了一些中国共产党抗战的理论文章。1938年1月8日,《群众》周刊第一卷第五期发表了周恩来的《怎样进行持久抗战》,周恩来指出,"只有持久抗战,才能争取最后胜利,这是抗战五个月中最主要的教训!"① 周恩来还提出了争取持久抗战胜利的八项具体办法。1938年5月21日,《群众》周刊第一卷第二十三期发表了徐向前的《开展河北的游击战争》。徐向前指出了河北在中国持久抗战与取得抗战胜利上的意义,纠正了平原地带不适合游击战争的观念,提出平原地带的游击队活动要依托地形上的山地森林便利条件,还要与广大人民结合,创造平原地的"人山"。《群众》周刊还发表了中国共产党其他领导人关于抗战的文章,这些文章使国统区民众认识到中国共产党不仅始终坚持抗战,还对抗战胜利充满信心,因为他们有一整套抗战的游击战略方针。这不仅树立了中国共产党在国统区民众心中的抗战形象,也激励、鼓舞国统区民众的抗战必胜信念。

《新华日报》还介绍了陕甘宁边区的经济、政治、文化建设和民众生活。1939年,陕甘宁边区开展了轰轰烈烈的大生产运动,《新华日报》作了很多报道,《陕甘宁边区的生产运动》《生产运动在抗大》《生产运动在延安》《延安生产运动中,一群劳动英雄们》《开荒去!——陕甘宁边区生产运动一瞥》《陕甘宁边区生产运动近况》《陕甘宁边区的农民》《陕甘宁边区生产运动超过原来计划》等。这使得国统区民众了解到中国共产党领导的抗日根据地是自力更生的模范根据地。

第二,借助报刊读者构建文化领导权。

中国共产党在国统区创办《新华日报》和《群众》周刊,就是希望通过报刊的正确舆论,引导国统区的民众对中国共产党产生认同,从而构建起中国共产党在国统区的文化领导权。读者一般是最先觉悟的群体,他们对中国共产党的认同可以带动更多民众关注中国共产党。

《新华日报》对这一群体非常重视。首先是设置了《读者信箱》栏目,作为报社和国统区民众沟通的桥梁。这个专栏登载读者来信、解答读者问题,还鼓励广大工农读者给报纸投稿。国统区的工人、学生、教师、机关

---

① 《建党以来重要文献选编》第15册,中央文献出版社2011年版,第6页。

职员纷纷给报馆寄信和投稿，谈心声，诉烦恼，把《新华日报》看作最可信赖的朋友。报馆会选择一些典型的读者来信选登在报纸上，还附有编者答复。编者的答复不落俗套，有着自己独立的见解，既回答了读者的问题，又耐心地对读者进行了思想教育。

其次是召开读者座谈会。《新华日报》发行一月有余，报馆就在郑州、武汉组织读者座谈会，恳请读者多提批评意见，以便改进报馆工作。读者多为青年学生、工人，还有一部分机关职员、店员等，他们真诚地给报社提出了意见。报馆把开会的情况在报纸上进行通报。报馆还呼吁各地组织成立读者会，借报纸进行抗日救亡。

《新华日报》如此细致地进行读者服务和沟通工作，是因为他们知道读者是国统区中最进步、最先响应中国共产党号召的群体。事实也的确如此，读者们经过《新华日报》的阅读和学习，觉悟大大提高，他们纷纷用自己的行动来支持中国共产党。皖南事变后，报贩们不敢再卖《新华日报》，报馆临时组织了一批流浪的儿童，对他们进行政治教育和文化教育后，他们勇敢地在国统区继续卖报并和国民党的压制、迫害进行斗争。读者对报童们非常关心，"当这些小尖兵在蒸人的烈日下满身大汗地为读者送去报纸的时候，许多读者为他们准备了凉茶；当他们遇到骤雨的时候，读者们借给他们雨具；当他们过分疲劳发生了急症的时候，读者们给他们吃仁丹和济众水；当他们遇到了特务捣乱留难，熬着饥饿为读者送去报纸的时候，读者们殷勤地留他们吃饭；当他们挨了打，受了伤的时候，读者们为他们上药和裹伤；当他们被特务抓走了的时候，读者们更关切地亲自跑到报馆递口信。"[①] 读者对报童的关爱，实质上就是对《新华日报》的支持，就是对中国共产党的认同。

第三，出售马克思、恩格斯、列宁、斯大林、毛泽东等人的著作。

《新华日报》营业部是对敌斗争的前沿阵地。营业部分为发行课和图书课，发行课主要负责发行《新华日报》，图书课负责售卖国内外的进步书刊。一进入图书门市部，就可以看到墙上列宁的语录：没有革命理论，就没有革命的行动。据曾在图书门市部工作过的管佑民回忆，"书架上、

---

① 新华日报社编：《新华日报的回忆》，四川人民出版社1979年版，第134页。

书柜里摆满国内各种进步书刊,有延安解放社的书籍,如毛主席的著作《新民主主义论》《整顿党的作风》《在延安文艺座谈会上的讲话》《论联合政府》等;有当时苏联国际出版社出版的中文和俄、英、法、德等文种的马列著作;还有全国各种各样的进步书刊。"[1] 国民党常常派特务到门市部盯梢,看是否有违禁书售卖。报馆工作人员总会采取各种机智办法和特务们周旋,及时把来自延安的进步书籍送到渴望革命知识的读者手中。

二、生活书店、读书生活出版社、新知书店

生活书店、读书出版社、新知书店是在国统区开设的三家书店,它们倾向进步,宣传抗日救国理论,后来接受了中国共产党的领导,成为中国共产党在国统区进行文化领导权构建的重要平台。

生活书店成立于1933年,它的前身是《生活》周刊社。《生活》周刊创刊于1925年10月,是上海中华职业教育社的一个机关刊物,专供该社成员阅读。1933年7月,《生活》周刊与中华职业教育社脱离关系,生活出版合作社(对外号称"生活书店")正式成立。邹韬奋当选为书店经理。从此,生活书店在邹韬奋的领导下,进入了大发展时期。

读书生活出版社于1936年2月由李公朴、柳湜、艾思奇等人在上海创立,其前身是读书生活社。上海沦陷后,读书生活出版社一部分迁往武汉,开辟了新的战斗阵地。武汉、广州失守后,读书生活出版社迁往重庆。1939年读书生活出版社在重庆改名为读书出版社。

新知书店其前身是《中国农村》月刊社和《中国经济情报》周刊社。这两个刊物都是中国农村经济研究会的机关刊物。1935年夏,《中国农村》和《中国经济情报》两刊物面临停刊,中国农村经济研究会商议集资筹办书店。1935年秋,新知书店在上海成立,钱俊瑞任理事长,徐雪寒与华应申负责业务,姜君臣主持编辑工作。

国统区的这三家书店之所以能在中国共产党构建文化领导权中发挥作用,主要在于它们接受了中国共产党组织的领导和影响。以当时三家书店

---

[1] 新华日报社编:《新华日报的回忆》,四川人民出版社1979年版,第309页。

第四章　中国共产党在国统区文化领导权的构建

中最有影响的生活书店为例,邹韬奋在开办生活书店之前,并不是一个马克思主义者,他是一名坚持改良、具有进步倾向的民主主义者。可是后来邹韬奋却几次向中国共产党提出了入党申请。他的思想转变是如何发生的?

首先,生活书店总经理邹韬奋具有进步倾向。1931年,邹韬奋看到胡愈之的《莫斯科印象记》,深受影响,主动找胡愈之,两人成为知己,而胡愈之此时身份已经是中国共产党党员了。从此,"无论是政治问题,还是事业上的问题,韬奋都倾心地和胡交谈。他不仅请胡按期为《生活》周刊写国际问题的文章,还请胡参加周刊编辑工作,书店的图书编辑工作也借重于胡愈之。"①

其次,中国共产党对邹韬奋的欣赏和积极争取。邹韬奋不仅在国统区青年中有很广泛的影响,在延安和抗日根据地也深受中国共产党领导人器重。1938年4月下旬,夏衍从广州到武汉,就《救亡日报》一些问题请示长江局的周恩来。周恩来告诉夏衍,"你要好好学习邹韬奋办《生活》的作风,通俗易懂,精辟动人,讲人民大众想讲的话,讲国民党反动派不肯讲的话,讲《新华日报》不便讲的,这就是方针。"② 从周恩来对夏衍的工作指示中可以看出,周恩来是非常欣赏邹韬奋的工作作风和办报风格的。

胡愈之等进步人士对邹韬奋的影响,中国共产党南方局对邹韬奋的积极争取,使得邹韬奋的思想渐渐发生了变化。邹韬奋常常去重庆曾家岩八路军办事处拜访周恩来同志,向他请教政治问题,并接受南方局对生活书店工作的指示。当邹韬奋向党组织提出入党申请时,周恩来建议他以党外人士身份留在国统区工作。邹韬奋接受了组织的安排,继续留在国统区从事进步工作。

1941年皖南事变后,邹韬奋接受中国共产党安排,前往香港,躲避国民党的迫害,并积极开辟新的战场。年底,太平洋战争爆发,在港的进步文化人面临危险,邹韬奋接受了中国共产党的营救计划和安排,安全地撤出香港,并在广东的一个小村庄里,研读了马克思的重要著作《资本论》,

---

① 南方局党史资料征集小组编:《南方局党史资料——文化工作》,重庆出版社1990年版,第268页。

② 夏衍:《巨星永放光芒》,载于《人民日报》1978年3月2日。

这时邹韬奋已经不能再回到国统区，他接受中国共产党建议去了苏北抗日根据地。

另外两家书店也和生活书店有相似的经历：书店主要领导人向中国共产党靠近，中国共产党或派地下党以店员身份打入内部或在书店设立党支部直接领导。1940年夏天，重庆南方局周恩来在红岩嘴专门接见了生活书店的徐伯昕、读书出版社的黄洛峰、新知书店的徐雪寒，"指示他们除继续在国民党统治区域做好出版发行工作外，还应以民间企业的形式去延安和华北敌后开展图书发行工作。"① 三书店接受中国共产党指示，将分店开到了解放区。皖南事变后，三书店接受中国共产党南方局安排，将工作重心先是转移到了香港，后又转移到了桂林。

中国共产党积极争取三家书店，就是希望书店在国统区中国共产党文化领导权构建中发挥作用。那么，三家书店在中国共产党文化领导权构建中发挥了怎样的作用呢？

第一，出版发行马列主义、毛泽东等人的著作，传播中国共产党意识形态。

生活书店不仅出版抗战救亡书籍，还出版了不少马克思主义经典著作和其他理论著作，如恩格斯的《反杜林论》（吴理屏译，原先由南强书局出版，后来又由生活书店出版）、恩格斯著《费尔巴哈论》（张仲实译）、恩格斯著《德国农民战争》（钱亦石译）、斯大林的《论民族问题》（张仲实译）等，还出版了多种以马克思的理论观点撰写的著作。1938年3月18日，生活书店《店务通讯》发表了《毛泽东先生在去年十二月答复杜绝先生的问话》，传达毛泽东的有关指示。抗战初期，涌入武汉的人很多，到生活书店的读者也特别多。当时在生活书店，最畅销的书籍是毛泽东、周恩来等中国共产党领导讲述抗战形势的书。

读书出版社在发行马列理论著作方面也不逊于其他两家出版社。汉口时，出版社花重金和郭大力、王亚南两位同志合作，请他们翻译并出版了《资本论》。读书出版社当时还出版了不少其他进步书籍，如艾思奇翻译的《新哲学大纲》《大众哲学》《帝国主义》等通俗读物。1940年10月，八

---

① 南方局党史资料征集小组编：《南方局党史资料——大事记》，重庆出版社1986年版，第100页。

路军办事处一位同志给读书出版社成都分店送来了《新民主主义论》。这本书翻印出来后，前来购买此书的人络绎不绝。当时书店售书人员回忆，"有的人买几本，还有买上十本的，不少读者还向我点头微笑。"[①] 不到半个小时，约一千本《新民主主义论》已经全部卖完。

新知书店自成立时就受中国共产党组织的领导，所以宣传马列主义、毛泽东思想是它的重要任务。新知书店在取名时，就希望能向民众介绍"新的知识"，这"新的知识"就是马克思列宁主义。所以新知书店编辑出版和发行的书籍，不管是政治经济学、文学艺术，都是以马列主义的立场来研究中国问题的书籍，比如薛暮桥的《农村经济基本知识》和《经济学》、狄超白的《通俗经济学讲话》、胡绳的《辩证法唯物论入门》、吴清友译的《帝国主义论（增订本）》（苏联世界政治、世界经济研究院增订）及许多抗战的小册子。新知书店在全国各地也开了不少分店，据新知书店广州分店的工作人员回忆，"当时新知的出版物，最受欢迎的是毛主席的著作、马列主义的著作和论述党的政策方针的书籍。延安出版的《解放》周刊是最畅销的杂志。"[②] 皖南事变后，国民党对进步书籍审查很严，书店的书架上空了不少，有员工建议发售国民党官方书店的一些书籍，书店领导层予以拒绝，因为这违背了新知书店的最初发行原则。

三家进步书店所出售的书对国统区民众产生了很大影响。在重庆，"这只要到当时重庆书店街——武库街一看就非常明白：新华日报营业部、生活书店、新知书店、读书出版社和它的同盟者的进步书店如上海杂志公司，终日都是人挤人，而国民党办的书店则真是门可罗雀。"[③]

第二，重视员工的政治学习。

三家书店虽然都是接受中国共产党领导的，但并不是每个店员都是中国共产党党员，在书店内部，中国共产党党员身份的店员毕竟只是少数。不过，这并不重要，关键是书店负责人的政治倾向和信仰。因为他们的政

---

① 范用编：《战斗在白区：读书出版社》（1934—1948），生活·读书·新知三联书店2001年版，第195页。

② 《新知书店的战斗历程》编委会编：《新知书店的战斗历程》，生活·读书·新知三联书店1994年版，第95页。

③ 范用编：《战斗在白区：读书出版社》（1934—1948），生活·读书·新知三联书店2001年版，第190页。

治信仰将会影响书店员工整体政治素质和觉悟。为了推进书店店员的政治素质，三家书店经常进行各种各样的政治学习。

生活书店的邹韬奋对店员的政治素质极为重视，他曾多次邀请南方局领导人到店里作国内局势方面的报告。1939年10月，邹韬奋邀请周恩来到书店二楼对四十多名店员和同仁作《国际形势与中国抗战》的报告。后来，邹韬奋还邀请叶剑英、董必武、秦邦宪、徐特立、凯丰等人到书店作报告。在读书出版社，店员的学习每次都是有计划、有领导、有组织地进行。每次学什么书、学多少，店里有着统一的要求。书店组织了每周一次的读书会，黄洛峰、万国钧同志带头参加，引导大家一起学习《政治经济学》《大众哲学》《联共党史》《新民主主义论》等书。新知书店的学习活动也很多。虽然平时上班辛苦，但大家学习热情非常高，下班后，大家以自学为主，有时也进行集体讨论。为了能让店员认清形势，店里专门邀请了中国共产党代表团的同志来店里进行讲解，或者当其他书店有类似报告时，大家都会前去听讲。通过这些学习活动，提高了店员的政治觉悟。

第三，开展多样化的读者服务，向读者传播进步思想。

三家书店拥有分布全国各地的众多读者，书店通过为读者提供细致、周到、多样的服务，使读者对中国共产党产生认同。

读者是书店的生命。好的书店无一不是以读者为朋友的。生活书店之所以能迅速发展、壮大，拥有众多海内外读者，就是因为它始终坚持"努力为社会服务，竭诚谋读者便利"的办店方针。生活书店不仅为读者代办全国图书杂志订阅服务，代办文具和日常用品订购服务，还解答读者读书和生活上的困惑与困难。正因为如此周到的读者服务，生活书店成立六年，在全国各地的邮购读者就达到五万人以上。1939年5月，生活书店成立了读者顾问部，不仅解答读者读书和生活上的疑难问题，还定期选择有价值的图书（不限于本版）推荐给读者。

读书出版社最先没有门市部，主要以批发和邮购为主。邮购读者的面非常广，几乎遍及全国大部分省的城镇，这一工作具有较大的政治意义。如果面向读者的服务细致周到，便可以把他们争取过来。当时的读者出版社每天收到邮购信件几十封，内附汇票和购书单，有的几角几元，有的几百元。有些甚至是希望读书出版社代购其他出版社的书。读书出版社工作人员回忆，"每逢碰到这样的邮购信，我们总是千方百计到上海各书店各个角落为其采购，甚至要到处寻觅，直至尽到最后努力，给读者寄出。"[1]在国统区，读者从读书出版社购买进步书籍是冒着极大政治风险的，所以读书出版社的每个工作人员都希望通过最热情和细致的服务表达对读者的感谢，而这样的工作理念也使得读者和出版社建立了真挚的感情。

新知书店也非常重视和读者的关系。新知书店有相当一部分读者是外地的，所以新版书或再版书一到货，所有工作人员都会在晚上一起整夜加班打包，一早发出去，以便读者能尽早看到新书。桂林新知书店一般是晚上七点关门，但常常在晚上九点才关门。有时过了九点，读者还舍不得走，书店就默默延长工作时间。为了提高广大读者对读书的兴趣，桂林新知书店还出版了八开的刊物《文化线》免费赠送读者。书店的华应申同志经常熬夜为《文化线》的"开卷有益"栏目写书评，引导、指导读者买书和读书。正因为新知书店用心对待每一位读者，读者因此和书店成为了好朋友，读者也通过各种方式支持书店。

在国统区，民众的整体文化水平普遍比抗日根据地民众要高，所以中国共产党充分利用党报党刊、出版发行的三家书店这两大合法平台，在国统区洒下了革命的火种，传播了革命的思想。这些报刊、书籍的读者和他们影响下的民众成为抗战胜利后中国共产党的坚定支持者。正是因为他们的响应，中国共产党在解放战争时期才开辟了第二条战线，加速了蒋介石政权的灭亡。

第三节　借助国统区和抗日根据地的文化交流

文化交流是双方了解和沟通的桥梁。在一定意义上，文化交流更多的是双方的一种智慧交流、情感交流、心灵交流。抗战时期，国统区和抗日根据地进行过多次文化交流，这些文化交流在深化国共两党合作的基础上，也使得国统区民众对延安和抗日根据地有了更多的了解，有力地促进了中国共产党在国统区文化领导权的构建。抗战时期，国统区和抗日根据

---

[1] 范用编：《战斗在白区：读书出版社》（1934—1948），生活·读书·新知三联书店2001年版，第152页。

地之间进行了哪些文化交流？这些文化交流又是如何推动中国共产党文化领导权构建的？

一、国统区人员前往延安和抗日根据地的文化交流

国共合作后，因为涉及双边谈判，国共两党之间的接触增多，交流也渐渐增多。中国共产党代表团，中国共产党驻武汉、桂林、西安等地的八路军办事处成为中国共产党在国统区的合法机关，也成为中国共产党展示自身形象的平台。借助这一平台，中国共产党充分发挥自身的统战优势，将国统区的进步文化人、国民党左派吸引到自己身边，也促使他们想前往根据地以加深对中国共产党的了解。

（一）北路慰劳团

1939年9月9日下午，国民党政府组织的北路慰劳团途经延安，延安举行了盛大的欢迎仪式。毛泽东、肖劲光、柯庆施等亲自前往迎接，可以看出，中国共产党非常重视这次参观。在中央大礼堂的欢迎晚会上，毛泽东发表讲话，强调了国共两党团结的重要性，"团结是总方针，除了团结没有别的方针，团结就是要团结在进步的基础上。我们要站定自己的立场，决不能与敌人的口号混同起来，我们的口号要处处与敌人对立。"[①] 毛泽东的讲话赢得了台下热烈的欢呼和掌声。继之，毛泽东把张继也邀请上来讲话。张继过去是坚定的反共元老，但这次延安之行，使他很有感触。他在讲话中说道："今日国共两党间虽有小磨擦，但通通可用和平方法解决，现在大家没有不同意共同打日本的事情，我中华民族黄帝子孙不会再用兵打自己了……"渐渐地，他加重了语气，接着说："这里大家的吃苦精神使我非常佩服，参观抗大时我问校长，一个学生每月吃多少钱？他说每天每个学生半斤小米、六分菜钱，我听了非常感动。我的救国道理只要战、战、战！只要打、打、打！就够了。能打，国才能不亡，不打讲什么主义都是无用的。"[②] 老舍也被邀请到了台上讲话。老舍在发言中特别强调

[①] 金城：《延安交际处回忆录》，中国青年出版社1986年版，第123页。
[②] 金城：《延安交际处回忆录》，中国青年出版社1986年版，第124页。

了文化人的团结。老舍语言幽默,感情真挚,时时博得大家的笑声和掌声。

第二次途经延安时,北路慰劳团参观了鲁艺、女大、边区工厂等。他们对边区的开荒种地、纺线织布赞不绝口,认为中国共产党有办法、能吃苦。9月22日下午,边区文化界、各青年团体、各报纸杂志社、著名人士等与慰劳团举行了大规模的座谈会,广泛交换了意见。会上,老舍对大后方文艺界情形作了详细报告。他讲完话,还应邀即兴演唱了评剧《打渔杀家》片段,张西洛也趁兴唱了两首陕北民歌,会场气氛异常热烈。

(二) 中外记者参观团

1944年,美国对国民党在抗战中的表现越来越不满,对国民党反攻日本的能力越来越没有信心,美国渴望了解中国共产党和抗日根据地的现状与实力。为此,美国向中国共产党提出派遣记者到延安和黄河以东的解放区,了解中国共产党的军事实力及敌后斗争情况,并考察陕甘宁边区和敌后根据地的施政情况。2月23日,国民党方面批准了外国记者赴延安事宜。为了加强对外国记者团的影响和控制,国民党中宣部扩大了记者团的范围,组织了中央社、《中央日报》和《扫荡报》等记者参加访问团。对此,中国共产党驻重庆的代表董必武表示了欢迎。毛泽东、朱德及中共中央也欢迎他们前来延安参观。

1944年6月6日,中外记者团到达了南泥湾,王震举行了欢迎晚会。6月9日,记者团到达延安。6月10日,朱德设宴接待中外记者团。在宴会上,叶剑英参谋长代表朱德总司令对中外记者们来延安表示了热烈地欢迎,希望他们对延安的各项工作进行指教。爱泼斯坦代表外国记者上台进行了发言。爱泼斯坦在发言中指出:"为了共同的事业,我们对你们的缺点是会批评的,对于你们的优点是会赞扬的。"最后,他对中国国内团结表示了热忱的希望,他说:"只有团结,中国才能成为四大强国之一。"[①]宴会之后是盛大的音乐会。音乐会上演奏了陕北民歌和《黄河大合唱》。6月12日下午,毛泽东接见了中外记者参观团。毛泽东在谈到中国国内情况

---

① 金城:《延安交际处回忆录》,中国青年出版社1986年版,第207页。

时再次声明了中国共产党的立场,"我们拥护蒋委员长,坚持国共与全国人民的合作,为着打倒日本帝国主义,建立独立民主的中国而奋斗。"① 6月24日,延安文艺界在边区银行大楼举行了欢迎中外记者团的集会。在致词前,记者们和延安文化界三三两两谈论各种问题,有哲学的、有文学的,还有关于边区生活的。记者团中的中国记者赵超构问丁玲在延安是否有什么新作品,想拜读拜读。丁玲解释说为了学习,近年来很少写作。看到陈学昭女士,赵超构主动和她谈话。陈学昭询问她在重庆的几个文化界朋友的信息,赵超构不太认识这些人,反问陈学昭,"你是学过西洋文艺的,你满意于共产党这边关于文艺的简单理论么?"② 陈学昭绕开文艺理论,回答道:"我是学文艺的,当初很想在国内干些文学工作,但是回国以后,发现我所学的对于多数人毫无作用,我希望文艺对于民众能发生改善生活的效果。后来证明这是梦想。因此,我才觉得在求精美的作品以前,有先求通俗与普及的必要。我是因为这样,才断然抛弃了过去所学的。"③ 很明显,丁玲和陈学昭是以接受了思想改造的无产阶级化知识分子的身份和赵超构讲话的。

文艺界座谈会后,中国共产党在民众剧院安排了有延大和留守兵团政治部最出色的人员参与的秧歌大会欢迎中外记者参观团。这次秧歌大会安排了五个剧目:《兄妹开荒》《牛勇贵受伤》《女状元》《张治国》《动员起来》。这些新秧歌,是在《讲话》之后出现的新作品,采用了老百姓容易接受的秧歌旧形式,增加了共产党所要求的新内容,即生产战斗和"拥军"。赵超构认为,尽管教育重于娱乐,但是"单从宣传的观点说,秧歌的成功是无可怀疑的"。④

中外记者们离开了延安,回到重庆后,大部分人很客观地把延安所看到的一切如实地介绍给身边的朋友、同事。有些人很有技巧地对参观材料进行了处理,还把它公开发表了出来,比如赵超构的《延安一月》,这篇纪实报告比较客观地介绍了陕甘宁边区,促进了国统区人民对边区的

---

① 《毛泽东年谱》(1893—1949)中卷,中央文献出版社2013年版,第519页。
② 赵超构:《延安一月》,中国国际广播出版社2013年版,第96页。
③ 赵超构:《延安一月》,中国国际广播出版社2013年版,第96页。
④ 赵超构:《延安一月》,中国国际广播出版社2013年版,第107页。

了解。

(三) 邹韬奋的苏北根据地之行

邹韬奋长期身处国统区，虽然几次向中国共产党提交了入党申请，但始终是以党外人士身份战斗在国统区。1942年初，南方局周恩来指示广东省委有关人员将邹韬奋从香港营救出来后，将邹暂时安排在了广东梅县的江村。8月，周恩来建议邹韬奋前往苏北抗日根据地，再转赴延安。

1942年11月中旬，邹韬奋到达了苏中解放区靖江地区。此后几个月，邹韬奋在解放区进行了多项社会调查。对于苏中正在进行的乡选举情况，邹韬奋产生了很大的兴趣，他表示"要以亲眼看到的真正的民主，驳斥国民党反动派反民主的胡说"。[1] 邹韬奋还到南通中学讲演，到会的有师生、干部和青年近千人，讲演的内容是抗日根据地的观感和大后方的情况。

1943年，苏北解放区取得了反扫荡的胜利。邹韬奋会见了新华社记者并发表谈话，"我到根据地来是我平生最兴奋的事情。在这里我有两个最深刻的印象，一是共产党在抗日民族统一战线中的忠实而充分的照顾各阶级的利益，使全根据地的人民团结起来坚持抗战；二是民主政治的实现，根据地内人民普遍参加政治生活，热烈拥护政府的情形，使我十余年来为民主政治而奔走的信心更加坚定了"，[2] 邹韬奋还表示希望以后到延安去参加整风学习，他要以一个共产党员的标准来要求自己。

二、抗日根据地人员到国统区的文化交流

(一) 长江局和南方局工作人员在国统区的文化交流

卢沟桥事变后，国共开始合作，中国共产党先后设立了长江局和南方局领导国统区各项活动。中国共产党在武汉创办了公开的舆论阵地《新华日报》和《群众》周刊，借助国民政府军委会政治部第三厅、文工委等机

---

[1] 复旦大学新闻系研究室编：《邹韬奋年谱》，复旦大学出版社1982年版，第143页。

[2] 复旦大学新闻系研究室编：《邹韬奋年谱》，复旦大学出版社1982年版，第145页。

构团体，积极介入国统区文化运动，既有力地推动了文化界抗日救亡运动，又将延安的文化输入到了国统区，促进了国统区民众对中国共产党的了解。

第一，通过多次演讲，周恩来将中国共产党的政策及时传达到国统区。1938年3月27日，在中华全国文艺界抗敌协会成立大会上，周恩来呼吁作家们多多取材前线将士的英勇奋斗、战区敌人的残暴、后方全民众动员的热烈，发挥"笔杆子"的作用。1938年10月19日，在鲁迅逝世两周年纪念会上，周恩来在大会上发表了演讲。周恩来诚挚地指出，"纪念鲁迅先生，更应该学习这种倔强奋斗至死不屈的鲁迅，不退让，不妥协，困难愈大，要愈加努力，以克服困难，坚持抗战，特别要紧的是要有最后胜利的信心，伟大前途的认识，为达此目的而努力。"[1]

第二，发起号召并策划众多文化界名人祝寿活动。1941年11月16日，在中苏文化协会，文化界、学术界、新闻界、各民主党派、各群众团体两千余人参加了郭沫若五十寿辰纪念和创作二十五周年纪念活动。郭沫若原本不同意举行寿辰活动，后来周恩来告诉他，"为你祝寿是一场意义重大的政治斗争，为你举行创作25周年纪念又是一场重大的文化斗争，通过这次斗争，我们可以发动一切民主进步力量来冲破敌人的政治上和文化上的法西斯统治。"[2] 郭沫若明白了周恩来的用意后，接受了中国共产党的安排。中国共产党南方局组织了以阳翰笙、冯乃超等人为核心的筹备班子，专门负责纪念活动的准备工作。这次纪念活动得到了国统区文化界人士的热烈响应。在纪念活动上，许多不常碰面的文化人相聚一堂，大家三三两两讨论交流，进行着思想的碰撞。此后，中国共产党南方局还策划了茅盾的五十寿辰和创作二十五周年纪念大会。这些活动由于是中国共产党策划和组织的，所以纪念活动和主题基本处于中国共产党南方局的掌握下，在这样的大型文化交流中，延安的文化始终处于主动的地位。

---

[1] 南方局党史资料征集小组编：《南方局党史资料——文化工作》，重庆出版社1990年版，第31页。

[2] 重庆市渝中区政协委员会文史资料委员会编：《重庆渝中区文史资料》第19辑，重庆市渝中区政协文史资料委员会2011年版，第82页。

（二）刘白羽、何其芳赴国统区进行的文化交流

1944年5月1日，周恩来同刘白羽、何其芳谈话，转达中共中央的决定，派他们二人到重庆向大后方进步文化界人士传达毛泽东《讲话》的精神和延安文艺界的整风情况。虽然是传达毛泽东《讲话》的精神，但二人从抗日根据地奔赴重庆本身就是一次文化交流活动。在抗日根据地，中国共产党可以借助党的权威，自上而下地推行文艺界整风，但在情况复杂的国统区，民主式的文化交流可能更有利于《讲话》精神的传播。

5月17日，林伯渠、王若飞和张治中、王世杰同机由西安飞赴重庆，何其芳和刘白羽同行。到重庆后，刘白羽、何其芳按照周恩来的安排，专门去赖家桥拜访了郭沫若。刘白羽曾在他的《雷电颂》中回忆了和郭沫若的这次见面和会谈。"其芳和我详详细细谈了延安的整风运动、延安文艺座谈会前前后后的情况，特别着重的介绍了毛主席讲话的内容。郭老对毛主席满怀虔诚的敬意，他仔细的认真的倾听着，脸上时时流露出惊奇的深思和喜悦的笑容。我们占了郭老几乎整整一天时间，但郭老为'讲话'中强烈的真理之光所吸引了，对于知识分子到工农兵中改造这一精辟论述，击节称赏。谈罢之后，他豪情满怀、喜极若狂，他无条件的拥护毛主席的讲话，并决定立即按照总理的嘱托执行。"[①]

之后，何其芳、刘白羽两青年还拜访了茅盾，听取他对文艺工作的意见。茅盾对《讲话》完全拥护，在他此后的文学创作中，可以看出他对《讲话》的认同。在《杂谈文艺现象》一文中，茅盾批评了重庆国统区文艺不关注现实的倾向，号召文坛必须"反映现实，喊出人民大众的要求"。[②] 在《为诗人们打气》一文中，茅盾对抗战八年来的文艺进行反思，认为八年来的文艺有许多方面有待提高，比如大众化方向、民族的形式等，茅盾希望国统区文艺家们能"充实自己，改造自己，清滤小资产阶级知识分子的意识情绪，而求与大众共呼吸，同喜憎哀乐"。[③] 国统区的夏衍和老舍先生也纷纷发文或者谈话，表示共鸣。

---

① 刘白羽：《红色的十月》，上海文艺出版社1978年版，第99页。
② 茅盾：《茅盾全集》第24卷，人民文学出版社1996年版，第55页。
③ 茅盾：《茅盾全集》第24卷，人民文学出版社1996年版，第284页。

国统区的大部分进步文化人是认同《讲话》精神的，但也有个别的人保留了自己的意见，比如胡风。1944年3月，文工会召开业务会议之际，冯乃超在乡下组织了一次小型座谈会，学习《讲话》精神。胡风在座谈会上提出了国统区和抗日根据地文艺家的环境和任务的不同，"我们在国民党统治下面的任务应该是怎样和国民党的反动政策和反动文艺以至反动社会实际进行斗争，还不是，也不可能是培养工农兵作家。"① 当时的问题讨论不下去，大家只好随便谈了谈。

三、文化交流与中国共产党文化领导权构建

在双方文化发展水平均衡的状态下，文化交流产生的影响一般都是双向的；但在文化发展水平不平衡的状态下，蒸蒸日上的一方、积极进取的一方、有文化策略的一方，在文化交流中显然会更占优势。抗战时期，因为中国共产党重视"笔杆子"作用，积极调整自己的文化策略，加之又形成了结合国情实际的中国化马克思主义，所以，中国共产党在国统区和抗日根据地之间的文化交流中，处处有策略，时时居主动。在国统区，中国共产党借助双向的文化交流，有力推动了中国共产党文化领导权的构建。

首先，借助国统区前往抗日根据地的知名人士进行构建。

抗战之前，国民党对延安和中国共产党有很多妖魔化的宣传，真实的抗日根据地是怎样的，国统区民众并不知道。在中国共产党吸引到了国统区知名人士、国内国际媒体前往参观后，中国共产党非常珍惜这样的宣传机会，因为这批人对抗日根据地和中国共产党的印象将会对国统区民众产生导向作用。

国统区各种代表团到了延安后，延安和毛泽东异常重视对他们的接待和宣传。对于来延安人士的饮食，毛泽东要求交际处提前了解客人的口味，做足功课。生活细节上，能想到、能考虑到的都要做完满。延安接待外宾的交际处当时只订了一份《解放日报》，毛泽东知道后向工作人员说，"要多订几份报纸，还要订咱们出的杂志，也要订外面的报纸（指国统区

---

① 胡风：《胡风回忆录》，人民文学出版社2005年版，第313页。

的报纸）。"① 对待外宾的宣传工作，主席要求必须实事求是地进行宣传，"宣传我党、我军、抗日根据地人民战斗胜利的成绩，解答他们提出的问题，都要采取老实的态度，知之为知之，不知为不知。切不要不懂装懂，自以为是。组织他们参观考察时，要尽力让他们对我们有全面的了解，要让他们看我们工作中的优点和成绩，也可让他们看看我们实际工作中存在的某些弱点甚至错误。"②

正是因为接待和宣传工作周到、细致、真实，国统区参观人员在延安四处参观、考察后，对延安留下了深刻的印象。北路慰劳团的老舍回到重庆后，向朋友们热情地宣传延安的新气象。老舍还在报纸上呼吁文艺团体和文化工作者以书刊支援西北，并参加西北战地宣传。北路慰劳团参观延安前后，适逢第一次反共摩擦，老舍不能在报刊上公开发文歌颂边区，"但他以颂扬'新西北'的方式，隐晦地将陕甘宁边区歌颂一番。"③ 中外记者考察团的部分中国记者们回到重庆后，他们或公开或私下向国统区民众如实地介绍了根据地见闻。赵超构在重庆公开出版的《延安一月》一书中，有技巧地向国统区民众介绍了一个真实的延安。六名参政员的延安行也使他们改变了对共产党的看法，过去受国民党宣传，他们认为共产党是一群杀人放火、共产共妻的"土匪"，可到延安和共产党人接触后，"却感到他们个个稳重、朴实、谨逊、诚恳，说起话来很有见地，学识不浅。"④ 黄炎培回到重庆后，许多人问他这问他那，还有许多人请他作报告，讲在延安所见所闻，黄炎培每次都乐于从命。为了让国统区民众了解延安，他写下了《延安归来》。这本书翔实记载了黄炎培亲眼所见的中国共产党延安和解放区成就，给四处造谣诬蔑中国共产党的南京政府当头一棒。"这本书由中华职业教育社国讯书店出版发行，印十几万册，在大后方和香港、上海敌占区产生了巨大的政治影响。"⑤ 黄炎培是有名的大教育家、民主人士，经他之口所说的延安，民众当然愿意相信。毫无疑问，参观、考

---

① 高永中：《中国共产党口述史料丛书》第1卷，中共党史出版社2013年版，第49页。
② 金城：《延安交际处回忆录》，中国青年出版社1986年版，第6页。
③ 金城：《延安交际处回忆录》，中国青年出版社1986年版，第127页。
④ 金城：《延安交际处回忆录》，中国青年出版社1986年版，第230页。
⑤ 金城：《延安交际处回忆录》，中国青年出版社1986年版，第232页。

察完延安之后,对中国共产党抱有好感的国内国际知名人士,帮助中国共产党改善了在国统区的形象,扩大了中国共产党在国统区的影响力。

其次,由已经"无产阶级化"了的文化人前往国统区进行宣传和构建。

在抗日根据地,中国共产党通过对知识分子的思想改造,造就了自己无产阶级化的知识分子。在国统区,中国共产党也需要有自己的知识分子。南方局的周恩来不仅善于开展军事、政治统一战线工作,他还善于开展文化统一战线工作。南方局借助周恩来的魅力,团结了大批文化人。虽然国统区进步文化人与中国共产党保持了亲近,但要让小资产阶级化的知识分子完全站在拥护中国共产党的立场上,用自己手中的笔为中国共产党大业服务,显然时机还不到。所以,中国共产党南方局对于在国统区造就自己的知识分子也还是保持了谨慎。1944年5月,何其芳、刘白羽被中共中央委派前往国统区调查文艺界情况,顺便传达《讲话》精神。这项工作既带有执行上级任务的性质,又带有双边文化交流的性质。相对于工农阶级,知识分子的思想比较复杂;相对于抗日根据地,国统区的一切又并不是处于中国共产党掌控之中。所以何其芳、刘白羽之行更多的是一场延安文化和国统区文化的交流,一次拿《讲话》精神对国统区进步文化人进行的试探。对于何其芳、刘白羽的传达,尽管有小范围的文化人保留了不同意见,但大部分文化人还是比较赞同的。之后、郭沫若、茅盾等知名人士纷纷发表讲话或发文,响应《讲话》精神,有力地推动了国统区进步文化人思想的转变。1945年,中国共产党发起号召欲成立联合政府,在国统区征集签名时,立即就有四百多位作家发表联合声明响应,这不仅震惊了南京政府,也印证了中国共产党在国统区进步文化人中间的感召力。几年之后,在国共大决战之际,转变了立场的进步文化人果断地站在了中国共产党一边,在国统区为中国共产党摇旗呐喊。

第三,由长江局、南方局工作人员在国统区的文化交流中进行构建。

长江局、南方局虽是抗战时期中国共产党在国统区设置的组织机构,但作为特殊环境下的机构,它们在文化交流方面做了大量的工作。负责文化工作、统战工作的周恩来、万梓年、凯丰等人,在这种文化交流中既展示了中国共产党抗战、民主、团结的形象,又扩大了中国共产党在文化人和民众中的影响。

周恩来在国统区曾经多次发表演讲,介绍中国共产党理念及抗日根据地。1938年11月6日,周恩来在长沙青年会礼堂向湖南各抗日救亡团体作《抗日第二阶段我们的任务》的讲演,宣传中国共产党提出的持久战思想。周恩来指出这一阶段的中心任务是深入下层和敌后,配合前线和敌后的斗争,所以青年们应该到敌后去、到基层去。周恩来还参加各种形式的座谈会和宴会,介绍抗战与中国共产党情况。比如在重庆参加南开中学校友座谈会时,周恩来就统一战线、抗战形势与前途、青年的责任等问题和校友们进行了深入的交流。他还被邀请到重庆联立高级中学谈八路军抗战形势。1939年4月底,周恩来出席桂林文化界夏衍、田汉、欧阳予倩等一百余人举行的欢迎宴会,和千家驹、张铁生等文化人和爱国民主人士进行交流。周恩来在重庆期间,还多次到一些文化人的寓所专门拜访,在交友式的轻松闲聊中阐述中国共产党理念。

叶剑英、董必武、博古、凯丰等人也常被国统区各界邀请进行时事报告或演讲,生活书店的邹韬奋曾把他们请去对店员进行时事教育。除了中国共产党长江局、南方局的负责同志,中国共产党在国统区工作的其他干部也常借助各种文化交流活动展示中国共产党形象。比如《新华日报》负责同志潘梓年常常风尘仆仆奔走于郭沫若、马寅初、邹韬奋、陶行知等社会知名人士中间,与他们交换各种意见,邀请他们为《新华日报》撰稿。这些都促进了中国共产党在国统区文化领导权的构建。

第四节 改变话语方式

中国共产党在抗日根据地和国统区构建文化领导权的过程,也是中国共产党借助和自己的意识形态与理念相关联的话语赢得民众认同的过程。在抗日根据地,中国共产党控制着舆论工具,借助政党权威,可以直接把和自己的意识形态与理念相关的话语通过宣传和教育植入民众内心。在国统区,中国共产党必须改变话语方式和策略,使用国民党能够完全接受、国统区民众愿意倾听的话语来构建自己的文化领导权。在国统区,中国共产党是如何通过改变话语构建文化领导权的呢?

一、淡化马克思主义的意识形态色彩

中国共产党在成立之初，明确提出实现共产主义是中国共产党的最高纲领，也是中国共产党的最终奋斗目标。在国民革命时期，孙中山实行较为开明的政党合作方式，共产主义和三民主义和谐相处、共同发展。"四一二"政变后，不管是中国共产党一方，还是南京国民党一方，都互相敌视对方建党理论，马克思主义和三民主义成为水火不相容的思想仇敌。卢沟桥事变后，中国共产党改变过去对"三民主义"的排斥，提出"孙中山先生的三民主义为中国今日之必需，本党愿为其彻底的实现而奋斗"。[①] 然而，国民党仍然坚持对马克思主义的压制，尤其在国共摩擦较多时，国民党中宣部还出台了《特种宣传纲要》，动员各种宣传机器，排斥和压制马克思主义的宣传。所以，在国统区，中国共产党面临着和抗日根据地不同的宣传环境，中国共产党必须改变话语方式，淡化马克思主义的意识形态色彩，才能在国统区找到机会传播马克思主义。

（一）将马克思主义作为社会科学知识进行介绍

马克思主义是中国共产党的意识形态，是指导无产阶级争取解放斗争的学说，这一理论有着鲜明的实践性、阶级性。同时，马克思主义也是关于人类社会发展规律的社会科学理论知识，它不仅有着完整而严谨的理论体系，它还是在实践中产生、随着实践发展的科学真理。中国共产党在国统区不便突出马克思主义的阶级性、实践性内容，就突出了马克思主义的知识性，将马克思主义作为社会科学知识介绍给国统区的民众。《新华日报》改版后，在第四版开辟了一个副刊。中国共产党借助这个副刊，不断将马克思、恩格斯的文章翻译出来缩编成短文，作为社会科学知识进行介绍。1943年11月4日，副刊刊登了恩格斯的《德国农民战争史》（名著提要）。这一文章是报馆资料室的李溥同志精读相关著作，领会著作主要观点后，用两三千字对著作进行了浓缩形成的文章。1943年11月17日和18

[①] 《建党以来重要文献选编》第14册，中央文献出版社2011年版，第370页。

第四章 中国共产党在国统区文化领导权的构建

日,《新华日报》副刊发表了陈驰的《恩格斯:德国的革命和反革命》。借助《新华日报》副刊上知识性的介绍,马克思、恩格斯理论在国统区得以公开传播。

(二) 突出马列主义对民族解放运动的指导

中国共产党欲在国统区向民众传播马列主义,必须要注意话语表达方式。抗战时期,只有当中国共产党传播马列主义的话语契合抗战的实际需要,能够对中国人民反抗日本帝国主义侵略的民族解放运动给予深刻解答时,国统区民众才会对中国共产党主流意识形态产生认同。列宁主义是马克思主义在俄国的继承和发展,是马克思主义和俄国革命实际相结合的产物。这一理论不仅指导欧洲无产阶级解放运动,它对殖民地半殖民地的民族解放运动也有着直接的指导意义。抗战时期,中国共产党在国统区宣传列宁主义时,抽出了理论的阶级性话语,突出了理论对弱小民族反压迫、争取民族解放指导意义的话语,这种抽取和突出拉近了列宁主义和当时中国人民的抗日战争的距离,便于被国统区广大民众所接受。1938年1月21日,列宁逝世十四周年,《新华日报》发表了纪念性社论《纪念革命中之圣人——列宁》,社论指出,"列宁时时刻刻注意着弱小民族解放运动,他'提倡被压迫的民族去自决,为世界上被压迫的人打不平'(孙中山语),列宁的民族主义的理论,是世界上被压迫民族的解放运动最正确宝贵的指示。"[①] 1938年5月,《解放》周刊发表了凯丰的文章《马克思与中国》。凯丰指出,马克思不仅关注西欧的民族问题,他还关注东方被压迫民族,尤其是中国的解放运动。文中回顾了马克思对中国鸦片战争和太平天国运动的关注,"他遗留给我们研究中国问题和中国革命运动史以丰富的指示。"[②] 凯丰呼吁大家"研究马克思所遗给我们的科学社会主义,从他的伟大不朽的著作中,学习得被压迫民族求解放的科学的理论"。[③]《新华日报》还有其他一些专门介绍马克思和列宁关于民族解放运动的文章,比如《马克思主义与民族战争问题》《列宁与被压迫民族解放运动》《列宁论民族解

[①] 社论:《纪念革命中之圣人——列宁》,载于《新华日报》1938年1月21日。
[②] 凯丰:《凯丰文集》,江西人民出版社2008年版,第218页。
[③] 凯丰:《凯丰文集》,江西人民出版社2008年版,第221页。

放战争》等。这些文章不是站在无产阶级社会主义革命的立场，不再强调马列主义对无产阶级革命的价值，而是突出了马列主义对民族解放运动的指导意义，突出了马列主义对中国人民抗日战争的价值。中国共产党借助这样的话语角度和话语表达介绍马列主义，便于被国统区民众接受和认同。

（三）塑造马克思的多重身份，淡化马克思主义的意识形态色彩

马克思是科学社会主义理论的创始人，是全世界无产阶级的革命导师，他主张无产阶级行动起来，以暴力革命的方式推翻现存资本主义制度，建立每个人都能得到自由而全面发展的理想的共产主义社会。在抗战初期，迫于苏联援助的压力，对于中国共产党《新华日报》和《群众》周刊等中国共产党影响下的出版机构在国统区宣传马列主义，南京政府可能会有一些让步，但是中国共产党的宣传是对着一般民众的。长期深受国民党三民主义的影响和国民党妖魔化的宣传，一般民众是不会轻易相信和接受中国共产党传播的马列主义的。变化话语表达方式非常有必要。《新华日报》和《群众》周刊在国统区介绍马克思主义、列宁主义时，多不直接进行具体的实质内容的宣传，而是从马克思的多重身份介入淡化马克思革命导师形象，把他塑造成学者和普通人进行介绍。《马克思的读书方法》《毕生在穷苦斗争中的马克思》《马克思之为人》《作为革命者的导师和教育者的马克思》《马克思的文学的现实主义》《纪念为全世界工作的马克思》《调查研究与习作合一》等，就采用了这样的话语表达方式。在柯柏年的《马克思之为人》一文中，柯柏年介绍了一个"良师兼益友"的马克思："他对于朋友，即使是新认识的，也还是以和蔼可亲的态度，去待他们，他无拘无束，丝毫也不矫揉做作，不摆什么架子，处处都显出其本色，这就使人对他抱了信服之心。"[①] 马克思也是一位标准的父亲，"对于子女，他从没有摆起父亲的架子来作威作福。他从没有命令她们干什么，而是请她们帮忙干什么。也从没有命令式地禁止她们做什么，而是请她们不要做他所不希望她们所做的事。说也奇怪，他的话比命令还有效力，她

---

① 柯柏年：《马克思之为人》，载于《新华日报》1941年7月20日。

们都听从他，因为她们敬爱他，相信他。"① 这样的介绍，使民众不会把马克思看成是一位高高在上的革命导师，而是生活在民众身边的有血有肉的普通人，这就使得民众容易接受他所提出的革命理论。

二、淡化中国共产党和国民党的党派之争

抗战之前，国共之间的矛盾是你死我活的针锋相对的党派斗争。中国共产党在话语方式上，多采用斗争、敌对、仇视的词语，对抗国民党的攻击。比如，在中国共产党瓦窑堡会议上，毛泽东分析了日本帝国主义入侵后，中国反革命营垒的变化和反革命营垒之间的矛盾，毛泽东指出，"这不过是大狗小狗饱狗饿狗之间的一点特别有趣的争斗。"② 这些话语充满挖苦和讽刺，这是政党斗争思维的结果。抗战以后，中日民族矛盾居于首要位置，中国共产党和国民党之间的党派矛盾在这一时期自然要退让于民族矛盾。哪个政党坚持抗日、团结、进步，哪个政党就能在群众面前树立起良好的形象，也就能赢得民众的拥护。在国统区，中国共产党需要采用缓和与国民党关系的话语，树立团结、抗战、进步的政党形象。

第一，承认蒋介石和国民党对抗战的领导权。

在卢沟桥事变之前，国共双方已经在进行合作事宜的谈判。有第一次国共合作的经验和教训，对于这次国共合作，中国共产党保持了高度警惕，尤其注意争取统一战线中的领导权。中国共产党的多次会议和重要文件中，都提到要力争对统一战线的领导权。可以看出，争取对统一战线的领导权，已经成为党内共识。党内有这样的共识，说明中国共产党比以前更有合作经验，政治上更加成熟，但在合作抗日的大局之下，中国共产党需要改变过去党派斗争的思维和话语，而代之以轻松、友好的团结、合作话语来维系国共合作的局面，这样才能赢得民众，尤其是国统区的民众。

在国统区，中国共产党南方局处于和国民党合作共事的第一线，南方局领导人在公开场合的话语和《新华日报》、《群众》周刊的话语必须拿捏好分寸，否则会给国统区的国民党上层进步人士、文化人、民众留下一个

---

① 柯柏年：《马克思之为人》，载于《新华日报》1941年7月20日。
② 《毛泽东选集》第1卷，人民出版社1991年版，第148页。

不顾全大局，只争一己私利的政党形象，这显然不利于中国共产党在国统区与国民党争取民众。所以，在这一时期，南方局非常注意自己的话语方式。纵观南方局关于国共关系的文件、讲话，"拥护蒋委员长"、承认蒋介石的"领导"等都属于高频词。1938年10月10日，南京政府进行国庆节纪念。周恩来在《辛亥、北伐与抗战》一文中指出，"不论辛亥革命后来失败，北伐后又有内战，但三民主义的历史发展，孙先生的遗教，蒋委员长今天的领导，国民党今天在政权中、军队中的领导地位，都成为今天全民族抗战中所绝不能少的胜利因素。"[①] 皖南事变后，中国共产党对顽固派的倒行逆施进行了揭露，但中国共产党还是站在抗日全局的高度，继续承认蒋介石和国民党对抗战的领导，保持和国民党的团结合作。1941年7月7日，抗战四周年纪念，周恩来在《新华日报》上发表了社论，"四年抗战，我们国家有了从来所没有的统一，我们人民有了从来所没有的团结和民族觉醒，我们军队有了从来所没有的指挥统一和意志集中。抗战的领导者——国民政府和蒋委员长，成为全中国人民所拥戴的中心。"[②] 这种对蒋介石和国民党肯定的话语有助于推动国民党继续保持和中国共产党的合作，也让国统区民众看到中国共产党在国共合作上的真诚。

第二，强调国共两党的团结与合作。

国共两党代表不同的阶级利益，在统一战线中势必会产生各种摩擦。抗战时期，国民党曾经主动挑起三次针对中国共产党的摩擦。面对摩擦，中国共产党极度忍让，但当挑衅触碰到底线时，中国共产党也强硬回应。在皖南事变后，1941年1月14日，毛泽东、朱德、王稼祥等人发给彭德怀的电报指出"中央决定在政治上军事上迅即准备作全面大反攻，救援新四军，粉碎反共高潮。"[③] 1月15日，刘少奇发电向中央建议政治上全面反攻，军事上暂不反攻。中共中央在权衡后，最终采取了顾全大局、克制的方式解决事变。1月18日，中共中央在关于皖南事变的指示中，要求"在

---

① 新华日报群众周刊史学会编：《坚持团结抗战的号角》，重庆出版社1986年版，第18—19页。

② 新华日报群众周刊史学会编：《坚持团结抗战的号角》，重庆出版社1986年版，第122页。

③ 《建党以来重要文献选编》第18册，中央文献出版社2011年版，第10页。

宣传鼓动工作中应无情的揭露国民党当局自抗战以来对人民、对革命分子则肆意压迫与屠杀,对日寇、汉奸则消极应付与宽容,有功者罚,有罪者赏等一切倒行逆施的黑暗的反动的方面"。① 这一指示还对抗日根据地和大后方提出了不同的要求。

中国共产党这种强硬的方式并不见得能得到国统区其他党派的理解。皖南事变后,重庆的《中央》《扫荡》《益世》《商务》《时事》各报纸在国民党军事委员会通令和发言人的误导下,对新四军任意诬蔑、曲解事实,即便是较公正的报纸也不去揭露顽固派阴谋。皖南事变的真相是什么,国统区的民主党派和民众是无法了解的。南方局将皖南事变的真相集体研究起草后印成传单,于1941年1月19日散发。周恩来分头找各党派谈话,将顽固派包剿新四军的阴谋进行揭露,希望他们能仗义执言,但"这些党派,虽不敢仗义直言,但也未随声附和国民党"。② 中间分子没有仗义执言,一则说明他们还没有看清顽固派的本质,另一点也说明他们对中国共产党还是有所保留。中间分子只把皖南事变看成是政党之争。中间分子如此,长期受国民党党化教育的国统区民众对中国共产党的认同度可想而知。所以在这样的环境下,中国共产党如果一味强硬,强调斗争,则于己不利。

中国共产党在国统区面临这样的宣传环境,处理国共关系,就需要采用不同于抗日根据地的话语表达方式。周恩来、博古、董必武等南方局领导人和中国共产党在国统区的宣传媒体是较为注意这一点的。比如,博古在《论抗日民族统一战线的发展、困难及其前途》一文中指出,中国共产党和国民党不是仇敌,也不是竞争者,"我们前方的将士为保卫祖国而流的鲜血,英勇地汇流在一起,谁也不分辨哪是国民党人的血,哪是共产党人的血,哪是其他党派或无党派人士的血。我们为抗战的努力,亦不应该分辨彼此。"③ 1941年,"七七事变"四周年纪念,周恩来呼吁国内加强团

---

① 《建党以来重要文献选编》第18册,中央文献出版社2011年版,第17页。
② 南方局党史资料征集小组编:《南方局党史资料——统一战线工作》,重庆出版社1990年版,第76页。
③ 新华日报群众周刊史学会编:《坚持团结抗战的号角》,重庆出版社1986年版,第30页。

结和统一,"只有团结,才能外御其侮,只有统一,才能众志成城,打到最后"。① 1941年7月20日,周恩来在《新华日报》发表了《团结起来打敌人》一文,再次呼吁国内各党派团结起来,"今天的国际形势,今天的国内情况,都须要我们团结起来打敌人。不打敌人,我们没有别的出路。不团结起来,我们无法打败敌人。"② 淡化党派斗争的话语使得民主党派看到了中国共产党在和国民党合作时的真诚,在处理党派矛盾时的大度,在重大问题上,民主党派后来都愿意和中国共产党进行事前的沟通和协商。

三、淡化阶级矛盾

"九一八"事变后,中日民族矛盾开始成为中国社会的主要矛盾,中国共产党代表的工、农、小资产阶级和南京国民党代表的大地主、大资产阶级之间的矛盾成为次要矛盾。中国共产党驻共产国际代表团在认真分析国际形势和中国国情后,于1935年提出了《为抗日救国告全体同胞书》,即著名的"八一宣言"。宣言代表着中国共产党左倾关门主义的结束,中国共产党开始着手建立抗日民族统一战线。西安事变的和平解决最终促成了两党的合作。卢沟桥事变后,国共两党开始正式合作抗日。至此,阶级矛盾让位于民族矛盾,中国共产党的话语也发生了一些改变,过去的暴力革命、阶级斗争话语,被新时期的团结、合作、联合等话语所替代。但因为抗战时期的统一战线是工、农、小资产阶级、民族资产阶级、大地主大资产阶级等几个阶级的联合,每个阶级都有自身的利益,各种矛盾和利益交织在一起,如何处理民族矛盾之下的阶级矛盾颇为棘手。中国共产党在抗日根据地和国统区采取了不同的处理方式和话语方式。

在抗日根据地,阶级矛盾让位于民族矛盾,并不代表中国共产党不再重视、关注阶级矛盾。1938年11月,毛泽东在中国共产党六届六中全会上指出,"用长期合作支持长期战争,就是说使阶级斗争服从于今天抗日的民族斗争,这是统一战线的根本原则。在此原则下,保存党派和阶级的

---

① 重庆大学马列主义研室中共党史教研组编:《周恩来同志在重庆期间发表的重要文章和讲话汇辑》(1938—1946),重庆市历史学会1980年版,第126页。
② 崔奇编:《周恩来政论选》上册,中央文献出版社1993年版,第351页。

独立性，保存统一战线中的独立自主；不是因合作和统一而牺牲党派和阶级的必要权利，而是相反，坚持党派和阶级的一定限度的权利；这才有利于合作，也才有所谓合作。"① 皖南事变后，党内有部分人强调加强统一战线教育外的阶级教育，也就是加强阶级斗争教育，毛泽东在《关于打退第二次反共高潮的总结》一文中指出，统一战线政策就是联合和斗争的政策，"统一战线政策就是阶级政策，二者不可分割，这一点不弄清楚，很多问题是弄不清楚的。"② 可以看出，毛泽东的这一话语是趋于强硬的。一般来说，国共合作良好时期，中国共产党更多的强调联合；摩擦时期，更多的强调斗争。但毛泽东的这番话实际上指出了阶级斗争贯穿于整个抗战时期的统一战线。

在国统区，中国共产党在自己的宣传平台上要坚持党的统一战线政策，就需要在话语上采取策略，尽量弱化统一战线中的阶级斗争，否则容易给国民党顽固派攻击中国共产党以各种口实。

第一，淡化农民阶级与地主阶级的矛盾。

中国共产党在国统区的党报《新华日报》上不再宣传国统区农民受地主剥削、压迫的悲惨生活，不再激发农民的阶级觉悟，鼓动农民起来进行土地革命，而代之以平和的视角报道农村、农民和农业。1939年，《新华日报》登载了《黔农村经济日趋活跃》《丰收中的四川农民》《本年四川农产丰收，蒋介石关念谷贱伤农，电令孔院长指示救济办法》《湘省预防谷贱伤农》《维持新谷最低价格，农本局拟购储全川新谷计划，分韵销屯储两部分调剂丰收》等等报道，从这些报道的标题中可以看出，中国共产党党报对国民党在农村、农业上的举措持肯定、积极的话语。

当然，国统区农民生活困苦也是不容争辩的事实，《新华日报》和《群众》周刊也不回避。1940年1月17日，《新华日报》刊载郭绍汤的《从土地租佃制所见农民生活苦况》，文中介绍了土地租佃制的几种形式，以及生活在这种土地租佃制下农民的生活状况。文中估计饥馑、困苦、贫寒的农民佃户，在总人口中还占有很大的数量。虽然《新华日报》进行了这样的报道，但并没有像土地革命战争时期那样，鼓动农民以暴力方式来

---

① 《建党以来重要文献选编》第15册，中央文献出版社2011年版，第714页。
② 《建党以来重要文献选编》第18册，中央文献出版社2011年版，第261页。

解决实际问题，它的话语非常温和，"如不彻底改善他们的生活，他们是不能发挥自己在抗战中的作用，他们更没有剩余资本扩大生产，也更没有兴趣去改进生产技术。"① 可以看出，国统区党报党刊话语中阶级斗争的色彩已经大大减弱。

1938年5月14日，《群众》第二十二期报道了河南武陟农民的贫困：赤贫和饥饿是广泛而普遍的现象，大多数农民都没有饭吃，草根树皮和观音土是唯一可以充饥的东西。由于饥寒交迫，掳夺成为经常的现象。农民何以贫困？据官方的调查，全省农村，"由于去年水灾，农产品的收入一般的只有六成至四成，大多数贫农，他们的食粮仅能维持到阴历二十六年底，次贫农仅能维持到阴历本年一、二月间，但是小麦的成熟，须至阴历二十七年五、六月间方可收割。"② 农民贫困的原因不是过去中国共产党常用的话语（剥削和压迫），而是因为天灾。

第二，淡化工人阶级与资本家之间的矛盾。

《新华日报》和《群众》周刊是中国共产党在国统区的党报党刊。作为党报党刊，报道中国共产党所代表的工人阶级所进行的经济、政治斗争，是理所当然和必须的。但在国民党实行新闻统制的环境中，在国共合作的氛围下，报刊关于工人阶级报道的话语必须站在统一战线的角度，多用团结、进步的话语，而不是鼓动性、斗争性的话语。1939年《新华日报》关于工人的报道有不少，《成都八千车夫罢工反对加租》《渝市袜业工人要求改善生活》《针织业工人生活问题》《一个工厂的工人生活》《工人生活在重庆》《民生机器厂无故开除工人》《成都的印刷工人》等文章如实反映了国统区工人生活和工作现状。《新华日报》的读者信箱栏目也经常刊登工人来信，比如《某厂学徒的呼吁》（一群被开除的学徒）、《二十一个工友是怎样被开除的？》等。虽然有些报道和工人来信尖锐揭露了厂方对工人们的剥削和生活困苦现状，但中国共产党会站在关乎抗战全局的角度，在话语上，不是激化双方矛盾，而是呼吁政府解决工人问题，尤其

---

① 魏宏运编：《中国现代史资料选编》第4册（抗日战争时期），黑龙江人民出版社1981年版，第182页。
② 魏宏运编：《中国现代史资料选编》第4册（抗日战争时期），黑龙江人民出版社1981年版，第193页。

呼吁厂方提高工人们的物质待遇，扶助他们的文化生活和娱乐活动。中国共产党还会选择一些举措较开明的工厂进行介绍，"××铁工厂，厂方捐钱给工人买书籍，成立图书馆，××铅笔厂的对于工人疾病时期医药费及工资的保障等等，不但给了工人们以大的鼓励和兴奋，而许多厂家就是因为用这些开明的办法，来获取了工人们的同情，开展了自己的企业，这些事实应该给工业界一个很好的榜样。"[①]

中国共产党淡化阶级矛盾，并不是中国共产党不再关心农民和工人阶级的根本利益，而是在民族矛盾和阶级矛盾并存的抗战时期，民族矛盾居于首位，"日寇不打走，民族解放达不到。尤其是对于中国工农劳苦群众，民族解放达不到，阶级解放也无出路。"[②] 在国统区，这种对阶级斗争理性、务实的认识使中国共产党赢得了更多民众的认同，不仅有农民和工人，还包括进步的民族资本家、坚持抗日的地主阶级。

总之，中国共产党在国统区采用了淡化意识形态色彩、淡化党派斗争和淡化阶级斗争的话语方式，这使国统区民众去掉了中国共产党身上"赤化""暴力斗争"的标签，而代之以"抗日""民主""团结"的新形象。这种话语的改变，使中国共产党获得了国统区越来越多民众的认同。

---

① 魏宏运编：《中国现代史资料选编》第4册（抗日战争时期），黑龙江人民出版社1981年版，第215页。

② 重庆大学马列主义研室中共党史教研组编：《周恩来同志在重庆期间发表的重要文章和讲话汇辑》（1938—1946），重庆市历史学会1980年版，第107页。

第五章
抗日战争时期中国共产党文化领导权构建的评价

抗战时期,中国共产党通过不同举措,在抗日根据地和国统区进行了文化领导权的构建。这一构建对中国共产党产生了积极的作用和影响。到抗日战争胜利时,中国共产党在中国社会生活中所占的地位和比重,和抗战初期相比已经不可同日而语。几年后,解放战争以出人意料的速度推进,更是验证了中国共产党在抗战时期文化领导权构建的成功。中国共产党构建文化领导权,产生了哪些积极作用?留下了怎样的经验教训?对当今中国共产党文化领导权的巩固又有着怎样的启示?

第一节 抗战时期中国共产党文化领导权构建的作用

抗战时期,中国共产党在抗日根据地和国统区进行的文化领导权构建,发挥了重要作用。它不仅为中国共产党抗战进行了有效的群众动员,推动了根据地文化的发展,改善了中国共产党形象,还奠定了中国共产党未来执政合法性的基础。

一、保障了中国共产党的抗战动员

抗战时期中国共产党文化领导权的构建,有力保障了中国共产党的抗战动员。抗日战争是一场持久战，中国共产党欲争取抗战胜利，必须进行有效的民众动员。只要动员了民众，就会陷敌人于民众的汪洋大海中。中国共产党通过文化领导权的构建，提高了民众的民族意识和政治觉悟，将民众吸引到了中国共产党领导的抗战洪流中。中国共产党构建文化领导权，就是把中国共产党的纲领、路线、方针和政策传达给民众，取得民众对中国共产党的认同，这一过程实质就是进行政治教育的过程，是中国共产党在抗日根据地和国统区进行抗战动员的过程。中国共产党在抗日根据地进行的领袖宣讲、发行出版的报刊、其他形式的民众教育无一不是在进行民众抗战动员。群众大会上，领袖进行宣讲，是为了号召民众提高觉悟，组织起来参加抗日；中国共产党在抗日根据地发行的报刊，也常常介绍各地的民众动员工作；面向民众的各种教育，更是中国共产党在基层进行的面对面的抗战动员。以各抗日根据地开展的冬学为例，它"要求向广大群众进行形势与任务的宣传教育，不断启发群众的政治觉悟，鼓舞他们积极投入斗争，努力完成当前的各项中心任务"。[①] 这种宣传，本身就是在进行政治动员。所以冬学开设的课程，多以政治内容为主，即便面向民众的文娱活动，也多以政治性的内容为主。比如，苏中抗日根据地曾采用群众喜闻乐见的荡湖船、打花鼓、挑花篮、唱凤凰、秧歌舞等，"到处演唱宣传，宣传国内外时事，宣传抗战的胜利、根据地建设的成就和各项中心工作，使广大群众在一种十分欢乐的气氛中自然而然地受到感染和教育。"[②] 在受到感染和教育后，民众对中国共产党产生了认同，积极行动起来，纷纷响应中国共产党的抗战动员。在陕甘宁边区的神府贺家川的后方医院，"因为人手不够，当地民众自动每天动员十几个人帮助医院挑水，做饭，搬运；经常动员青年及妇女慰劳伤兵，送各种吃的东西给伤病员。妇女还组织了洗衣队，缝衣队，替士兵洗补衣服。人民及军队真像家人父子一样地同患难，共休戚。"[③] 民众的响应，不仅仅是在陕甘宁边区和其他

[①] 上海教育出版社编：《老解放区教育工作回忆录》，上海教育出版社1979年版，第97页。

[②] 上海教育出版社编：《老解放区教育工作回忆录》，上海教育出版社1979年版，第103页。

[③] 《红色档案延安时期文献档案汇编陕甘宁边区实录》，陕西人民出版社2013年版，第66页。

抗日根据地，而是在全国各地。抗战之初，第三厅曾在中国共产党领导下在武汉组织了声势浩大的抗战扩大宣传周活动，这些活动受到了群众的热烈欢迎，武汉三镇的人民都被动员了起来。

二、促进了抗日根据地文化的发展

中国共产党在抗日根据地进行的文化领导权构建，有力推动了根据地文化的发展。

一个政党，欲构建文化领导权，必须要有能代表时代潮流、引领民众前进和结合本国国情的先进文化。抗战时期，以毛泽东为核心的中国共产党人将马克思主义和时代特征、中国国情、中国传统文化相结合，实现了马克思主义的中国化，产生了毛泽东思想。毛泽东思想成为中国共产党引领民众、统一思想、凝聚共识的强大思想武器，成为中国共产党抗日根据地最先进的文化。中国共产党构建文化领导权就是将自己最先进的文化辐射和传播到每一个角落，在这个过程中，中国共产党必须推进多项举措，发展根据地的文化教育事业。一是民众的文化水平有了较大的提高。以陕甘宁边区为例，1936年时，边区小学只有120所，学生人数不足500人。到1940年时，小学已达1341所，学生达到43625人。在社会教育方面，1937年冬季时，冬学有600处，学生10000人，1938年底，识字组已达5834组，组员39983人。[①] 民众文化水平提高后，他们对抗战有了更深刻的认识，抗战不是与己无关的国家的事，天下兴亡，匹夫有责。二是根据地的干部教育有了很大的发展。中国共产党建立了众多的干部教育学校，陕北公学、鲁艺、八路军军政学院、中央党校、行政学院、民族学院、马列学院、泽东青年干部学校、中国女子大学、延安大学等。从学校出来的这些干部不仅有较高的马列理论素养，还有丰富的实践经验，他们成为中国共产党的宝贵财富。三是根据地的民众文艺运动也有了长足的发展。文艺界整风后，文艺工作者们走进工厂、走向田间地头，和百姓们吃住在一起，创作出了许多群众喜闻乐见的作品。特别值得一提的是延安的新秧歌

---

① 人民出版社编：《抗日战争时期解放区概况》，人民出版社1953年版，第18—19页。

运动,《兄妹开荒》《白毛女》《胜利腰鼓》《打花鼓》《龙灯》《生产舞》《运盐》等作品深受群众喜爱,"鲁艺秧歌队在文化沟演出时,山坡上全坐满、站满了人群,尽管没有什么扩音喇叭,但山沟本身就是很好的扩音设备,整个演出过程,观众们都是这样地全神贯注地观看、欣赏,时而爆发发自内心的欢笑、鼓掌。秧歌队常常是走到哪里演到哪里,每天都要连续演出好几场,不少老乡怀揣着干粮从几十里地以外跑来看我们的新秧歌,我们演一路,老乡们就跟一路,屡看不厌。"①

三、重塑和提升了中国共产党形象

中国共产党未构建文化领导权之前,国民党在国内媒体上对中国共产党进行妖魔化的宣传,在国际媒体上对中国共产党不断进行矮化、攻击,造成国内外民众对中国共产党有诸多负面认识。这种负面形象使中国共产党既难以获得国际援助,又难以在国内进行民众动员。中国共产党通过文化领导权构建,主动出击,不断提升自身的形象。毛泽东思想的成熟,使中国共产党有了稳固的意识形态,中国共产党不再是出入山林中只懂武装斗争的"赤匪",而成为引领全国的先进政党。中国共产党的《解放日报》《新华日报》《晋察冀日报》《佛晓报》《群众》周刊及《解放》周刊使中国共产党有了展示自身形象的平台,八路军、新四军抗战业绩在报纸上时时刊登,抗日根据地的大生产运动、"三三制"民主政权建设、根据地民众的新生活成为报纸的主要内容。这些报刊成为抗日根据地和国统区民众了解中国共产党的重要窗口。1944年到过陕甘宁边区的中外记者参观团之一的外国记者斯坦因写下了《红色中国之挑战》,此书于1946年在美国出版。他写的《中国共产党与解放区》《八千六百万人民随着他的道路前进》等文章,在美国、英国的报刊上发表,突出展示了中国共产党人的积极形象,这些报道很有说服力地告诉人们:中国共产党领导的抗日根据地才是中国的希望之所在。

---

① 李焕之:《民族民间音乐散论》,山东文艺出版社1984年版,第60页。

四、为中国共产党未来执政合法性奠定了基础

抗战时期，中国共产党文化领导权的构建为中国共产党未来执政合法性奠定了基础。执政合法性，就是被管理者或被统治者对统治者政治权力的认同。谋求执政合法性，是现代政党执政规律的根本要求。只有获得相对较高的执政合法性，政党才能顺利执政、有效执政和长久执政。中国共产党构建文化领导权的最初目的是便于中国共产党进行抗战动员、促进根据地文化发展和改善中国共产党形象，并不是为了使中国共产党未来执政获得合法性。因为在强调国共合作的抗战时期，由于共产国际的压力，也因为中国共产党自身的实力，中国共产党还不可能提出建立自己主导的政权。所以抗战时期，中国共产党领袖在公开、正式场合多次强调蒋介石的领导、南京政府的领导。随着蒋介石反共摩擦的增多，随着中国共产党组织和军队的发展与壮大，毛泽东领导下的中国共产党已不再满足于配角的地位。在《新民主主义论》中，毛泽东提出了建立无产阶级领导或可能参加的各革命阶级联合专政的政权。在中国共产党七大《论联合政府》的报告中，中国共产党提出要建立一个"以全国绝对大多数人民为基础而在工人阶级领导之下的统一战线的民主联盟的国家制度"，[①] 即新民主主义的国家制度。毛泽东之所以对中国共产党如此自信，是因为中国共产党通过文化领导权的构建，已经使自己即将建立的新民主主义国家制度获得了民众的"同意"。这种"同意"表现在以下方面："第一，它取得了和可能取得数百万产业工人，数千万手工业工人和雇佣农民的同意；其次，也取得了和可能取得占中国人口百分之八十，即在四亿五千万人口中占了三亿六千万的农民阶级的同意；又其次，也取得了和可能取得广大的城市小资产阶级、民族资产阶级、开明士绅及其他爱国分子的同意。"[②] 可见，中国共产党文化领导权构建使中国共产党奠定了未来执政的合法性。

[①] 中共中央文献研究室编：《毛泽东在七大的报告和讲话集》（1945年4月—6月），中央文献出版社1995年版，第50页。

[②] 中共中央文献研究室编：《毛泽东在七大的报告和讲话集》（1945年4月—6月），中央文献出版社1995年版，第50页。

第二节　抗战时期中国共产党文化
领导权构建的经验教训

抗战时期，中国共产党文化领导权的构建保障了抗战动员，促进了根据地文化的发展，重塑和提升了中国共产党形象，为中国共产党未来执政合法性奠定了基础。而且，它也留下了深刻的经验教训。

一、造就无产阶级化知识分子必须稳妥进行

意大利共产党领袖葛兰西曾经指出，"从历史上和政治上看，批判和自我意识意味着创造一批知识分子杰出人物。群众要是不组织起来（指最广义的组织起来）就不能'建功立业'，也不能取得应有的独立地位；而没有知识分子，则无组织可言，因为没有知识分子便是没有了组织者和领导者。"[1] 这是葛兰西对无产阶级化知识分子作用最精辟的概括。抗战时期，中国共产党要在政治上领导民众进行抗日，并实现中国共产党的最低纲领，就必须把民众组织起来。而要实现对民众的组织，就必须要有自己的知识分子。

中国共产党领袖毛泽东、周恩来、陈云等人认识到无产阶级化知识分子对中国共产党革命事业的重要性之后，及时调整了中国共产党的知识分子政策，党的大门向知识分子敞开，大批知识分子奔赴延安和各抗日根据地。知识分子的加盟给中国共产党的革命事业带来了前所未有的生机，但知识分子的小资产阶级性也给中国共产党带来了前所未有的困扰，对他们进行思想改造已经势在必行。

对于这场触及知识分子内心深处的脱胎换骨的思想改造，中国共产党最先采取了和风细雨般的温和的教化和反省相结合的方式。首先是集中学习由领导整风运动的机关——总学习委员会下发的二十二个文件。这二十

---

[1] 转引自毛韵泽：《葛兰西政治家、囚徒和理论家》，求实出版社1987年版，第215页。

二个文件包括中共中央的四个决定、毛泽东的七个报告、康生的两个报告、刘少奇《论共产党员的修养》的部分内容、陈云《论怎样做一个共产党员》、斯大林和季米特洛夫的讲话等。中共中央要求在学习过程中进行深入的研究和热烈的讨论，以领会贯通这些文件的精神与实质。按照中共中央最先的部署，改造的流程是这样的：逐件精读文件，逐件写笔记，逐件或合并文件开会讨论，再辅之以专人报告。可以看出，中共中央对这场通过整风学习达到思想改造和全党团结的运动采取的是学习和反省相结合的方式。

这样的方式，对于一部分知识分子是有显著成效的。比如，草明在从大后方来到延安，经历了痛苦的思想洗濯后，换得了彻底的轻松。她在回忆录中曾这样写道，"经过这种痛苦的历程，冷静地认识了自己，改正了非无产阶级的思想或作风以后，就感到一身轻松，感到愉快，对今后的工作有很大的帮助。"[①] 但近代中国知识分子群体是个特殊的群体，他们大多是接受了西方价值观的自由知识分子，他们具有现代意识，有自己的思考和判断，有些知识分子即便经历了延安前期的整风，但依然没有彻底转变自己的立场和思想。

王实味事件后，毛泽东深感单纯教化对知识分子思想改造具有很大的局限性。中国共产党要想使知识分子成为真正的无产阶级知识分子，必须改变柔性的思想改造方式。从此，和风细雨的思想改造告一段落，而具有强制和惩戒性质的审干、肃反和抢救运动轮流登场。

审干运动主要是通过审查每个党员的思想与历史，弄清每个党员的真面目，了解缺点并纠正其缺点。参加整风的人，都必须毫无例外地接受审查。审干运动对知识分子造成了很大的冲击。以当时在中央党校第三部学习的刘白羽为例，他出身于剥削阶级家庭，来到延安后，自认为自己很革命，他自以为已经同旧世界决裂了，"其实灵魂深处那个'小资产阶级王国'还是很顽固地主宰着一切，从个人的立场、思想、感情到文学创作同工农兵为主人的新世界还是严重地格格不入的。"[②] 在接受审查的日子里，

[①] 草明：《世纪风云中跋涉》，人民文学出版社1997年版，第126页。
[②] 延安中央党校整风运动编写组编：《延安中央党校的整风学习》第1集，中共中央党校出版社1988年版，第134页。

刘白羽"惶惑不安,彻夜难眠"。为什么"彻夜难眠"呢?就是因为当时审干对知识分子所施加的强大的组织震慑力。为了通过审干,知识分子必须按要求写个人自传,写一遍不行,写第二遍,第二遍不行,继续第三遍,直到通过组织上的审查。这种严厉的审查,怎能不使知识分子感到心惊胆颤呢?

审干运动发现了少数潜藏在延安各机关中的特务分子,中共中央决定发起一场肃奸运动。中共中央认为,抗战以来,随着抗日民族统一战线的建立和党员的大量发展,日寇和国民党大规模地实行特务政策,延安各党政军学机关中,暗藏有大批内奸分子,数量惊人。中共中央决定必须在审干中清查内奸。从中央发动审干和肃奸的动机上看,进行这两项工作当时的确很有必要。只有通过审查,将革命队伍中的特务分子揪出来,才能减轻特务对革命的内部破坏。但当时主持这项工作的不是别人,而是党内众多人闻之色变的康生。整风运动中,毛泽东对康生委以重任,让其担任总学委副主任,全面主持整风的日常工作。康生的介入使这场审干、肃奸运动发生了转向。虽然中央在部署时,强调要稳妥进行,"毫不动摇地,千方百计地,耐心地,热情地争取他们"[①],但肃奸出现了扩大化倾向,许多对党忠诚的知识分子被当作特务分子被打倒。

审干、肃奸之后,中央又在延安和抗日根据地发起了一场抢救运动。在抢救运动中,各种刑讯逼供的手段轮番使用,延安一时特务如麻。经历过抢救运动的李逸民曾经如此描述当时的"不夜城"延安:延安秋天的夜晚,已颇有寒意,但是延安的窑洞里却灯火通明,成了不夜城,康生等人通宵达旦地指挥着各机关、学校、工厂、团体的审干运动,一批批外来的青年知识分子在被抢救。[②] 到延安准备参加中国共产党"七大"的薄一波对"抢救运动"也有着深刻记忆。薄一波的母亲和薄一波同来延安,薄一波将母亲安排在延安深沟的一个窑洞居住。薄一波前去看望母亲,母亲说这里不好住,晚上半夜常有鬼哭狼嚎。于是,薄一波前去看个究竟,"一查看,至少有六七个窑洞,关着约上百人,有许多人神经失常。问他们为什么?有的大笑,有

---

① 《建党以来重要文献选编》第20册,中央文献出版社2011年版,第534页。
② 中共兰州市委党史资料征集办公室编:《兰州党史资料汇集》第7册,中共兰州市委党史资料征集办公室1983年版,第13页。

的哭泣，……"① 后来，看管人才无可奈何地告诉了薄一波，他们都是"抢救"的知识分子，是来延安学习而遭到"抢救"的。

满怀革命热情投奔延安的知识分子在如此高压之下，又怎会不进行自我反省和接受思想改造呢？虽然毛泽东后来脱帽鞠躬进行了道歉，错了的也给了平反，并作了结论，但这些无辜的青年知识分子已经在政治上、精神上受了很大的创伤。这是中国共产党在造就自己的知识分子队伍时留下的深刻教训。解决知识分子的思想问题，是一个长期的、复杂的过程，温和教化和自我反省是主要的方式，此外别无他法。强力虽然可以暂时压服一部分知识分子，但这种方式会带来很多后遗症。所幸的是，"这次运动中被'抢救'的同志，后来大多成为我们革命队伍的骨干，他们并没有因运动而丧失革命斗志，或对共产党发生动摇，这是非常可贵的。"②

二、构建内容须有文化属性

中国共产党构建文化领导权，是希望将中国共产党的革命理念、价值观等传达给民众，从而使民众在思想上、道德上对中国共产党产生认同。可以说，这是中国共产党对列宁"灌输论"的继承和发展。列宁认为，自发的工人阶级只能产生工联主义的意识，社会主义意识必须从外面灌输给工人阶级。对于工人阶级是如此，对于文化水平落后的农民阶级更是如此。所以，中国共产党只有将思想理论、价值观、伦理、政策等灌输给工农大众，才能引导工农大众对中国共产党产生认同，进而参与中国共产党领导的民族民主革命。

思想理念、价值观、伦理是中国共产党文化领导权构建的主要内容，这一内容作为中国共产党的意识形态，是中国共产党政党文化的重要组成部分，它既具有政治属性，又具有文化属性。从本质上来讲，它更具有文化属性。中国共产党成立后，一直致力于将马克思主义和中国国情实际相结合，构建能引领时代潮流的先进文化。因为一种先进的文化能构筑本民

---

① 薄一波：《七十年奋斗与思考》上卷，中共党史出版社1996年版，第362页。
② 中共兰州市委党史资料征集办公室编：《兰州党史资料汇集》第7册，中共兰州市委党史资料征集办公室1983年版，第23页。

族的社会理想和人生理想，建立本民族所认同的价值体系，它对民众有更强的吸引力和感召力。中国共产党在抗战时期，集中全党智慧，虽然已经提出了民族的、科学的、大众的新民主主义的文化，但中国共产党在构建文化领导权时，传播给民众的是更多政治性的内容，因而导致构建内容太过政治化和功利化。比如，陕甘宁边区群众文化委员会起草的民众教育草案规定，"实施民族解放和民主政治为民众教育的中心内容。"[①] 开设的课程有文字课、政治课、自然课、社会课。政治课是陕甘宁边区民众教育的重点。再比如，在山东抗日革命根据地，1944年关于冬学的教育指示要求冬学教育以政治教育为主，文化教育为辅，二者的比例为七比三。政治教育包括时事教育、与根据地工作相结合的现实教育、参军拥军教育。苏中抗日根据地在1942年的冬学运动中，提出了"明理第一，识字第二"的方针。明理第一，就是把政治教育放在第一重要的位置，不断向广大群众进行形势与任务的宣传，不断启发群众的政治觉悟，鼓舞他们积极投入斗争。在其他抗日根据地开办的冬学、夜校、半夜校也都强调了政治教育，政治教育随着中国共产党斗争内容的变化而变化。一般情况下，政治教育多以时事教育为主，启发民众民族意识，使其参加抗日救国运动；当国民党顽固派有投降、妥协倾向时，政治教育的内容又变为揭露顽固派的各种投降阴谋及与敌伪勾结的活动。

　　文艺领域也存在着过于政治化的功利主义倾向。文学是中国共产党构建文化领导权的重要载体。建党以来，中国共产党一直充分利用这一载体为中国共产党的意识形态灌输服务。这既是对中国传统的"文以载道"思想的继承，也是对苏联文学理论的借鉴。适度的继承和借鉴是可以的，但土地革命时期，中国共产党党内被留苏的教条主义者所把持，中国共产党的文学和艺术受苏联影响太深，文艺被赋予了太重的意识形态色彩，文艺成为与社会、政治进行斗争的工具。难怪西方学者这样评价中国文学，"像儒家官僚政制那样，把知识文化和创造方面的活动看成是完成它的政

[①] 陕西师范大学教育研究所编：《陕甘宁边区教育资料社会教育》上册，教育科学出版社1981年版，第3页。

治目的的婢女。"① 或许西方学者对中国文艺的评价有点偏颇，但不可否认，在延安文艺座谈会之后，文艺的确成为为党的利益服务的工具，文艺的政治化使中国共产党文化领导权构建的内容也充斥着政治的色彩。

当时，边区教育厅也认识到了这些问题。在陕甘宁边区政府教育厅《关于一九四二年冬学的指示》中指出："在功课方面，没有抓住中心一环（识字）并与实际脱节。每期冬学，虽然都规定以识字为主，但在课程内容和功课的配备上政治分量都太重，门类也很繁多，没有强调识字。而且学校组织与生活也有点太军事化，军事管理，军事行动，俨然象一个军事政治学校。"② 其他抗日根据地也认识到了这种只重视政治教育而忽视文化教育的倾向，比如，1944年，晋察冀行政委员会开始认识到过多强调政治内容的冬学教育倾向后，在当年的冬学指示中指出，"过去一个大的偏向是一切政治化，历年冬学运动把重点放到政治教育方面去了，这是忽略群众要求的。今年的冬运一般的以提高群众文化为中心，着重开展识字运动，而以政治教育、生产教育为辅。"③ 1944年1月，林伯渠在陕甘宁边区政府委员会第四次报告会上，提出了陕甘宁边区教育工作改革的具体事项，在教育内容上将"以文化教育为主，同时须从思想上确定学生的革命观点、劳动观点与群众观点，并须进行以边区政治、经济为中心的政治教育与生产教育，辅之以时事教育"。④

构建文化领导权时，将中国共产党的意识形态灌输给民众，这无可厚非。但过于政治化的灌输，会弱化中国共产党意识形态对民众的亲和力，容易使民众产生反感和抵触情绪。抗战时期，毛泽东集中党内智慧，提出了新民主主义文化观。这种文化观反对帝国主义，维护中华民族的独立和尊严；反对封建迷信，坚持科学理论和科学方法；反对少数人垄断，坚持

---

① ［美］R.麦克法夸尔、费正清：《剑桥中华人民共和国史——革命的中国的兴起（1949—1965年）》，杨品泉等译，中国社会科学出版社1998年版，第231页。
② 中央教育科学研究所编：《老解放区教育资料》第2册（抗日战争时期）下册，教育科学出版社1986年版，第44页。
③ 中央教育科学研究所编：《老解放区教育资料》第2册（抗日战争时期）下册，教育科学出版社1986年版，第117页。
④ 教育科学研究所筹备处编：《老解放区教育资料选编》，人民教育出版社1959年版，第10—11页。

面向广大民众。这种民族的、科学的、大众的文化的出现是中国共产党成立以来努力追求的结果。它体现了中国共产党高度的文化自觉和文化创新。如果在政治灌输中,能赋予中国共产党意识形态以更多的文化色彩,就可以缓冲意识形态的高压性和政治性,使民众对它产生一种自觉的文化追求,进而促使民众主动地去学习它、了解它。另外,在灌输中,坚持更多的文化内容,会提高民众的文化水平和自我教育能力,民众会在自觉学习中国共产党意识形态的基础上,产生对中国共产党的判断和认同。

三、构建实践切忌形式主义

构建文化领导权,是一项"攻心"工作。这项工作不是靠强迫命令就可以完成,也不是看单纯数量就可以成功,它需要务实地、扎实地向前推进。抗战时期,中国共产党在构建文化领导权时也曾犯过单纯追求数量的形式主义、追求速度的命令主义错误。这些形式主义、命令主义给根据地文化建设带来了严重的后果。

以冬学的发展为例。冬学是中国共产党在冬季农闲季节,在农村进行的一场学习运动。中国共产党希望通过每年的冬学运动提高民众文化水平、政治觉悟、生产技能和保家卫国的本领。当然中国共产党也希望能通过冬学运动实现对农民的思想教育,使农民能在情感上接受中国共产党、认同中国共产党。为了充分利用冬学,陕甘宁和其他抗日根据地教育行政部门一般都会规定冬学的发展计划数目。1939年10月9日,陕甘宁教育厅在前两年边区办冬学的经验和基础上,决定在1939年举办五百场冬学,招收学生一万名。边区教育厅下发了各直属县、各分区应办冬学的数目。"直属县:延安45,延长25,延川55,安塞30,安定30,甘泉15,固临20,志丹20,神府45,靖边20,延安市5。关中分区:赤水30,新正30,淳耀20,宁县15……"①

除了规定冬学的发展数目,陕甘宁边区教育厅还规定了识字组消灭文盲数量。1939年3月8日,边区教育厅通过行政命令的方式要求在前九个

---

① 中央教育科学研究所编:《老解放区教育资料》第2册(抗日战争时期)下册,教育科学出版社1986年版,第36页。

月举行识字突击运动，并在各地建立起了识字组、夜校、半日班等组织形式。教育厅下发了各县要消灭文盲的数目，比如延安两千三百；延长一千九百；延川两千四百；安塞一千七百；志丹一千五百；安定一千五百，固临一千七百，甘泉一千等等①。延安因为外来知识分子众多，分配的消灭文盲数量只有六百人。除了给各县分配消灭文盲的数量，各机关学校也有一定的消灭文盲任务，每县政府在一年内要负责消灭二十个文盲，区政府一年负责消灭十个文盲，二十人以上的小学每年要负责消灭二十个文盲……②

教育工作需要有一个目标、一些数量的规定，这种量是必要的。有此数量目标，干部和民众才会共同努力。但是构建文化领导权，对民众进行教育的目的"是经过群众自己觉悟，自愿地改造他们的脑筋，自愿地挤掉封建传统，自愿地接受新民主主义文化"。③ 这是一个漫长而艰巨的过程，需要采取细致的说服工作，不是突击数量就可以达成的。数目需要重视，但教育的质量更加重要。

第三节　抗战时期中国共产党文化领导权构建的启示

抗战时期，中国共产党在抗日根据地和国统区采取不同的策略，终于构建起了文化领导权。这一文化领导权在加速推动中国共产党领导的革命进程的同时，也为中国共产党夺取政权后的执政奠定了合法性基础。新中国成立后，中国共产党通过对马克思主义哲学的学习运动，通过对唯心主义的批判，通过将马克思主义载入宪法的制度化建设，建立了强大的文化领导权。社会主义建设时期，巩固文化领导权成为重要的任务。然而，在

---

① 中央教育科学研究所编：《老解放区教育资料》第2册（抗日战争时期）下册，教育科学出版社1986年版，第33页。

② 中央教育科学研究所编：《老解放区教育资料》第2册（抗日战争时期）下册，教育科学出版社1986年版，第33页。

③ 教育科学研究所筹备处编：《老解放区教育资料选编》，人民教育出版社1959年版，第34页。

经济全球化和中国推进市场经济体制改革的新时代,中国共产党的文化领导权受到了前所未有的冲击。对此,北京大学的强世功教授曾就改革开放后意识形态所受到的冲击这样指出:"新中国努力奠基的人民民主、社会平等这些政治正当性原则由于缺乏文化思想和意识形态的支撑,在口是心非的政治实用主义中丧失了生命力;而社会主义传统所树立起来的集体主义、团结友爱和无私奉献的伦理思想,也在自由主义和商业社会的冲击下所剩无几。我们由此陷入了前所未有的思想迷茫和精神空虚。"[1] 梳理抗战时期中国共产党文化领导权建设的历史脉络,对于新时代巩固社会主义文化领导权有重要的启示。

第一,巩固文化领导权必须进行意识形态领域的斗争。

抗战时期,中国共产党为了构建文化领导权,在和国民党保持抗战合作大局的前提下,充分利用各种宣传阵地,和国民党的假三民主义、半真半假三民主义、法西斯主义进行了针锋相对的思想斗争,这些意识形态领域的斗争打击了顽固派、投降派的图谋,扩大了共产主义在抗日根据地和国统区的影响,同时也促使中国共产党将马克思主义和中国国情实际相结合,形成了新民主主义的文化。

在经济全球化时代,社会主义中国必须和西方资本主义国家进行经济、政治、文化的往来。"我们同中国接触也是传播我们理想的最好方式。我们让中国越多地融入世界,世界就能越多地把自由带到中国。"[2] 借助全球化,西方媒体也把以美国价值观为核心的西方文化强势推进到了中国,这对中国的马克思主义提出了严峻的挑战。可以说,在经济全球化的大背景下,"资本主义文化中无所不在的意识形态因子,对中国民众的生活方式、行为方式、价值取向甚至精神'认同'产生了消极影响,从而对中国主流意识形态构成了严重冲击。"[3] 苏联解体、东欧剧变以后,以美国为首的西方国家妄图借助全球化和信息化,对社会主义国家进行"和平演变"的图谋从来就没有减弱过。同时,国内市场导向为主的经济体制改革开展

---

[1] 强世功:《中国香港:政治与文化的视野》,三联书店2010年版,第360页。
[2] [美]克林顿:《我为什么去北京》,载于美国《新闻周刊》1998年第6期。
[3] 张士海、施秀莉:《当前中国共产党"文化领导权"面临的挑战》,载于《理论探讨》2012年第2期。

后，资产阶级自由化的势头逐渐抬头。邓小平同志也一再告诫全党，要防"左"，更要反右，反右斗争应该贯穿于社会主义现代化建设的全过程。习近平总书记也非常重视在意识形态领域，对错误思想、错误观点及时且有力的斗争。在十九大报告中，习近平指出，要"注意区分政治原则问题、思想认识问题、学术观点问题，旗帜鲜明反对和抵制各种错误观点"。[①] 但是长期以来，为了推进经济体制改革，我们只强调了防"左"，而忽视了反右，这就导致右的势力越来越猖獗，甚至出现了公开反对马克思主义、诬蔑党的领袖的言论。

这些国际、国内背景都要求现在必须重视并加强意识形态领域的斗争。如果不对各种错误思潮进行斗争，马克思主义的阵地就会逐渐丧失。意识形态阵地，你不占领，别人就会来占领。只有理直气壮、旗帜鲜明地进行斗争，才会扩大马克思主义的影响力，才能确保马克思主义在我国的指导地位。

第二，巩固文化领导权必须充分利用新媒体。

抗战时期，各抗日根据地和国统区常见的媒体是报纸、刊物、广播等。借助这些媒体，中国共产党向抗日根据地和国统区民众传播了中国共产党的理念、价值观，成功展示了中国共产党的形象。1940年3月，周恩来同志从莫斯科回到延安时，苏联提供了一部广播发射机。对于中国共产党而言，这是最新的传播媒体了。中共中央决定充分利用广播在文化领导权构建中的技术优势，成立了以周恩来为领导的广播委员会，并很快筹建了延安新华广播电台。这个电台及时宣传我党的抗日主张、我军抗日战绩和抗日根据地建设，成为根据地和国统区民众了解中国共产党的窗口。1942年，昆明西南联大师生在收听了延安台的广播后，还写了一封热情洋溢的信，"盛赞延安台象'黑夜里的一盏明灯'"[②]。中国共产党借助新媒体、新技术，成功扩大了自己的影响力。

如今，新技术革命把我们带入到一个前所未见的新媒体时代。有人用"聚光灯"和"麦克风"来形容这个时代。所谓"聚光灯"，是大众传媒将关注点扩散和泛化到人们生活的每一节点；所谓"麦克风"，是大众传

[①] 习近平：《决胜全面建成小康社会 夺取新时代中国特色社会主义伟大胜利》，载于《人民人报》2017年10月18日。
[②] 刘云莱：《新华社史话》，新华出版社1988年版，第22页。

媒尊重传播主体并扩大主体发声的影响力。"聚光灯"使得中国共产党治国理政的任何一点疏忽，都会被新媒体聚集并被无限放大；"麦克风"使得民众的各种声音，包括对中国共产党的批评、对马克思主义的质疑和攻击，都可以在新媒体上被所有媒体受众看到。总之，在新媒体时代，中国共产党巩固文化领导权面临很大的挑战。另一方面，新媒体也给传播中国共产党的价值理念、展示中国共产党形象提供了新的技术支撑和便捷方式。新媒体具有速度快、双向互动、创新形态多样化等特点，在进行文化传播方面，新媒体具有旧媒体无法比拟的优点。所以，在新媒体时代，中国共产党在充分利用报刊、电视、广播等传统媒体巩固文化领导权的同时，必须花大气力，充分利用互联网、微博、微信等新媒体，重视传播手段的创新，以更好地报道国家领导人的活动、介绍全面深化改革新成果等。只有借助这样的新技术优势，才能赢得新媒体影响下的民众认同。

第三，巩固文化领导权必须重视无产阶级化知识分子的作用。

抗战时期，中国共产党认识到知识分子在构建文化领导权中的重要作用，及时改变知识分子策略，几万知识分子从国统区和沦陷区云集延安。中国共产党对汇集延安的知识分子在生活上提供丰厚的待遇，在思想上帮助他们不断进步，借助感化和权威，小资产阶级知识分子转变成了无产阶级化的知识分子。这些知识分子积极参与马克思主义和中国国情实际相结合的理论创新，参与中国共产党意识形态的阐释和宣传工作，还参与民众的文化普及工作。这些工作帮助中国共产党扩大了在民众中的政治影响，推动了民众参与中国共产党领导的民族民主革命的热情。无产阶级化了的知识分子是中国共产党构建文化领导权的重要力量，也是中国共产党夺取政权的一支重要力量。

新时代，中国共产党的文化领导权面临国际、国内更多复杂背景和因素的挑战，巩固文化领导权显得尤为重要，无产阶级化知识分子在巩固文化领导权中的作用也显得更为重要。无产阶级化知识分子，尤其是从事社会科学的，不仅要进行理论研究工作，还要承担理论宣传工作。新时代，理论宣传工作是中国共产党巩固文化领导权的重要阵地，并且是同西方国家争夺群众、争夺话语权的前沿阵地，这都要求党要重视理论工作者的理论创新，对群众关心的热点话题能及时做出有说服力的回答；要求理论宣传工作者不但能利用原有的技术，还必须主动作为，掌握新技能，抢占理论宣传工作的制高点。

第四，巩固文化领导权必须耐心细致地做好群众劝导工作。

构建文化领导权是一项"攻心"工程。"攻心"工程不是简单劝说、强迫命令就可以解决，必须多角度、多渠道进行。只有关注民众的实际问题，并能帮助他们解决这些问题，群众才会在毫无防备的放松状态下接受施教者所要传达的价值观。抗战时期，中国共产党在构建文化领导权时，动员群众的工作和文化普及的工作做得极为细致。比如，在动员民众上冬学时，有些妇女思想觉悟低，不愿前来，延安卫生部门人员就在市集上建立文化大棚，向妇女们宣传科学生育常识，吸引了不少妇女前来咨询和学习。妇女们在接受卫生常识普及中也加深了对中国共产党的认知。为了提高冬学的学习效果，在逢集的市镇建立识字牌，由教师和学生把守，路过的民众认得字就过去，不认得字立即由把守的人对他进行再教学。《解放日报》和《新华日报》开设"读者信箱"栏目，编辑认真对待读者的每一封来信，及时回答读者来信，帮助读者解决思想、生活、工作上遇到的实际困难。一些报刊还设立了通讯员和读报员，向民众进行文化传播和抗日宣传。再比如，中国共产党开设或影响下的书店不仅向边远的读者提供邮购图书服务，还帮他们代购文具和其他生活用品等。这些细致入微的工作既服务了民众，又树立了中国共产党在他们心目中的形象。

新时代，中国共产党进行文化领导权的巩固，更应该细致、耐心地开展群众劝导工作。网络化、信息化时代，群众可以自主选择自己要接受的信息，他们不仅接受主流价值观的宣传，同时，也在接受着强势的、借助高新技术包装的西方价值观的熏陶。多元文化的交融使群众产生了更多的文化包容，但同时也弱化了主流意识形态对群众的吸引力和影响力。被众多信息和价值观裹挟着的民众如何有一个准确的判断？这都需要文化工作者进行细致耐心的解释和宣传工作。只有工作细致，想群众之所想、急群众之所急，才能真正赢得民众，才能使他们自主地接受主流价值观。

第五，巩固文化领导权必须加强中国共产党自身建设。

中国共产党构建文化领导权，是希望通过各种途径和方式的宣传、教育，使民众对中国共产党产生认同。如果中国共产党自身存在问题，那就很难在群众面前树立先进的政党形象，也难以使民众产生认同。所以，构建文化领导权，必须加强政党自身建设。抗战时期，中国共产党通过延安整风，消除了主观主义、教条主义、党八股对党的消极影响，对全党进行了一场马克思主义教育运动，加强了党的团结，提高了党的理论素养。这使中国共产党以全新的形象、崭新的姿态出现在民众面前，它更能使民众产生对中国共产党的认同。

新时代，中国共产党全面从严治党成效卓著。全党政治意识、大局意识、核心意识、看齐意识明显增强，全党坚决维护党中央权威和集中统一领导。党的群众路线教育实践活动、"三严三实"专题教育、"两学一做"的常态化学习使全党理想信念更加坚定、党性更加坚强。无禁区、全覆盖、零容忍的反腐败斗争成效斐然。这些举措使党内政治生活气象更新，党内政治生态明显好转，党的创造力、凝聚力、战斗力明显增强。新时代，中国共产党赢得了广大民众越来越多的拥护和认同。中国共产党的文化领导权得到了进一步的巩固。但是，"一些干部领导科学发展能力不强，一些基层党组织软弱涣散，少数党员干部理想信念动摇、宗旨意识淡薄，形式主义、官僚主义问题突出，奢侈浪费现象严重；一些领域消极腐败现象易发多发，反腐败斗争形势依然严峻"。[①] 这就要求我们必须以改革创新的精神，继续推进党的建设，为党的文化领导权的巩固提供组织保障。

第六，巩固文化领导权必须不断进行文化创新。

中国共产党欲构建文化领导权，必须要有能引领社会前进的思想旗帜。旗帜就是方向，就是茫茫大海中的方向标。抗战时期，毛泽东将马克思主义和中国国情实际、传统文化相结合，在进行了一系列的文化批判和文化整合后，创新形成了新民主主义的文化。新民主主义文化是以共产主义思想为指导的，民族的、科学的、大众的文化。它反对帝国主义压迫，主张中华民族的尊严和独立；反对一切封建思想和迷信思想，主张实事求是，主张客观真理，主张理论和实践的一致；它为全民族百分之九十以上的工农劳苦民众服务。这种文化一经形成，就成为中国共产党向日本帝国主义、国民党顽固派、投降派作斗争的利器；成为中国共产党与其他小资产阶级政党、资产阶级政党相区别的标志；成为中国共产党组织民众、凝聚力量的精神纽带。凭借新文化，中国共产党有了构建文化领导权的思想

---

① 胡锦涛：《坚定不移沿着中国特色社会主义道路前进为全面建成小康社会而奋斗》，载于《人民日报》2012年11月18日。

基础，中国共产党站在了和国民党较量的新制高点上。

　　新时代，巩固文化领导权，更要不断进行文化创新，加快推进马克思主义中国化时代化大众化，建设具有强大凝聚力和引领力的社会主义意识形态。新时代，中国共产党巩固文化领导权，就是要坚持马克思主义的指导地位，坚守中华文化立场，立足当代中国发展现实，结合时代背景，推进文化创新。马克思主义只有和不断变化的时代特征、国情实际相结合，与时俱进，马克思主义才能焕发新的活力和生机。实践没有止境，文化创新也没有止境。

结　语　从抗日战争时期中国共产党文化领导权构建看新时代文化领导权巩固

结　语
从抗日战争时期中国共产党文化领导权构建看新时代文化领导权巩固

抗战时期，以毛泽东为首的中国共产党领袖认识到文化领导权的重要性并在抗日根据地和国统区进行了积极和有效地构建，中国共产党的价值观被传播到大街小巷和穷乡僻壤的每个角落，中国共产党现代政党的形象得以塑造，中国共产党也因此获得了民众的极大认同。这种认同不仅推动了抗日战争的进展，还影响到了抗战结束后国共力量的对比。莫里斯·梅斯纳曾发出这样的感叹，"战争期间中国共产党在中国许多地方的政治军事活动中获得农民越来越广泛的拥护，后来当中国共产党和国民党于一九四六年重新展开激烈的内战时，这一点起了决定性作用。"① 可以毫不夸张地说，正是因为抗战时期，毛泽东运筹帷幄，精心部署了文化领导权构建，将中国共产党倡导的抗日、民主、团结的理念传达给了民众，赢得了民心，也因此赢得了革命的最终胜利。新中国成立后，新政权通过马克思主义哲学学习运动、通过对唯心主义历史观的批判运动、通过将马克思主义的指导地位载入宪法，中国共产党正式确立了空前强大的文化领导权。

新时代，巩固文化领导权工作重要性日益凸显。2013 年 8 月 19 日，习近平总书记在全国宣传思想工作会议上指出："经济建设是党的中心工

---

① ［美］莫里斯·梅斯纳：《毛泽东的中国及其发展——中华人民共和国史》，张瑛等译，社会科学文献出版社 1992 版，第 44 页。

作，意识形态工作是党的一项极端重要的工作。"① 这项极端重要的工作事关党的前途命运，事关国家长治久安，事关民族凝聚力和向心力。加强和巩固中国共产党文化领导权，已经成为国家核心利益之所在。然而，在中国加速现代化的进程中，中国共产党的文化领导权巩固却遭遇了前所未有的挑战。发达国家主导的经济全球化推动了中国经济的发展，但西方国家难以遏制的意识形态冲动，使西方的功利主义、享乐主义、极端个人主义乘虚而入，严重挑战着社会主义主流意识形态。苏联解体、东欧剧变使马克思主义在意识形态领域遭遇了合法性危机，"马克思主义过时论""社会主义失败论""意识形态终结论"的叫嚣削弱了我国民众对马克思主义和社会主义制度的认同。国内经济市场化的改革，社会阶层的分化，多种文化的激荡和信息的网络化等新形势也使得中国共产党通过文化领导权整合社会、引导舆论的难度空前加大，马克思主义遭遇了信仰危机。这些挑战迫使我们必须转变思维，开拓巩固文化领导权工作的新思路。

一、重视新式媒介

新时代，巩固文化领导权，必须重视新媒体的重要作用。习近平总书记在十九大报告中要求，"高度重视传播手段建设和创新，提高新闻舆论传播力、引导力、影响力、公信力。"② 总书记这一要求有很强的现实针对性。当今时代，可以称之为媒体时代。媒体对政治的影响无孔不入，可以说，当今时代是媒体全方位模铸政治的时代。任何一个政党，要想在媒体社会立足，就必须学会和媒体打交道。而任何一个要巩固文化领导权的政党，必须要善于使用媒体，善于和媒体打交道。当前，以互联网为载体的微信、微博等新媒体迅猛发展，人们已经进入到一个信息高度开放、资源高度共享、信息传播零门槛的"微时代"。"微时代"下，网民们获取信息主要通过电脑、网络手机来进行。根据中国互联网络信息中心（CNNIC）

---

① 人民日报评论员：《中心工作与意识形态工作要两手抓》，载于《人民日报》2013年8月23日。

② 习近平：《决胜全面建成小康社会 夺取新时代中国特色社会主义伟大胜利》，载于《人民日报》2017年10月18日。

在北京发布的第三十九次《中国互联网络发展状况统计报告》，截至2016年12月，我国网民规模达七亿三千一百万，普及率达到百分之五十三点二，全年共计新增网民四千二百九十九万人，增长率为百分之六点二。[①]。网民数量的激增要求政党必须要重视这一群体。文化领导权是一项通过各种途径使政党获得民众"赞同"和"认同"的工作，民众在哪里，巩固文化领导权的任务就在哪里。巩固文化领导权，必须重视新媒体在传播社会主义核心价值观中的重要作用，必须加强对新媒体影响下网民的主动引导，积极传播社会正能量，针对网络舆情主动出击，善于发声，营造正面的社会舆论导向。

二、融入民众生活

巩固文化领导权，必须使中国共产党的意识形态融入民众的日常生活。日常生活是和每个人的生存息息相关的领域，是意识形态寓居之地。"一种价值观要真正发挥作用，必须融入社会生活，让人们在实践中感知它、领悟它。要注意把我们所提倡的与人们日常生活紧密联系起来，在落细、落小、落实上下功夫。"[②] 社会主义核心价值观是当今中国的主流文化，是中国共产党的意识形态。它体现着社会主义核心价值体系的根本性质和基本特征，是社会主义核心价值体系的高度凝练和集中表达。社会主义核心价值观和社会主义核心价值体系二者方向一致，都体现了社会主义意识形态的本质要求，体现了社会主义制度在思想和精神层面的质的规定性。只有将社会主义核心价值观和社会生活紧密结合起来，才能被民众认同和接受，才能实现内化于心和外化于行的结合。巩固文化领导权，必须将社会主义核心价值观融入民众日常生活，才能使它从宏大叙事进入微观生活，才能使社会主义核心价值观转化为民众的内在自觉。

---

① 中国互联网络信息中心（CNNIC）：《第39次中国互联网络发展状况统计报告》，http://www.cnnic.cn/gywm/xwzx/rdxw/20172017/201701/t20170122_66448.htm，2017年1月22日。

② 黄相怀、洪向华：《让核心价值观融入社会生活》，载于《人民日报》2015年2月26日。

三、转换话语方式

巩固文化领导权，必须转化话语方式。话语是一定的说话人与受话人之间在特定社会语境中通过文本或其他交流媒介而展开的沟通活动，包括说话人、受话人、文本、沟通、语境等要素。如今，"几乎所有的社会行动者，从政党到国家元首到社会公共组织以及个人，甚至恐怖分子，都已经意识到话语策略对于他们获取现实利益的先决性，无论是话语的自我运用还是对他方话语的瓦解，都成为一种极其自觉的行为。"[①] 中国共产党要巩固文化领导权，必须要采取具有亲和力的话语风格。马克思主义作为中国主流的意识形态，"在很长时间里是一种带有'革命性'、'运动性'、'斗争性'的意识形态。在精神气质上，强调矛盾斗争，注重战斗力，忽视亲和力；在话语系统上，多政治色彩、主义色彩、阶级色彩，强调政治至上和阶级对立，强调集中、服从，忽视多样性、独立性、自由性，缺少人道、人性、人情色彩，缺少生活色彩。"[②] 这些特征和话语方式使马克思主义始终处在高高在上的位置，难以和民众实现有效对接。改革开放后，我国主流意识形态的话语表达方式发生了很大变化，主流意识形态话语越来越契合社会的实际需要，越来越突出民众的实际利益；意识形态的话语表达方式也由崇高叙事转向了平凡叙事，对民众当下的内心体验和精神困惑给予了极大的关注。当前，在巩固文化领导权时，一定要注意话语方式的转化，用大众乐见的话语、平民化的风格、讲述中国故事，唯有此，才能将社会主义核心价值观转化为民众共识，并使民众自觉遵从。

总之，新时代的文化领导权巩固是一项艰巨的系统工程。我们必须及时捕捉时代特点，善于利用新式媒介，善于融入民众生活，善于转换话语方式，文化领导权巩固才能落到实处。

[①] 胡春阳：《话语分析：传播研究的新路径》，上海人民出版社2007年版，第1—2页。

[②] 周一平、张华：《如何增强马克思主义意识形态的亲和力》，载于《河北学刊》2009年第1期。

参考文献

一、文献资料

[1] 马克思恩格斯全集：第 1－11，40 卷．北京：人民出版社，1960，1982，1995．

[2] 马克思恩格斯选集：第 1－4 卷，北京：人民出版社，1995．

[3] 列宁全集：第 1－12 卷，北京：人民出版社，1984、1986、1987．

[4] 列宁选集：第 1－4 卷，北京：人民出版社，1995．

[5] 斯大林选集：上下卷，北京：人民出版社，1979．

[6] 毛泽东选集：第 1－4 卷，北京：人民出版社，1991．

[7] 毛泽东文集：第 1－8 卷，北京：人民出版社，1993、1996、1999．

[8] 毛泽东新闻工作文选．北京：新华出版社，2014．

[9] 毛泽东在七大的报告和讲话集．北京：中央文献出版社，1995．

[10] 周恩来选集：上下卷．北京：人民出版社，2004．

[11] 周恩来同志在重庆期间发表的重要文章和讲话汇辑．重庆：重庆市历史学会，1980．

[12] 刘少奇选集：上下卷．北京：人民出版社，1981、1985．

[13] 陈云文集：第 1－3 卷．北京：中央文献出版社，2005．

[14] 陈云文选（1949－1956）．北京：人民出版社，1984．

[15] 坚定不移沿着中国特色社会主义道路前进为全面建成小康社会而奋斗——中国共产党第十八次全国代表大会上的报告．北京：人民出版社，2012．

[16] 张闻天选集．北京：人民出版社，1985．

[17] 建党以来重要文献选编：第 1－26 卷．北京：中央文献出版

社，2011.

[18] 中共中央文件选集：第 1-15 卷．北京：中共中央党校出版社，1989-1992.

[19] 中国共产党历次重要会议集．上海：上海人民出版社，1982.

[20] 共产国际、联共（布）与中国革命档案资料丛书：第 18-22 册．北京：中共党史出版社，2012.

[21] 红色档案延安时期文献档案汇编：第 1-60 卷．西安：陕西人民出版社，2013.

[22] 中国共产党新闻工作文献选编．北京：人民出版社，1991.

[23] 中国共产党宣传工作文献选编：第 1-3 卷．北京：学习出版社，1996.

[24] 胡乔木文集：第 1-3 卷．北京：人民出版社，1993.

[25] 凯丰文集．南昌：江西人民出版社，2008.

[26] 延泽民文集：第 8 卷．哈尔滨：黑龙江人民出版社，2000.

[27] 何其芳文集：第 2 卷．北京：人民文学出版社，1982.

[28] 茅盾文集：第 10 卷．北京：人民文学出版社，1961.

[29] 中国革命史教学参考资料选编：第 2 册．北京：北京大学马列主义教研室，1984.

[30] 中国现代史资料选编：第 4 册（抗日战争时期）．哈尔滨：黑龙江人民出版社，1981.

[31] 中国现代文学史参考资料：文学运动史料选 5．上海：上海教育出版社，1979.

[32] 中国现代政治思想史资料选辑（下册）．成都：四川人民出版社，1986.

[33] 中国现代史资料丛刊：抗日战争时期解放区概况．北京：人民出版社，1953.

[34] 中华民国史档案资料汇编：第 5 辑第 2 编，文化、政治．南京：凤凰出版传媒集团、凤凰出版社，1998.

[35] 抗日战争时期延安及各抗日民主根据地文学运动资料（上册）．太原：山西人民出版社，1983.

[36] 陕甘宁边区政府文件选编：第 1 辑．北京：档案出版社，1986.

[37] 陕甘宁边区教育资料：社会教育．北京：教育科学出版社，1981．

[38] 陕甘宁革命根据地史料选辑：第4辑．兰州：甘肃人民出版社，1985．

[39] 晋察冀抗日根据地史料选编（上册）．石家庄：河北人民出版社，1983．

[40] 淮北抗日根据地史料选辑：第7辑．合肥：豫皖苏鲁边区党史办公室、安徽省档案馆，1985．

[41] 江北县党史资料汇编：第1辑．江北：江北县党史工作委员会，1985．

[42] 湖北老解放区教育史稿．武汉：武汉大学出版社，1988．

[43] 南方局党史资料．重庆：重庆出版社，1990．

[44] 南方局党史资料：大事记．重庆：重庆出版社，1986．

[45] 重庆渝中区文史资料：第9，19辑．重庆：重庆渝中区政协学习文史委员会，1997、2010．

[46] 兰州党史资料汇集：第7册．兰州：中共兰州市委党史资料征集办公室，1983．

[47] 文献与研究．北京：人民出版社，1988．

[48] 季米特洛夫日记选编．桂林：广西师范大学出版社，2002．

[49] 解放日报．1941—1945．

[50] 新华日报．1938—1945．

二、国内著作

[1] 中共中央文献研究室．毛泽东年谱（1893-1949）：上中下卷．北京：人民出版社，中央文献出版社，1993．

[2] 中共中央文献研究室．周恩来年谱（1949-1976）：上中下卷．北京：中央文献出版社，1997．

[3] 中共中央文献研究室．刘少奇年谱：上下卷．北京：中央文献出版社，1996．

[4] 人民教育社．老解放区教育工作经验片断．上海：上海教育出版社，1979．

[5] 衣俊卿，等．20世纪的文化批判——西方马克思主义的深层解读．北京：中央编译出版社，2003．

[6] 侯惠勤．马克思的意识形态批判与当代中国．北京：中国社会科学出版社，2010．

[7] 侯惠勤，等．马克思主义意识形态论．南京：南京大学出版社，2011．

[8] 侯惠勤．马克思恩格斯列宁论意识形态．北京：人民出版社，2009．

[9] 俞吾金．意识形态论．北京：人民出版社，2009．

[10] 张秀琴．马克思意识形态理论的当代阐释．北京：中国社会科学出版社，2005．

[11] 童世骏．意识形态新论．上海：上海人民出版社，2006．

[12] 阎志民．毛泽东的意识形态学说．西安：陕西人民出版社，1993．

[13] 张一兵．问题式、症候阅读与意识形态．北京：中央编译出版社，2003．

[14] 王晓升．西方马克思主义意识形态理论．北京：社会科学文献出版社，2009．

[15] 孟登迎．意识形态与主体建构．北京：中国社会科学出版社，2002．

[16] 胡乔木．胡乔木回忆毛泽东．北京：人民出版社，1994．

[17] 薄一波．七十年奋斗与思考（上卷）．北京：中共党史出版社，1996．

[18] 胡绳．中国共产党的七十年．北京：中共党史出版社，1991．

[19] 林达之．中国共产党宣传史．成都：四川人民出版社，1990．

[20] 杨奎松．革命：第1-4册．南昌：江西人民出版社，2009．

[21] 赵继伟．马克思主义意识形态接受论．武汉：武汉大学出版社，2009．

[22] 薄一波．若干重大决策与事件回顾（上下卷）．北京：中共中央党校出版社，1991．

[23] 逄先知，金冲及．毛泽东传：第1-6册．北京：中央文献出版社，2011．

[24] 中共中央党史研究室．中国共产党历史：第1卷（1921-1949）上册．北京：中共党史出版社，2011．

[25] 陈金龙. 民族精神与毛泽东. 长沙：湖南出版社，1993.

[26] 丁淦林. 中国新闻事业史. 北京：高等教育出版社，2002.

[27] 方汉奇. 中国新闻传播史. 北京：中国人民大学出版社，2002.

[28] 林嘉诚. 政治心理形成与政治参与行为. 台北：台湾商务印书馆，1989.

[29] 张昆. 大众媒介的政治社会化功能. 武汉：武汉大学出版社，2003.

[30] 郑保卫. 中国共产党新闻思想史. 福州：福建人民出版社，2005.

[31] 郑永廷，等. 社会主义意识形态研究. 广州：中山大学出版社，1999年.

[32] 周鸿铎. 政治传播学概论. 北京：中国纺织出版社，2005.

[33] 衣俊卿. 20世纪新马克思主义（修订版）. 北京：中央编译出版社，2012.

[34] 徐崇温. 西方马克思主义（第二版）. 北京：中国社会科学出版社，2007.

[35] 陆扬，王毅. 大众文化与传媒. 上海：上海三联书店，2000.

[36] 王乐夫. 领导学：理论、实践与方法. 广州：中山大学出版社，1998.

[37] 徐远申，郭尔康，等. 领导学新论：方法与艺术. 北京：中国经济出版社，2002.

[38] 陶水平. 现代性视域中的文艺美学. 南昌：江西高校出版社，2008.

[39] 钱竞. 中国现代文艺学研究. 济南：山东教育出版社，2009.

[40] 张士海. 中国共产党文化领导权建设研究. 北京：中国社会科学出版社，2014.

[41] 支克坚. 周扬论. 开封：河南大学出版社，2004.

[42] 李洁非，杨劼. 解读延安：文学、知识分子和文化. 北京：当代中国出版社，2010.

[43] 孙立樵，冯致笺. 现代领导学教程. 北京：中共中央党校出版社，2002.

[44] 中国人民政治协商会议，四川省重庆市委员会文史资料研究委员会. 重庆抗战纪事续编. 重庆：重庆出版社，1991.

[45] 张伟超. 现代领导学. 长沙：湖南人民出版社，2003.

[46] 王弼．周易正义（上册）．长春：时代文艺出版社，2008．

[47] 张一兵，等．资本主义理解史：第 6 卷．南京：江苏人民出版社，2009．

[48] 孙晶．文化霸权理论研究．北京：社会科学文献出版社，2004．

[49] 朱明权．领导世界还是支配世界？冷战后美国国家安全战略．天津：天津人民出版社，2005．

[50] 中共北京市委党史研究室，中共天津市委党史资料征集委员会．北方左翼文化运动资料汇编．北京：北京出版社，1991．

[51] 张小红．左联与中国共产党．上海：上海人民出版社，2006．

[52] 毛韵泽．葛兰西政治家囚徒和理论家．北京：求实出版社，1987．

[53] 谢忠厚，肖银成．晋察冀抗日根据地史．北京：改革出版社，1992．

[54] 张一兵．当代国外马克思主义哲学思潮（上卷）．南京：江苏人民出版社，2012．

[55] 中共福建省委党史研究室，中共浙江省委党史研究室．闽浙皖赣革命根据地（上册），北京：中共党史出版社，1991．

[56] 井冈山革命根据地党史资料征集编研协作小组，井冈山革命博物馆．井冈山革命根据地（上册）．北京：中共党史资料出版社，1987．

[57] 章小鹏．第二次国共合作．北京：文物出版社，1984．

[58] 刘家栋．陈云在延安．北京：中央文献出版社，1995．

[59] 草明．世纪风云中跋涉．北京：人民文学出版社，1997．

[60] 王邦佐．中国政党制度的社会生态分析．上海：上海人民出版社，2000．

[61] 成仿吾．战火中的大学．北京：人民教育出版社，1982．

[62] 宋荐戈，李冠英．成仿吾教育实践与教育思想．长沙：湖南教育出版社，1997．

[63] 吴介民．延安马列学院回忆录．北京：中国社会科学出版社，1991．

[64] 张林苏，黄铁．闪光的青春．武汉：武汉出版社，1995．

[65] 朱鸿召．延安文人．广州：广东人民出版社，2001．

[66] 钱韵玲．忆星海见《黄河大合唱》．人民音乐出版社，1978．

[67] 王云凤．延安大学校史．西安：陕西人民教育出版社，1994．

[68] 胡为雄．毛泽东诗词鉴赏（图文珍藏版）．北京：红旗出版

社，2002.

[69] 王一心．丁玲．南京：江苏文艺出版社，1999.
[70] 徐懋庸．徐懋庸回忆录．北京：人民文学出版社，1982.
[71] 郜元宝，孙洁．三八节有感：关于丁玲．北京：北京广播学院出版社，2000.
[72] 王实味，等．野百合花．广州：花城出版社，1992.
[73] 艾克恩．延安文艺回忆录．北京：中国社会科学出版社，1992.
[74] 房成祥．毛泽东与延安整风运动．西安：陕西人民出版社，1993.
[75] 李兆炳．往事琐记．北京：中国文联出版公司，1992.
[76] 延安中央党校整风运动编写组．延安中央党校的整风学习．北京：中共中央党校出版社，1988.
[77] 韩晓芹．体制化的生成与现代文学的转型——延安《解放日报》副刊的文学生产与传播．北京：中国社会科学出版社，2012.
[78] 周伟．历史草稿——头条新闻中的事实真相：第1卷．北京：光明日报出版社，2002.
[79] 王文彬．中国现代报史资料汇辑．重庆：重庆出版社，1996.
[80] 罗炽．毛泽东诗词鉴赏辞典．北京：华夏出版社，1993.
[81] 华应申．中国共产党烈士传．东北新华书店，1949.
[82] 丁济沧，苏若望．我们同党报一起成长——回忆延安岁月．北京：人民日报出版社，1989.
[83] 胡绩伟．青春岁月——胡绩伟自述．郑州：河南人民出版社，1999.
[84] 华谊．旅华岁月——海伦·斯诺回忆录．北京：世界知识出版社，1985.
[85] 刘煜．圣地风云录——延安革命纪念馆陈列内容介绍．西安：陕西旅游出版社，1992.
[86] 何载．延安的光辉．西安：陕西人民出版社，1993.
[87] 贾芝．延河儿女——当年延安的中学生们．北京：中国青年出版社，1992.
[88] 张篷舟．近五十年中国与日本：第3卷．成都：四川人民出版社，1987.
[89] 阳翰笙．风雨五十年．北京：人民文学出版社，1986.

[90] 张颖. 文坛风云亲历记. 北京：生活·读书·新知三联书店，2012.

[91] 孟丹. 孟广来论著集：老舍研究. 北京：文化艺术出版社，1991.

[92] 复旦大学新闻系研究室. 邹韬奋年谱. 上海：复旦大学出版社，1982.

[93] 韩辛茹. 新华日报史（上卷）. 北京：中国展望出版社，1987.

[94] 许涤新. 群众周刊大事记. 北京：红旗出版社，1987.

[95] 黄淑君，杨淑珍. 抗日民族统一战线的号角——战斗在国统区的《新华日报》. 重庆：重庆出版社，1995.

[96] 潘梓年，等. 新华日报的回忆. 重庆：重庆人民出版社，1959.

[97] 范用. 战斗在白区：读书出版社：1934~1948. 北京：生活·读书·新知三联书店，2001.

[98] 《新知书店的战斗历程》编辑委员会. 新知书店的战斗历程. 北京：生活·读书·新知三联书店，1994.

[99] 金城. 延安交际处回忆录. 北京：中国青年出版社，1986.

[100] 赵超构. 延安一月. 北京：中国国际广播出版社，2013.

[101] 胡风. 胡风回忆录. 北京：人民文学出版社，2005.

[102] 刘白羽. 红色的十月. 上海：上海文艺出版社，1978.

[103] 高中永. 中国共产党口述史料丛书：第1卷. 北京：中共党史出版社，2013.

[104] 新华日报群众周刊史学会. 坚持团结抗战的号角. 重庆：重庆出版社，1986.

[105] 崔奇. 周恩来政论选（上册）. 北京：中央文献出版社，1993.

[106] 刘云莱. 新华社史话. 北京：新华出版社，1988.

[107] 上海教育出版社. 老解放区教育工作回忆录. 上海：上海教育出版社，1979.

[108] 李焕之. 民族民间音乐散论. 济南：山东文艺出版社，1984.

[109] 强世功. 中国香港：政治与文化的视野. 北京：三联书店，2010.

三、译著

[1] [意] 葛兰西文选（1916-1935）. 中共中央马克思、恩格斯、列宁、

斯大林著作编译局，国际共运史研究所编译．北京：人民出版社，1992．

[2] [美] 哈罗德·孔茨，海因茨·韦里克．管理学．马春光，译．北京：经济科学出版社，1993．

[3] [美] 詹姆斯·麦格雷戈·伯恩斯．领袖论．刘李胜，等译．北京：中国社会科学出版社，1996．

[4] [美] 理查德·L．达夫特．领导学：原理与实践．杨斌，译．北京：机械工业出版社 2005．

[5] [美] 阿尔温·托夫勒．权力的转移．刘红，译．北京：中共中央党校出版社，1991．

[6] [英] 特里·伊格尔顿．历史中的政治、哲学、爱欲．马海良，译．北京：中国社会科学出版社，1999．

[7] [英] 阿诺德·汤因比．历史研究．刘北成，郭小凌，译．上海：上海人民出版社，2000．

[8] [英] 马克·J．史密斯．文化：再造社会科学．张美川，译．长春：吉林人民出版社，2005．

[9] [英] 约翰·斯道雷．文化理论与大众文化导论．常江，译．北京：北京大学出版社，2010．

[10] [美] 埃德加·斯诺．红色中华散记（1936—1945）．奚博栓，译．南京：江苏人民出版社，1991．

[11] [英] 波寇克．文化霸权．田心喻，译．台北：远流出版事业股份有限公司，1991．

[12] [美] 埃德加·斯诺．西行漫记．董乐山，译．北京：中国人民解放军战士出版社，1979．

[13] [美] 利昂·P．马拉达特．意识形态起源和影响．张慧芝，张露璐，译．北京：世界图书北京出版公司，2010．

[14] [美] 杰克·普拉诺等．政治学分析词典．胡杰，译．北京：中国社会科学出版社，1986．

[15] [澳] 安德鲁·文森特．现代政治意识形态．袁久红，译．南京：江苏人民出版社，2005．

[16] [波] 列·沃伊塔西克．政治宣传心理学．邓本中，钱树德，译．成

都：四川省社会科学院出版社，1986.

[17] [德] 黑格尔. 精神现象学：（上下卷）. 贺麟、王玖兴，译. 北京：商务印书馆，1979.

[18] [德] 黑格尔. 哲学史讲演录：第4卷. 贺麟、王太庆，译. 北京：商务印书馆，1978.

[19] [德] 卡尔·曼海姆. 意识形态与乌托邦. 姚仁权，译. 北京：中国社会科学出版社，2009.

[20] [法] 迪韦尔热. 政治社会学：政治学要素. 杨祖功，王大东，译. 北京：华夏出版社，1987.

[21] [法] 路易·阿尔都塞. 保卫马克思. 顾良，译. 北京：商务印书馆，2006.

[22] [美] 费正清. 剑桥中华民国史（1912－1949）下卷. 杨品泉，译. 北京：中国社会科学出版社，1994.

[23] [美] 安东尼·奥罗姆. 政治社会学导论. 张华青，何俊志，孙嘉明，等译. 上海：上海人民出版社，2006.

[24] [美] 本杰明·I. 史华慈. 中国的共产主义与毛泽东的崛起. 陈玮，译. 北京：中国人民大学出版社，2006.

[25] [美] 布赖恩·麦克奈尔. 政治传播学引论. 殷祺，译. 北京：新华出版社，2005.

[26] [美] 丹尼斯·K. 姆贝. 组织中的传播和权力——话语、意识形态和统治. 陈德民，等译. 北京：中国社会科学出版社，2000.

[27] [美] 费正清. 伟大的中国革命（1800－1985）. 刘尊棋，译. 北京：世界知识出版社，2000.

[28] [美] 弗朗西斯·福山. 历史的终结及最后的人. 黄胜强，译. 北京：中国社会科学出版社，2003.

[29] [英] 约翰·B. 汤普森. 意识形态与现代文化. 高铦，等译. 南京：译林出版社，2005.

[30] [美] 迈克尔·亨特. 意识形态与美国外交政策. 褚律元，译. 北京：世界知识出版社，1999.

[31] [美] 塞缪尔·P. 亨廷顿. 文明的冲突与世界秩序的重建. 周琪，等译. 北京：新华出版社，1999.

[32] ［美］斯图尔特·R. 施拉姆. 毛泽东的思想. 田松年，杨德，等译. 北京：中国人民大学出版社，2005.

[33] ［斯洛文尼亚］齐泽克等. 图绘意识形态. 方杰，译. 南京：南京大学出版社，2002.

[34] ［美］史沫特莱. 史沫特莱文集：第1-4卷. 陈文炳，等译. 北京：新华出版社，1985.

[35] ［匈］卢卡奇. 历史与阶级意识：关于马克思主义辩证法的研究. 杜章智，任立，燕宏远，译. 北京：商务印书馆，2009.

[36] ［意］葛兰西. 狱中札记. 葆煦，译. 北京：人民出版社，1983.

[37] ［英］大卫·麦克里兰. 意识形态. 孙兆政，蒋龙翔，译. 长春：吉林人民出版社，2005.

四、期刊论文

[1] 陈翠芳. 葛兰西"文化领导权"的中国解读. 马克思主义研究，2011，(10).

[2] 孙晶. 葛兰西的文化领导权思想. 马克思主义研究，2002，(03).

[3] 谷少杰. 试论无产阶级文化领导权理论及其当代启示——从马克思恩格斯、列宁到葛兰西. 天府新论. 2012，(02).

[4] 黄卫星，李彬. 葛兰西与毛泽东"文化领导权"思想比较. 清华大学学报（哲学社会科学版），2012，(05).

[5] 侯惠勤. 马克思的意识形态批判及其当代价值. 马克思主义研究，2006，(02).

[6] 田时纲. "egemonia"是"领导权"还是"霸权"——葛兰西政治理论的核心范畴. 教学与研究，2007，(08).

[7] 展江、彭桂兵. "霸权"、"领导权"抑或其他？——葛兰西 hegemony 概念与汉译探讨，国际新闻界，2011，(11).

[8] 潘西华、赵军. 从"政治领导权"到"文化领导权"——列宁与葛兰西无产阶级领导权思想比较. 科学社会主义，2009，(06).

[9] 张瑞堂. 文化领导权与"党的利益". 社会主义研究，2010，(03).

[10] 袁盛勇. 论周扬延安时期文艺思想的构成. 文艺研究，2007，(03).

［11］郑淑芬．论新中国成立前中共文化领导权之获得．长白学刊，2006，（02）．

［12］汪新，王河．试论抗日民族战争领导权．党史研究与教学，1993，（01）．

［13］韩毓海．"漫长的革命"——毛泽东与文化领导权问题（上）．文艺理论与批评，2008，（01）．

［14］韩毓海．"漫长的革命"——毛泽东与文化领导权问题（下）．文艺理论与批评，2008，（02）．

［15］傅才武，陈庚．国家文化体制的历史来源——中国共产党文化领导权模式的结构化和制度化（1927－1949）．福建论坛（人文社会科学版），2011，（06）．

［16］杨劼．论党的文化领导权的构建．文艺理论与批评，2011，（02）．

［17］费虹寰．毛泽东《在延安文艺座谈会上的讲话》与"文化领导权"问题．党的文献，2011，（06）．

［18］王元骧．文化与意识形态刍议．高校理论战线，1997，（07）．

［19］唐纪如．国民党1934年《文艺宣传会议录》评述．南京师大学报（社会科学版），1986，（03）．

［20］武燕军．抗战时期国民党政府的国际宣传处．历史档案，1990，（02）．

［21］郭德宏．抗日战争领导权新论．安徽史学，1995，（01）．

［22］陈金龙．马克思主义中国化的主体探析．马克思主义研究，2010，（05）．

［23］陈金龙．近代中国民族主义与马克思主义中国化．华南师范大学学报（社会科学版），2010，（04）．

［24］陈金龙．试论正确处理人民内部矛盾理论的社会传播路径——兼议当代中国马克思主义大众化的路径选择．中共党史研究，2009，（05）．

［25］陈金龙．中国共产党政党文化：建构重要性与基本内涵．岭南学刊，2006，（01）．

［26］张士海，施秀莉．当前中国共产党"文化领导权"面临的挑战．理论探讨，2012，（02）．

[27] 张士海、施秀莉．毛泽东论中国共产党"文化领导权"建设．马克思主义研究，2011，(04)．

[28] 张士海、施秀莉．论马克思主义大众化与中国共产党的"文化领导权．江西社会科学，2010，(01)．

[29] 张士海．建国以来中国共产党文化领导权建设史论．云南社会科学，2010，(01)．

[30] 张士海，施秀莉．文化领导权的本质、作用与实现．科学社会主义，2012，(01)．

[31] 张士海．论苏共"文化领导权"的历史流变及其现实启示——兼谈苏联解体的思想理论根源．江西师范大学学报（哲学社会科学版），2011，(06)．

[32] 张士海．中国共产党"文化领导权"建设：历史进程、基本经验与时代要求．中共中央党校学报，2011，(06)．

[33] 张士海．论延安整风运动与中国共产党"文化领导权"建设．西北大学学报（哲学社会科学版），2012，(06)．

[34] 朱振林．文化领导权与知识分子的使命．学术交流，2007，(02)．

[35] 郑淑芬．论新中国成立前中共文化领导权之获得．长白学刊，2006，(02)．

[36] 孟平．有机知识分子的文化领导权．理论视野，2009，(04)．

[37] 张德琴，陶鹤山．论近代中国话语范式转型和市民文化领导权．南京大学学报（哲学人文科学社会科学版），2000，(03)．

[38] 孟繁华．大众文化与文化领导权．文艺争鸣，2005，(03)．

[39] 孟繁华．传媒时代文化领导权的重建．辽宁大学学报（哲学社会科学版），2004，(01)．

[40] 上官酒瑞．中国共产党的文化领导权：历时探索与现实重构．中共宁波市委党校学报，2008，(02)．

[41] 金春平．"文化领导权"与20世纪中国文学的生产格局．华中科技大学学报（社会科学版），2013，(02)．

[42] 张远新．论延安知识分子群体的历史作用．中共党史研究，2010，(03)．

[43] 张正光，张远新．延安知识分子群体的概况、成因及其基本特征．

云南社会科学，2009，(02)．

[44] 刘悦清．延安知识分子群体的特征及其历史地位．中共党史研究，1995，(05)．

[45] 刘忠．延安知识分子群体的生活方式与话语形态．学术界，2012，(08)．

[46] 王海军．延安时期知识分子群体与马克思主义中国化探析．马克思主义研究，2010，(08)．

[47] 汪云生．试论20世纪30年代知识分子走向延安．学术界，2005，(04)．

[48] 何满仓，师伟伟．1938-1942：左翼知识分子主导下的延安文艺建构．甘肃社会科学，2009，(06)．

[49] 王俊．革命、知识分子与个人主义的魅影——解读延安时期的萧军．中国文学研究，2014，(03)．

[50] 宋秦年，翟振元等．新时期知识分子健康成长的必由之路——纪念毛泽东《在延安文艺座谈会上的讲话》发表50周年．清华大学学报（哲学社会科学版），1992，(02)．

[51] 刘继忠．论延安《解放日报》改版的政治逻辑．新闻与传播研究，2012，(02)．

[52] 王润泽．重塑党报：《解放日报》改版深层动力之探析．国际新闻界，2009，(04)．

[53] 黎辛．丁玲和延安《解放日报》文艺栏．新文学史料，1994，(04)．

[54] 陆定一．陆定一同志谈延安解放日报改版——在解放日报史座谈会上的讲话摘要．新闻研究资料，1981，(03)．

[55] 杨放之．解放日报改版与延安整风．新闻研究资料，1983，(02)．

[56] 邓景、唐韬．试论网络时代中国主流意识形态传播话语表达方式的转换．学校党建与思想教育，2012，(06)．

[57] 周一平、张华．如何增强马克思主义意识形态的亲和力．河北学刊，2009，(01)．

[58] 毛泽东．在陕北公学第二期开学典礼大会上的讲话．教学与研究，1982，(01)．

[59] 克林顿．我为什么去北京．美国新闻周刊，1998，(06)．

五、学位论文

[1] 曹根记. 当代中国马克思主义大众化研究. 湖南师范大学博士学位论文, 2010.

[2] 杨会清. 中国苏维埃运动中的动员模式研究（1927-1937）. 浙江大学博士学位论文, 2007.

[3] 潘西华. "文化领导权"：无产阶级政权合法性的基石——葛兰西文化领导权思想研究. 中国人民大学博士学位论文, 2008.

[4] 梁涛. 葛兰西文化领导权思想研究. 山东大学博士学位论文, 2007.

[5] 张亚骥. 瞿秋白的文艺思想与文化领导权. 苏州大学博士学位论文, 2010.

[6] 张正光. 延安知识分子与马克思主义中国化研究. 华东理工大学博士学位论文, 2010.

[7] 张海燕. 延安知识分子与马克思主义中国化研究——以1937-1942年为中心. 中共中央党校博士学位论文, 2008.

[8] 郭德钦. 延安时期知识分子与马克思主义大众化研究. 陕西师范大学博士学位论文, 2012.

[9] 黄文治. 鄂豫皖苏区——一个民众动员的实践研究. 上海师范大学博士学位论文, 2011.

[10] 朱斌. 马克思主义意识形态嵌入中国民众日常生活研究（1949-1956）. 华南师范大学博士学位论文, 2013.